U1011449

经典战史回眸·二战系列

冰与火的海洋

二战英德海上交锋记

海鹭 编著

WUHAN UNIVERSITY PRESS
武汉大学出版社

图书在版编目(CIP)数据

冰与火的海洋 ：二战英德海上交锋记 / 海鹭编著 . -- 武汉 ：武汉大学出版社, 2025.7. -- 经典战史回眸.二战系列. -- ISBN 978-7-307-24512-9
Ⅰ. E195.2
中国国家版本馆 CIP 数据核字第 202477QY37 号

责任编辑:冯红彩　　　责任校对:鄢春梅　　　版式设计:马　佳

出版发行: **武汉大学出版社**　（430072　武昌　珞珈山）
（电子邮箱: cbs22@ whu.edu.cn　网址: www.wdp. com.cn）
印刷:湖北恒泰印务有限公司
开本:787×1092　1/16　印张:18　字数:364 千字　插页:1
版次:2025 年 7 月第 1 版　2025 年 7 月第 1 次印刷
ISBN 978-7-307-24512-9　定价:89. 00 元

版权所有，不得翻印;凡购我社的图书，如有质量问题，请与当地图书销售部门联系调换。

前　言

1898 年 4 月，在好大喜功的德皇威廉二世和精明强干的提尔皮茨的共同推动下，德意志帝国国会通过了《舰队法》，作为后起列强的德国由此开启了扩充海军舰队、争夺海洋霸权之路，向大英帝国的百年海权优势发起了强势挑战。在此后十余年间，德国凭借后发优势和强大的工业实力打造出仅次于英国皇家海军的世界第二大海军，也由此引发了英国的激烈反应，两国在北海两岸展开了一场你追我赶的造舰竞赛，对欧洲的政治格局产生了深远影响，加深了欧洲列强的矛盾对立和战争危机。1914 年 8 月，包括英德海军竞赛在内的诸多因素最终导致了第一次世界大战（以下简称“一战”）的爆发，英德两大海上力量迎来了正面碰撞。然而，由于地理上的天然劣势，战略上的先天缺陷和整体实力的差距，德国最终输掉了这场海上战争。德国庞大的公海舰队沦为一支地道的“存在舰队”，并随着《凡尔赛和约》的签署而沉入斯卡帕湾的污泥之中。德国海军在一战后受到战胜国的严厉制裁，跌入三流海军之列，但是复仇的种子已经埋下，英德海军的恩怨将延续到下一场世界大战。

在两次大战之间，魏玛时期的德国海军在《凡尔赛和约》的束缚下艰难重建，同时深刻总结一战的经验教训，继续以英国海军为目标酝酿新的海上战略。1928 年，埃里希 · 雷德尔出任德国海军总司令，成为新的舰队蓝图和作战构想的总设计师。作为曾经参加过日德兰海战的旧派海军军人，雷德尔对大舰巨炮的迷恋是根深蒂固的，并提出了雄心勃勃的 Z 计划，试图恢复昔日公海舰队的壮盛阵容。同时，他也很清楚实现这一计划的难度，采取了更为现实的策略——以有限的兵力与占据优势的对手竭力周旋。雷德尔很清楚，英国人用世界上最强大的海军来保卫帝国最致命的弱点——将英国本土与全球殖民地联系起来的海上交通线，一战时代德军的“无限制潜艇战”和水面破袭战已经显示出对英国海权的强烈威胁，因此以更积极的手段展开远洋破交战成为德国海军在下一次战争中的根本战略。基于这一理念，雷德尔策划了所谓的“巡洋作战”，即将数量不多的大型战舰和伪装袭击舰派往大西洋展开游猎，打击运输船队，扰乱海上贸易，并以预先部署在海上的补给舰网络提供后勤支撑，从而与潜艇作战双管齐下，切断大英帝国的海上命脉，迫其屈膝投降。

1939 年 9 月，希特勒的野心使战争远比雷德尔的时间表上计划的更早爆发，他只能按照预定战略与英国展开新一轮的海上较量。德国海军的主要作战目标是用一切手段实施远洋破交作战，破坏英国的海上运输线，遏制英国的战争能力。英国皇家海军则针锋相对地竭力保护海运安全，并通过各种作战形式寻找、歼灭德国海军舰艇，对德国实施海上封锁。第二次世界大战(以下简称二战)时期的英德海战与“一战”时期的截然不同，基本看不到日德兰式的大舰队对决，水面舰艇交战多以单舰或小编队进行，同时潜艇战和反潜战成为大西洋之战的焦点和主体，但是在战争前期，德国海军大型战舰和伪装袭击舰的水面破袭战同样产生了重要影响。此外，随着航空技术的发展，航空作战同样成为海战的重要组成部分，海军航空兵和岸基航空兵在这场海空交锋中扮演了关键角色。值得一提的是，围绕破交和保交的核心冲突，英德两军还展开了更大范围的作战行动。比如为了获取更好的出击基地，打破英国的海上封锁，德国海军主导了对挪威的入侵；为了阻止德国海军“提尔皮茨”号战列舰进入大西洋，英国海军策划并实施了对法国圣纳泽尔港船坞的突袭行动，此外还调动了海上、水下、空中各种力量对“提尔皮茨”号展开持续数年的追杀。因此，二战时期的英德海战在作战形式和技术较量方面远比一战时复杂得多。

《冰与火的海洋》一书选取英德两军在大西洋海战中的六个典型战例，包含水面炮战与鱼雷战、海上游击战、空袭与反空袭作战、水下特种作战和两栖突袭作战等战斗样式，力图从不同的角度展现二战海上交战的复杂性和艰巨性，显示出交战双方在技术、智慧和意志上的殊死较量。

目 录

峡湾悲歌：1940 年 4 月纳尔维克海战始末

纳尔维克对于大多数国人来说是一个陌生的地名，这是一座位于挪威北部的海岸城镇，深入北极圈约 220 千米，是世界上最靠北的城镇之一。如果乘船沿着破碎曲折的挪威海岸向北航行，在越过北极圈后会在西北方遇到由一连串岛屿构成的岛链——罗弗敦群岛，在岛链和海岸之间有一条宽阔的峡湾，被称为韦斯特峡湾，峡湾两侧密布着无数的小峡湾和小岛，越深入内陆，海面宽度就像喉管一样收缩，最后进入一条狭窄的峡湾，挪威人称为奥福特峡湾，而在英文文献中则更多地被称为纳尔维克峡湾，而纳尔维克就

■ 今日纳尔维克城鸟瞰图

坐落在峡湾最深处的一个小半岛上。

人类定居纳尔维克地区的历史可以追溯到石器时代，古代维京人的足迹早已遍及这里的崇山峻岭、沟壑海湾，作为一座现代城镇，纳尔维克还非常年轻，直到19世纪70年代才出现。当时，挪威的邻国瑞典在其北部的基律纳地区发现了储量丰富的富铁矿，矿石含铁量达70%，这是地球上最优良的铁矿石，也是制造高品质钢材的必需原料。但是，如何将地下的宝藏运出遥远的北方却让瑞典人犯了难。虽然人们可以在矿区以南的吕勒奥港将铁矿石装上船，然后沿波的尼亚湾横渡波罗的海，将铁矿石运往欧洲大陆，但是该峡湾湾窄水浅，难以停靠大型货船，而且每年冬季还有5个月的封冻期，无法通航，难以满足运输需要。此时，纳尔维克得天独厚的自然条件开始受到人们的注意。从基律纳向西北不远就是挪瑞两国边界，而纳尔维克距离边境不足30千米，本身又是一座天然良港，水深港阔，更重要的是受到北大西洋暖流的影响，终年不冻。于是，一条跨国铁路将基律纳和纳尔维克连接起来，在奥福特峡湾东端建立一座矿石输出港口，一年四季都可以将铁矿石运往世界各地。据统计，每年由此输出的铁矿石高达2500万吨。得益于铁矿石输出的便利，纳尔维克发展成为挪威北部最重要的港口，并于1902年成为独立的自治城镇。

作为欧洲铁矿石运输命脉的起点，纳尔维克在军事上的战略价值是显而易见的，因此当战争阴云在1939年再度笼罩欧陆，这座远离世界中心的极北小港成为交战双方争夺的焦点之一，并在此处留下了战火侵袭的痕迹。今日，当人们漫步在奥福特峡湾岸边时，会在浅水区发现一些锈迹斑驳的钢铁残骸，仿佛一座座水下墓碑。实际上，在宁静的海面下的确是一座坟场，那里沉睡着十余艘战舰的遗骸，堪称“北极圈里的铁底湾”，它们都是1940年4月一场激烈海战的遗物。在这次战斗中，英国皇家海军的将士们完美地诠释了勇气和职责的意义……

博弈在北陆

1940年4月，波兰已经沦陷半年有余，德国和英法仍然在西线保持着异样的和平，至少在陆地上是如此，双方的百万雄师隔着马其诺防线和齐格菲防线彼此观望，各自酝酿着置对手于死地的计划。但是，西线战场的第一声惊雷并没有在重兵对峙的法德边境炸响，而是落在了遥远偏僻的北欧海岸……4月9日早上，英国伦敦的报童们穿街过巷，四处散布当天报纸的头号新闻：英法两国海军已经在挪威海域实施布雷行动，目的是阻止德国商船的航行。然而，这天上午BBC电台播报了一则更为惊人的消息：德国军队已经在挪威和丹麦海岸登陆！交战双方几乎同时对斯堪的纳维亚采取了军事行动。战火向北方的蔓延固然令人感到突然，但从挪威的地理位置和欧洲战场的战略态势分析，这种情况几乎是注定要发生的。实际上，在战争刚刚爆发时，无论是伦敦，还是柏林，都对控制挪威表现出觊觎之心，而且英国方面还要更加强烈一些。

1939年9月19日，时任英国海军大臣的温斯顿·丘吉尔(Winston Churchill)向内阁提交了一份议案，要求在挪威水域布设雷区，以切断沿挪威海岸通往欧洲大陆的铁矿石运输线，支持这一主张的最重要的论据是，德国每年所需的铁矿石中有40%从瑞典进口，其中相当一部分从挪威北部的纳尔维克启运。不难想象，如果德国失去这一重要的矿石来源，对其军事工业的打击效果犹如釜底抽薪。丘吉尔的眼光果然老辣，但他的计划是以侵犯挪威的中立为代价，尽管多数内阁成员赞同他的想法，但英王陛下的政府没有足够的胆量像希特勒一样漠视别国的主权，这项计划没有得到批准。在随后的日子里，丘吉尔一直没有放弃敦促英国染指挪威，并且公开发表讲话，煽动中立国自动加入对抗德国的行列，这对于德国人来说无疑是一种暗示：英国佬瞅上挪威啦！

无独有偶，在另一阵营内也有一个人和丘吉尔一样对挪威给予高度关注，他就是德国海军总司令埃里希·雷德尔(Erich Raeder)海军元帅。身为经历过日德兰炮火的“一战”老兵，雷德尔对于德国海军在地理上的战略劣势有着切肤之痛。在两次世界大战之间，德国海军总结战争教训时形成了一种共识，认为德国在一战中没有占领挪威是一个重大的失误，否则德国海军就有可能突破英国海军的封锁，因此在新的战争中有必要攻占挪威，将其作为对抗英国的要塞。雷德尔认为，英国海军无力完全封锁漫长的挪威海岸线，德军一旦占领挪威，就可以将整个波罗的海和北海东部置于自己的控制下。此外，当地的众多峡湾具有建立海军基地的潜质，将对德军舰艇突入大西洋展开破交作战十分有利。更为重要的是，瑞典铁矿石的输入路线将免受英军的干扰，从而可确保战争机器的资源需求。正是基于上述考虑，雷德尔在1939年10月10日强烈建议希特勒抢先占领挪威。元首虽然对此意图表示出某种兴趣，但主要精力仍集中于进攻法国，认为最好还是让挪威“保持完全的中立”，不想分散作战资源。

■ 德国海军总司令雷德尔元帅(左)面见希特勒(右)，他极力建议元首占领挪威，并因为策划侵略挪威行动而在战后的纽伦堡审判中被判处无期徒刑

1939年11月苏芬战争的爆发为丘吉尔的挪威战略加入了新的佐料，他策划了一个更为大胆的行动，以“支援芬兰抵抗苏联侵略”为幌子，出兵直接登陆纳尔维克，并沿铁路线进入瑞典境内，占领基律纳铁矿区，从而达到同时遏制德国和苏联的目的。这一次，法国人都站出来投了丘吉尔的赞成票，巴黎的军官政客们一直希望在斯堪的纳维亚开辟第二战场，从侧翼打击德国，他们甚至要求控制更多的挪威港口。两国经过磋商，最后制订了一个计划，派出两个英国师和少量法军组成联军，以“志愿军”的名义前往挪威，预计1940年3月20日实施。这项计划其实是一着险棋！姑且不论对两个中立国的侵犯会在道义上损害英国的声望，促使一些中立国倒向德国，同苏联人正面交恶更可能导致德国和苏联从互不侵犯条约下的貌合神离走向团结一致，共同对抗英国。所幸3月13日苏联和芬兰停战，整个计划因为失去借口而流产。

不肯善罢甘休的丘吉尔转而求助于另一种策略，希望通过一系列积极行动刺激德国，使德国先动手破坏挪威的中立，届时受到威胁的挪威人自然会向英国人求救，英法联军就可以作为援军名正言顺地登陆挪威各大港口，协助挪威军队抵御德国的入侵。丘

“阿尔特马克”号死亡船员的遗体被抬下船

吉尔的计谋很可能是从1940年2月16日的一次救援行动中获得的灵感，当天英国海军“哥萨克人”号驱逐舰不顾挪威的中立，强行进入卑尔根附近的约兴峡湾，派遣突击队登上躲藏于此的德国海军补给舰“阿尔特马克”号，成功解救了被俘的299名英国水手，而该舰舰长正是从丘吉尔本人那里直接得到的命令。这次充满英雄主义色彩的行动受到了广泛传颂，但更重要的是这一事件造成了丘吉尔所期望的幕后影响，最终促使希特勒将挪威及丹麦纳入德军下一轮征服的名单。

自从1939年底，英法针对斯堪的纳维亚的种种动向已经引起了德国方面的警觉，加上雷德尔不断煽风点火，挪威国内以维德孔·吉斯林(Vidkun Quisling)为首的亲纳粹势力频频暗送秋波，希特勒越来越怀疑挪威中立地位的可靠性，于1939年12月14日下令拟订入侵挪威的作战计划，作为一种应变方案，代号为“威悉河演习”行动。“阿尔特马克”号事件发生后，挪威政府无力的抗议使希特勒更加确信挪威与英法暗中勾结，遂下定武力征服挪威的决心。1940年2月20日，希特勒任命尼古劳斯·冯·法尔肯霍斯特(Nikolaus von Falkenhorst)步兵上将为远征挪威的总指挥，并在接见后者时说：“英国人占领挪威是一种战略性的迂回行动，将使他们得以进入波罗的海……可以由那里向柏林前进，打断我们东西两线的脊梁骨!”3月1日，预备登陆挪威的德军各部队接到了进行作战准备的命令。

■ 负责指挥“威悉河演习”行动的尼古劳斯·冯·法尔肯霍斯特步兵上将

与此同时，丘吉尔继续不遗余力地在同僚和盟友中兜售他的挪威战略，并得到法国总理爱德华·达拉第(Édouard Daladier)的热烈响应，但英国首相内维尔·张伯伦(Neville Chamberlain)依旧希望能够在外交上得到挪威和瑞典的谅解，犹豫不决。最终，英法首脑在3月28日的会晤中确定了出兵挪威的决策，分为两步进行，第一步是在4月5日实施“威尔弗里德”行动(Operation Wilfrid)，在挪威近海布雷，迫使运送铁矿石的货船离开中立水域，便于英国海军拦截，同时刺激德国。第二步被称为“R4计划”，派出陆军部队在纳尔维克、特隆赫姆、卑尔根、斯塔万格等地登陆，首批部队将于4月8日启程前往纳尔维克。张伯伦还希望同时实施“皇家海军陆战队”行动，即在莱茵河等德国内河水道空投水雷，破坏其航运，但新任法国总理保罗·雷诺(Paul Reynaud)担心德国会以同样的手段实施报复，反对这个行动。为了说服法国人，张伯伦要求“威尔弗里德”行动延期三天，改在4月8日实施。正是这一拖延使得英法在与德国争夺挪威的竞赛中失去了先机，因为3月间关于英法部队集结的情报使得希特勒在4月1日下令执行“威悉河演习”行动，预定4月9日晨对挪威和丹麦开战，抢在英国人前面向斯堪的纳维亚展开行动。

威悉河演习

1939年12月，德国国防军最高统帅部(OKW)根据希特勒的命令制订了一个针对挪威的作战计划，最初代号为“北方研究”，只是一个有限的武力威慑行动，仅动用一个师的兵力，但在1940年1月14日至19日，在德国海军的力主下，该计划被扩大为占领挪威全境的大规模作战行动，并在1月27日获得正式代号——“威悉河演习”，到了3月，应德国空军的要求，丹麦也被纳入进攻目标。此次作战的目标有二：一是为德国海军在挪威海岸获得基地，以突破英国海军的封锁；二是确保铁矿石供应线的通畅。进攻行动将分为两个阶段：第一阶段，夺取沿海港口和机场，获得桥头堡；第二阶段，向内陆进攻，占领挪威、丹麦全境。

尽管雷德尔极力鼓吹进攻挪威，但他深知这是一项难于登天的艰巨任务，因为德军部队需要在绵延2000千米的挪威海岸各处同时登陆，而英国海军在北海的绝大部分海域及挪威海拥有绝对的制海权，实力弱小的德国海军无法与英国本土舰队的堂皇之师做正面较量，德军部队在航渡途中极易遭到拦截而蒙受损失，导致行动失败。德国海军经过仔细研究认为，取得成功必须依赖于两个关键因素：一是达成彻底的突然性，使挪威军队无法组织有效的抵抗，并在英国海军出手干预之前完成登陆；二是使用航速较快的军舰代替慢速运输船运送部队，这可以保证在各个港口同时登陆，也可缩短海上航渡时间，降低暴露的概率。为了避免遭到英国海军优势兵力的截杀，所有担负运兵、护航任务的海军舰艇在陆军登陆后都要立即返航，行动必须敏捷迅速，快进快出。即便如此，整个计划依然风险极大，雷德尔在呈交给希特勒的报告中承认，这是一场赌博，“与海战的所有正统理论都背道而驰”，他的副手罗尔夫·卡尔斯(Rolf Carls)海军中将更是悲观地预测海军部队将损失过半。

“威悉河演习”行动是一次海陆空联合作战行动，地面部队为第21集团军及第31军，包括9个师又1个旅，共计12万人，其中用于进攻挪威的是7个师，包括精锐的第3山地师，该师在师长爱德华·迪特尔(Eduard Dietl)将军的指挥下担负首轮突袭任务，搭乘海军舰艇在挪威各港口登陆。一直在德国武装部队中位居老三的海军这次总算唱了主角，负责将陆军部队运送至指定目标港口，为此主力尽出，当时能够作战的大中型战舰悉数出动，包括2艘战列巡洋舰、3艘重巡洋舰、4艘轻巡洋舰、14艘驱逐舰及大批小型舰艇，共计370余艘，组成11个海上编队，其中第1至第6编队以挪威为目标，集中了大部分主力舰艇，分别前往纳尔维克、特隆赫姆、卑尔根、克里斯蒂安桑、奥斯陆和埃格尔松6处挪威港口。此外，正在大西洋上执行破交任务的潜艇也中止行动，全部调往挪威海域，甚至连波罗的海的训练潜艇也拉上前线，在战役开始阶段派出31艘潜艇组成9个艇群派往北海和挪威海，支援登陆编队，监视英军动向，并伏击实施反击行动的敌舰。德国空军第10航空军的1000余架各式飞机将为整个行动提供空中支援，同时伞兵部队将在斯塔万格空降，夺取当地的机场。在德军各编队中，第1编队的任务无疑是最困难的，其目标纳尔维克距离德国基地最为遥远，编队要向北航行1000余海里，深入北极圈，最难于逃脱英国海军的追杀，此外还要经受恶劣天气的考验。行动时间确定在4月初，因为那时波罗的海沿岸的各港口刚好解冻。

如此大张旗鼓的军事行动要想做到百分之百的隐蔽是不可能的，在4月初，英国战时内阁就收到来自各方面的情报，表明德国正在集结部队，威廉港方向骤增的无线电通信也说明德军将有所行动。4月8日，一艘德国运兵船在挪威海岸沉没，船上身穿军装的士兵游到岸上，他们声称前来帮助挪威人保卫国家，抵御英法的入侵。奇怪的是，包括丘吉尔在内的英国高官对此竟无动于衷，或许他们心底里还在期望德国人先动手，以便使自己在道义上获得解脱。早在4月3日，部分载有装备和补给品的德国船只就已起航，3天后德军各编队陆续从威廉港和基尔港出发，向各自的目标驶去，计划于4月9日在各地展开登陆行动。尽管各编队彼此相距遥远，却做到了惊人的协调一致，并且获得了决定性的突袭效果。4月9日清晨，挪威人惊讶地发现大批满载军队的德国舰船同时出现在北起纳尔维克、南至奥斯陆的漫长海岸线上。

当德军兵临城下时，挪威军队尚未进行动员，尽管接到了驻柏林公使的警告，挪威国防部直到4月8日深夜才发出动员令，此时距离入侵行动开始仅剩几小时而已。虽然挪威岸防部队进行了零星抵抗，并在奥斯陆峡湾击沉了德军“布吕歇尔”号重巡洋舰，但这一胜利无法改变德军成功登陆的事实。德国人闪电般的行动不仅令挪威人措手不及，而且让英国人目瞪口呆。英国尤其不相信希特勒敢于向纳尔维克那样偏远的地方派出部队，以至于4月9日下午张伯伦向下院通报德军入侵挪威时，认为关于德军登陆纳尔维克的消息并不确实，所谓纳尔维克是拉尔维克的误传，后者是挪威南部的一个海岸城镇。但是到当天晚上，所有幻想都已破灭，挪威的主要港口均被德军占领，包括首都奥斯陆和至关重要的纳尔维克。在这场以控制挪威为终点的赛跑中，德国率先触线，虽然英国人起跑更早，但在最后的冲刺阶段，德国人则更加迅捷。

汪洋寻敌踪

其实，在“威悉河演习”启动时，英国人也已蓄势待发，执行“威尔弗里德”行动的英军舰船在4月5日出港，预计4月8日抵达韦斯特峡湾，在进出纳尔维克港的航道上布设雷区，在苏格兰的罗赛斯港和克莱德港，参与R4计划的陆军部队已经登船，整装待发，然而德国人的捷足先登打乱了英军的既定计划。4月7日13时25分，一架英军侦察机发现一支阵容庞大的德军舰队正在迅速向北越过斯卡格拉克海峡西口，其中包括两艘沙恩霍斯特级战列巡洋舰，因为海军部还不能判断这支舰队的目标是否为挪威，但非常担心德军大型战舰故技重施，在挪威海域补给后再转向西突入大西洋，展开巡洋作战。1939年底“拉瓦尔品第”号辅助巡洋舰命丧“沙恩”双舰之手的悲剧还历历在目，因此一心要消灭德军大型战舰的英国海军部命令本土舰队在4月7日19时30分出港实施拦截，同时已经搭载登陆部队的一众巡洋舰也奉命将陆军士兵都送回岸上，紧急出港和主力舰会合，原计划担任护航任务的舰船也返回大洋上的巡逻岗位，监视德舰突入大西洋的水道。

然而，要在宽广的海面上发现分散行动的德军舰队谈何容易，实际上在4月9日登陆行动开始之前，除了前往特隆赫姆的第2编队外，没有一支德军部队在航渡途中和英舰遭遇。最早和德军发生接触的是4月5日

■ 英国皇家海军“声望”号战列巡洋舰，装备6门381毫米舰炮

从斯卡帕湾起航的布雷编队，由威廉·惠特沃思(William Whitworth)海军中将指挥，麾下包括 1 艘战列巡洋舰和 12 艘驱逐舰。由“埃斯克”号、“冲动”号、“伊卡洛斯”号和“艾凡赫”号驱逐舰担负布雷任务。这 4 艘舰均接受了改装，仅有 2 门 120 毫米主炮，拆除所有鱼雷，以装载更多的水雷。为其提供掩护的是“暴躁”(Hotspur)号、“哈沃克”号、“猎人”号和“勇敢”号驱逐舰。与布雷部队不同，这些驱逐舰没有接受任何特殊改装，保持着充足的火力。当上述 8 艘驱逐舰前往韦斯特峡湾入口处布雷时，惠特沃思中将坐镇旗舰“声望”号战列巡洋舰，由“萤火虫”号、“灰猎犬”号、“许珀里翁”号、“英雄”号驱逐舰护卫，在峡湾以南巡弋，如果挪威海军那些老掉牙的海防舰艇干预阻止布雷行动，惠特沃思将以重火力加以威吓。“声望”号在战前接受了现代化改装，它的 6 门 381 毫米主炮足以对任何德国水面舰艇构成严重威胁。

从 4 月 8 日的海上态势看，先行出航的布雷编队是最有可能拦截德军舰队的英军部队，实际上他们的活动范围正好位于德军第 1 编队的航线上，堵在纳尔维克的大门口。担任布雷及掩护任务的 8 艘驱逐舰在 4 月 8 日凌晨抵达预定海域并在黎明前完成了三处雷场的布设，并在整个白天组成一道巡逻警戒线，阻截可能通过峡湾的德国船只。不过，位于南面的“声望”号编队运气并不太好，出航后不久即陷入狂风巨浪。4 月 6 日，“萤火虫”号的一名舰员被大浪卷入海中，该舰为了搜寻落水者脱离编队，结果在 8 日 7 时于浓雾中与 2 艘德军驱逐舰 Z-11、Z-18 相遇，随即发生交火，但德军“希佩尔海军上将”号重巡洋舰的优势火力使这场战斗不再具有悬念。“萤火虫”号舰长杰拉德·鲁普(Gerard Roope)海军中校在绝对劣势的情况下毅然发起勇猛攻击，在被击沉前撞击了“希佩尔”号，包括鲁普在内的 111 名官兵随舰阵亡。“萤火虫”号的英勇举动赢得了对手的尊重，“希佩尔”号舰长赫尔穆特·海耶(Hellmuth Heye)上校通过红十字会致信英国海军高层，盛赞了英舰的勇气。后来，鲁普被追授英国最高军事荣誉——维多利亚十字勋章。

“萤火虫”号的牺牲固然值得赞颂，但也有过于鲁莽之嫌，该舰本应保持在稍远的距离上监视德军行动，该舰在最后时刻发报称“遭遇不明军舰”，无助于海军部弄清状况。在与“萤火虫”号失去联系后，远在伦敦的丘吉尔和第一海务大臣达德利·庞德(Dudley Pound)上将暂时无法掌握入侵挪威的德国舰队的动向，并在判断上出现了偏差，在当天 10 时 45 分做出一个致命的决定，命令封锁韦斯特峡湾的驱逐舰群南撤，与惠特沃思的支援部队会合，因为他们担心势单力薄的驱逐舰在与德军大型战舰遭遇时会被消灭。但是，这样一来导致韦斯特峡湾门户大开，德国舰队将不费吹灰之力即可通过。

在英军舰队敞开通道的同时，德国人正在有条不紊地实施入侵行动，被撞伤的“希佩尔海军上将”号率领 4 艘驱逐舰运载着 1700 名山地部队官兵驶向特隆赫姆，其余德舰继续北行，包括登陆纳尔维克的第 1 编队各舰和负责掩护任务的 2 艘战列巡洋舰“沙恩霍斯特”号和“格奈森瑙”号。第 1 编队由德国海军驱逐舰部队司令弗里德里希·邦特（Friedrich Bonte）海军准将率领，其手下共有 10 艘驱逐舰，包括第 2 驱逐舰支队的 4 艘 1934A 型驱逐舰、第 3 驱逐舰支队的 5 艘崭新的 1936 型驱逐舰及第 1 驱逐舰支队的 1 艘较为老旧的 1934 型驱逐舰，编队旗舰是“威廉·海德坎普”号驱逐舰（Z21）。每艘驱逐舰上都载有 200 余名山地步兵，他们都来自第 3 山地师第 139 山地步兵团，共计 2000 余人，该师师长迪特尔将军也率师部随舰队行动。通往纳尔维克的道路并不好走，一路上波涛汹涌、风雨交加，德国驱逐舰存在设计缺陷，在高海况下适航性能大幅下降，如今又搭载了大量陆军人员和装备，航行更加艰难。许多来自德国南部和奥地利的山地兵们从来没有见过大海，他们在颠簸中苦苦忍耐，也许他们会暗暗嫉妒适航性优良的英国驱逐舰吧。

按照伦敦传来的命令，惠特沃思率领以“声望”号为核心的支援部队向北前进，抵达德国舰队以北的位置，于 8 日 17 时 23 分与来自韦斯特峡湾的驱逐舰会合，随后转向西航行，阻止可能继续北上的德军舰队。当日

■ 德国海军“威廉·海德坎普”号驱逐舰，属于 1936 型驱逐舰，装备 127 毫米舰炮 5 门，533 毫米鱼雷发射管 8 具，担任进攻纳尔维克的第 1 编队旗舰

18时50分，海军部又命令惠特沃思集中力量，以防止任何德军部队可能对纳尔维克发起的进攻。但是，惠特沃思并没有执行命令，他认为德国舰队完全不可能在如此恶劣的海况条件下闯进任何北极圈内的峡湾，而且他的驱逐舰也无法在风浪肆虐的夜间保持一条巡逻线，他计划在9日黎明再返回韦斯特峡湾设防。这支唯一可能阻止德军侵占纳尔维克的舰队保持航向，朝着大洋深处进发，实际上德军第1编队此时就在“声望”号后方55海里处破浪北进。

雪夜入峡湾

德国人非但不会惧怕风浪，反而怀着一种冒险心理，希望借助恶劣天气的掩护避开英国人的拦截，完成登陆行动。8日20时，德军舰队已经行至数小时前“声望”号和布雷部队会合的海域附近，在这里，邦特的驱逐舰群与2艘战列巡洋舰坚定不移地冲进韦斯特峡湾，向他们的最终目的地挺进，而“沙恩霍斯特”号和“格奈森瑙”号则调头向西，防备可能出现的英军舰队，掩护驱逐舰行动。韦斯特峡湾相对较为宽阔，但水文条件复杂，密布礁石，暗流涌动，即便是现今的北约组织在此地进行演习都要小心谨慎。德国驱逐舰在前进过程中数次与暗礁发生轻微剐蹭，但没有任何舰只受伤。4月9日3时左右，德军舰队已经到达奥福特峡湾入口，这条长约78千米的峡湾有5条较小的分支峡湾和众多的海湾，纳尔维克位于峡湾最东端的罗姆巴克斯峡湾和贝斯峡湾之间的半岛上。

此时天色正黑，海面上雾气弥漫，天空中风吹雪舞，为德军舰队提供了良好的隐蔽，遮挡了挪威人的视线。在进入峡湾时，德国人俘获了3艘挪威巡逻艇“森加”号、“迈克尔·萨斯”号和“凯尔特”号，但“凯尔特”号在被制服前向港内发出了警报。邦特命令“迪特尔·冯·勒德尔”号(Z17)留在峡湾入口警戒，率8艘驱逐舰按计划分头行动，3艘驱逐舰(Z9、Z13、Z19)将登陆兵运往峡湾北侧的赫尔扬斯峡湾，并在那里登陆，以夺取海岸附近的挪军补给基地，另外2艘驱逐舰(Z18、Z22)驶向拉姆尼斯和哈文尼斯，对付实际上并不存在的挪威海岸炮台，邦特亲率3艘驱逐舰(Z2、Z11、Z21)直奔纳尔维克港。“埃里希·吉泽”号(Z12)因为轮机故障落在后面，没有参与行动。4时15分，邦特已经能够看到风雪笼罩下的港口了。

挪威海军在纳尔维克部署了两艘于1901年建成服役的海防舰“埃德斯沃尔德”和“挪威”号，舰龄都近40年了。在接到“凯尔特”号的警报后，这两艘海防舰均已戒备，所有火炮都装弹上膛，舰员们也分发了救生衣。4时15分，当“埃德斯沃尔德”号看到德舰接近港口时立刻发出灯光信号，要求对方表明身份和来意，德舰没有回应，于是挪威海防舰进行了警告射击，一枚炮弹越过德舰舰首在海中爆炸。邦特先前得到命令，尽量和平地占领目标，于是下令“威廉·海德坎普”号停船，同时回复信号说准备派出代表谈判，一艘小艇载着格拉赫(Gerlach)海军中校登上

“埃德斯沃尔德”号，并被带到舰桥面见该舰舰长奥德·维洛克(Odd Willoch)海军上校。格拉赫竭力使维洛克相信德国人是作为朋友而来的，但挪威人必须交出军舰和武器。维洛克用无线电和“挪威”号舰长佩尔·阿斯基姆(Per Askim)上校进行了商讨，最后拒绝了德国人的要求。

格拉赫中校刚刚离开“埃德斯沃尔德”号就打出了一发红色信号弹，通知邦特挪威人决定抵抗。维洛克上校见状立即高呼：“火炮就位！小伙子们！我们要进行战斗啦！”老旧的海防舰立刻加速向距离自己最近的“威廉·海德坎普”号冲过去，同时准备用左舷的3门150毫米舰炮开火射击。停在“埃德斯沃尔德”号左舷约700米外的“威廉·海德坎普”号一接到格拉赫的信号就立即向挪威海防舰发射了4枚鱼雷，其中两枚命中，引爆了弹药库，“埃德斯沃尔德”号当即断为两截，被冰冷的海水迅速吞没，包括舰长维洛克在内的175名挪威官兵阵亡，仅8人幸存。虽然这艘海防舰勇敢地选择了战斗，但仅仅打了一发炮弹就捐躯了，时间是4月9日4时37分。

停在港口内的“挪威”号听到了爆炸声，但看不到友舰的结局，直到4时45分，两艘德国驱逐舰在黑暗中靠近码头时才用210毫米炮和150毫米炮开火，由于能见度差，仓促间混乱射出的炮弹无一命中。德舰“贝恩德·冯·阿尼姆”号(Z-11)直到横靠码头后才用127毫米舰炮和37毫米炮进行还击，射速极快，犹如机枪，但是浓重的夜色和风雪也妨碍了德舰的射击，即使相距仅800米也找

■ 挪威海军海防舰“埃德斯沃尔德”号，排水量4233吨，航速17节，装备2门210毫米舰炮和6门150毫米舰炮，水线装甲带厚度为178毫米

不到准头。“贝恩德·冯·阿尼姆”号向“挪威”号连续发射了三波鱼雷共计7枚，头两波鱼雷均未击中，直到第三波才有两枚击中，在“挪威”号舰体中部绽开死亡的花朵，这艘老舰在4时55分向右舷倾覆沉没，101人阵亡。德军鱼雷在挪威战役中表现低劣，可靠性差，后来的调查显示，鱼雷的定深装置和引信均存在缺陷，导致航行深度过大、引信容易失效等问题。

“挪威”号的沉没标志着挪威军队所有抵抗行动的结束。与海军部队的顽强不屈截然相反的是，驻纳尔维克的挪威陆军部队未放一枪就缴械投降了，因为当地陆军指挥官康拉德·桑德罗(Konrad Sundlo)上校是一个亲纳粹的吉斯林分子，根本无意抵抗，在迪特尔将军的劝说下出卖了自己的祖国。黎明时分，饱受晕船之苦的山地兵们陆续上岸，到8时30分，整个纳尔维克均处于德军的控制下，停泊在港口的15艘英国及中立国船只也被德军俘获，此外港内还有11艘德国货船。搞笑的是，当德军驱逐舰入港时，德国货船“博肯海姆”号的船长误以为是英国军舰杀进来了，匆忙让船只抢滩并加以凿沉，等到弄清状况自然后悔不迭。至此，德国人的计划取得了完美的胜利，几乎毫无损失地达到目的，但邦特准将心中并无半分喜悦，反而暗暗叫苦！这却是为何？

“威悉河演习”行动的一个关键环节是担负运输任务的舰船在完成登陆任务后迅速返航，避免英军舰队的阻截，这点对于航行距离最远、处境最危险的第1编队来说尤为重要，但是驱逐舰续航力不足，在抵达纳尔维

■ 停靠在纳尔维克港内的德军驱逐舰，它们在抵达目的地后都需要补充燃油才能返航

克后燃料消耗很大，必须及时补充方能踏上归途。行事缜密的德国人预先安排了3艘油船执行补给任务，包括“扬·魏勒姆”号（11700吨）、“卡特加特”号（6080吨）和“斯卡格拉克”号（6044吨）。按计划，这3艘油船将在4月8日抵达纳尔维克，为每艘驱逐舰加油600吨，以便使第1编队的10艘驱逐舰能够在4月9日夜间启程返航。

人算不如天算，最后只有“扬·魏勒姆”号如期抵达，该船于4月6日晚间从苏联的摩尔曼斯克出航，4月8日到达纳尔维克，在进港时诡称目的地为德国，船上满载着8500吨燃油。“卡特加特”号从威廉港起航前往纳尔维克，不幸的是途中遭遇挪威巡逻艇“诺德卡普”号拦截，于4月9日晚被击沉于靠近北极圈的格洛姆峡湾，而“斯卡格拉克”号早在4月7日就被挪威军舰截获于卑尔根。虽然“扬·魏勒姆”号上有足够的油料，但只能同时为两艘舰加油。该船本是一艘捕鲸船，仅有临时改装的输油设备，油泵功率不足，效率低下，大大延长了补给时间。没有油料德军驱逐舰哪也去不了，毫无办法的邦特只能命令各舰轮流加油。即使昼夜不休地作业，到4月10日4时，仅有3艘舰（Z9、Z13、Z21）的油舱被灌满，两艘舰（Z18、Z19）正在加油，其余5艘还在等待。邦特认为，在纳尔维克多停留一秒钟，危险就增加一分，等到他的舰队全部加油完毕，英国舰队很可能已经堵在峡湾外面准备瓮中捉鳖了！

归途路已断

正如邦特所担忧的那样，以“声望”号为核心的英国舰队就在附近，没有远离韦斯特峡湾，处在关门打狗的绝佳位置，并且在4月9日凌晨与担任掩护任务的两艘德国战列巡洋舰不期而遇。在与第1编队分手后，由京特·吕特晏斯（Gunther Lutjens）海军上将指挥的“沙恩霍斯特”号和“格奈森瑙”号往西北航向前进。9日3时50分，在罗弗敦群岛西南海域，“格奈森瑙”号的雷达发现了一个不明回波信号，德舰随即进入战斗戒备。4时05分，“沙恩霍斯特”号的一位航海军官在进行定位观测时，从六分仪的镜头中看到远处黑暗中亮起一团火光，不多时几枚重磅炮弹就呼啸着坠落在德舰近旁！那是“声望”号主炮射击的闪光！当时一场暴风雨正席卷海面，云层很低，光线昏暗，难以视物，但是“声望”号凭借性能优良的雷达锁定了视距之外的目标，并在16740米距离上先敌开火！遭到突袭的德舰在5分钟之后才开始还击，并转向北方航行。

虽然“声望”号要比它的对手舰龄高出将近20年，火力上以6门381毫米舰炮对抗18门283毫米舰炮，而且以一敌二，但在交战中并不处于下风，“声望”号利用其优于德舰的火控系统紧紧咬住目标。德国人拥有多于对方3倍的火炮数量，却不能获得优势。在恶劣的视界条件下，德舰精良的光学测距仪成了摆设；不太可靠的雷达也很难为准确射击提供太多的帮助。由于雷达故障，“沙恩霍斯特”号仅能盲射，炮弹落点偏离目标甚远，只有“格奈森瑙”号的火力不时能够造成威胁。不佳的视野对双方的影响是平等的，交火断断续续地持续了 1 小时，均无建树。英国驱逐舰也参与了炮战，效果微弱，但他们开炮的火光使吕特晏斯以为自己遭遇了 2 艘英军主力舰。从 6 时开始，炮声沉寂了 20 分钟，于 6 时 20 分重新响起，“格奈森瑙”号在 5 分钟内连续两弹击中“声望”号的主桅及后部 Y 炮塔附近，但均未引起爆炸，未能造成严重损害。英舰立即还以颜色，在 16200 米距离上击中“格奈森瑙”号三弹，摧毁了前部火控站，后部 C 炮塔也受损失去战斗力。吕特晏斯非常担心自己宝贵的战舰受到进一步的损伤，下令撤出战斗，德舰发挥速度优势，一路向北狂奔，终于甩掉了英舰，随后几天内在北海转了个大圈，以迷惑追兵，掩护驱逐舰撤退，直到 4 月 12 日才返回威廉港，但邦特的驱逐舰再也没能返航。

惠特沃思没有选择追杀吕特晏斯，他也有自己的计划。与德舰的遭遇使他意识到德军在附近海域可能有其他行动，回想 8 日傍晚海军部要求他注意纳尔维克方向的电文，惠特沃思决定杀回韦斯特峡湾，完全阻断进出纳尔维克的道路，无论德军是否已经登陆，惠特沃思都处于有利的位置——如果德国人已进入峡湾，正好断其退路，顺势歼之；如果德军舰队还没到，也可将其挡在峡湾外面，确保纳尔维克安全。与德军战列巡洋舰失去接触后，惠特沃思率领“声望”及麾下的驱逐舰转向东南航行，回到韦斯特峡湾以南的阵位。出航时的 12 艘驱逐舰中除“萤火虫”号战沉，“许珀里翁”号和“英雄”号因燃油不足于 8 日先行返航外，余下 9 艘驱逐舰保持在战斗序列中。9 日 9 时 30 分，英军舰队重新在峡湾入口部署了警戒线。

为了加强惠特沃思的力量，海军部从本土舰队主力中抽调“声望”号的姊妹舰“反击”号前往增援，同行的还有“珀涅罗珀”号轻巡洋舰，属于第 2 驱逐舰支队的“敌忾”号驱逐舰，一艘 K 级驱逐舰“金伯利”号和 3 艘部族级驱逐舰“贝都因人”号、“旁遮普人”号和“爱斯基摩人”号，其中后 4 艘都是 20 世纪 30 年代的造舰竞赛中为对抗日本海军新型驱逐舰而建造的，性能比第 2 驱逐舰支队的老式 H 级驱逐舰优良许多。“反击”号舰长斯普

英军第 2 驱逐舰支队指挥官伯纳德·沃伯顿-李海军上校

纳(Spooner)海军上校在9时31分电告第2驱逐舰支队指挥官伯纳德·沃伯顿-李海军(Bernard Warburton-Lee)上校，将前往该分舰队的警戒位置与之会合。

现在，英国人迫切需要知道德军到底有没有在纳尔维克登陆，如果已经登陆，实力又如何。在英军警戒线部署完成后不久，本土舰队司令查尔斯·福布斯(Charles Forbes)海军上将于9时52分电令沃伯顿-李上校派出驱逐舰进入峡湾窥探虚实。4月9日中午，沃伯顿-李上校又接到来自伦敦海军部的敌情通报，声称进占纳尔维克的德军仅有一艘船和少量陆军部队，要求他发挥自己的判断力，率领属下的驱逐舰突入峡湾，摧毁敌舰，夺回港口。这份命令显然出自丘吉尔的手笔，越过福布斯和惠特沃思直接向沃伯顿-李下令非常符合丘吉尔的习惯做法。接到“最高指示”的沃伯顿-李只能遵令而行，留下“灰猎犬”号和4艘布雷驱逐舰等待斯普纳的到来，带领第2驱逐舰支队的4艘驱逐舰进入韦斯特峡湾进一步探明情况。当天16时左右，英国驱逐舰航行到韦斯特峡湾的特拉讷于引航站附近，从当地的挪威引水员口中得知，纳尔维克有6艘德国驱逐舰，还有1艘潜艇负责警戒，在城里也有德国部队防守，看来情况远非海军部估计得那么乐观。不过，沃伯顿-李收到的也不全是坏消息，原本隶属于他的“敌忾”号此时在斯普纳的命令下进入峡湾，与第2驱逐舰支队主力汇合，至少他现在有5艘驱逐舰去尝试执行丘吉尔的命令。

■ 英军第2驱逐舰支队旗舰“勇敢”号，为H级驱逐舰的领舰，装备5门120毫米舰炮，在1940年4月10日的第一次纳尔维克海战中战损

与那些在1916年日德兰海战中表现平平的老派驱逐舰指挥官不同，时年44岁的沃伯顿-李是新一代驱逐舰指挥官中的佼佼者，他极为敬业，富于进攻精神，在1940年4月5日出发前寄给妻子的信中写道："战役很可能即将开始，而我将打响第一枪！"在获知敌方实力后，沃伯顿-李将参谋们召集到旗舰"勇敢"号的海图室中商讨对策，这些参谋们和他一样，都是富有朝气、勇于冒险的军官。在分析讨论后所有人一致认为，除非有其他特别紧急的情况，第2驱逐舰支队没有理由不采取进攻行动，从德国人手中夺回纳尔维克，即便对手非常强劲，占有数量优势也在所不惜。德国驱逐舰的吨位更大，航速更快，在相对平静的海湾中，其低劣的适航性也不算太大的问题，而火力上的优势将得到充分发挥。所有德国驱逐舰都装有5门127毫米舰炮，而李手下的驱逐舰只有4门或5门120毫米舰炮。沃伯顿-李在17时51分向伦敦拍发了一份电报："挪威人报告德军已经占领纳尔维克，对方拥有6艘驱逐舰和1艘潜艇，海峡之内可能布雷，我们计划利用黎明时的高潮发动攻击。"

由于担心沃伯顿-李实力不足，惠特沃思在19时59分命令"珀涅罗珀"号、"金伯利"号和3艘部族级驱逐舰前去支援第2驱逐舰支队，但他的正确决定只持续了不到40分钟，在20时38分惠特沃思收回成命，因为他担心自己的行动会与海军部的指示发生冲突。第一海务大臣庞德上将显然认为应由沃伯顿-李单独展开攻击，他不希望行动复杂化，也担心等待增援会拖延进攻时间，丧失重要的战术突然性。实际上，巡洋舰和大型驱逐舰有充足的时间在黎明前抵达纳尔维克，与沃伯顿-李兵合一处。事后看来，这又是一桩不明前线实况瞎指挥的典型案例。20时59分，海军部再度向沃伯顿-李发出电报，其中除了有害无益的战术建议和行动不可撤销的暗示外，真正有用的话只有最后一句——祝沃伯顿-李上校好运！事已至此，没有任何增援的第2驱逐舰支队的确需要一点儿运气。

潜行暗无声

为了能在10日黎明时分抵达纳尔维克港，同时迷惑德军，隐蔽行踪，沃伯顿-李先率队由特拉讷于向西南方缓慢航行，做出驶离韦斯特峡湾的假象，然后掉头高速驶向纳尔维克，这个计策成功地骗过了德军的眼线。当时有3艘德国潜艇被派往纳尔维克支援第1编队，其中U-46、U-25部署在奥福特峡湾的狭窄入口处担任警戒，而U-51在水面宽阔的韦斯特峡湾内监视英军动向。U-51在9日21时发现了向西南航行的第2驱逐舰支队，并向邦特做了报告，导致后者对形势做出严重的误判。邦特据此认为英军驱逐舰进入峡湾仅仅出于侦察目的，既然它们正在离开，停泊在港内的德军舰船在今夜将不会受到攻击。让德国人意想不到的是，沃伯顿-李在21时30分下令转向，5艘驱逐舰以20节高速向东航行，在一场大雪的掩护下直奔奥福特峡湾而来，此时能见度下降至不足400米。大约

10日0时30分，英军舰队根据特拉讷于灯塔的光亮调整航线，并成功避开了U-25的巡逻区。1时45分，英军驱逐舰减速至12.5节，因为峡湾的宽度仅为1.5海里，各舰用主动声呐探测水下的浅滩礁石，确保航行安全。

就在沃伯顿-李的驱逐舰冒死突入峡湾时，海军部又蹦出来捣乱了，在1时04分向第2驱逐舰支队发出新的敌情通报：德军是乘坐矿石运输船登陆的，务必要将这些船只击沉！看来庞德爵士的脑袋瓜总是那么富于想象力，并且习惯性地将他的想法灌输给前线指挥官。虽然沃伯顿-李掌握的情报也不甚准确——在港内有10艘德军驱逐舰而不是6艘，但至少比海务大臣靠谱多了。这还不算完，1时36分海军部的电报又到了，声称驻纳尔维克的两艘挪威海防舰可能已经落入德国人手中，允许沃伯顿-李在此情况下自行判断是否发起攻击，并且表示“无论你做出何种决定，海军部都将支持你”。但是，沃伯顿-李实在没有心思去揣摩电文背后的领导意图，现在他的舰队已经利剑出鞘，羽箭搭弦，无法回头了。在暗夜里航行在狭窄的水道中，时刻提防暗礁和伏击，每个人都高度紧张。在2时10分，舰队前方发现一个水中障碍，为了进行规避，队形一度混乱，直到2时40分才重整队列，继续前进。

受大雪的影响，埋伏在峡湾入口处的U-46也没有发现潜入的英军舰队，峡湾水道越来越宽，在10日3时左右，第2驱逐舰支队已经进入奥斯特峡湾的中央水域，向东不远处就是纳尔维克港。沃伯顿-李命令减速至8节，同时进行战斗部署，他计划由“勇敢”号、“哈沃克”号、“猎人”号负责攻击停泊在港内的德国军舰，而“暴躁”号和“敌忾”号负责攻击货船和可能存在的敌军岸炮，他最后向手下的舰长们发出祝愿：“祝各位好运！让他们尝尝厉害！”3时43分，英军舰队转舵驶向纳尔维克港，5分钟后再次减速至6节，等待黎明时的微光整队后再行突入港内，所有英军驱逐舰向右转舵，航向东南，在港口入口外一字排开，以获得发射鱼雷的机动空间。此时航线直指港口南面的陆地，因此在4时英舰再度左转，排成单纵队向北航行，直到绕过港口入口南侧的海角，才在4时15分转向东，沿着入港航道进入攻击位置。此时天气也特别配合英国人，雪已经停了，风平浪静，略有薄雾，能见度良好，四周一片寂静，港口内影影绰绰，挤满了舰船，仿佛一群熟睡的羔羊。已经悄悄航行了一整夜的第2驱逐舰支队直到此时都没有被德军察觉，达成了完美的奇袭效果！现在只差沃伯顿-李下达最后的突击命令，而他决心已定，要为德国人制造一个血色黎明！

沉睡的德国人完全没有意识到英国人的匕首已经顶在了自己的喉咙上，毫无警觉。不过，邦特还是留了一手，将他的10艘驱逐舰分散停泊在峡湾各处，以防被英国人一网打尽。“沃尔夫冈·岑克尔”号(Z-9)、“埃里希·克尔纳”号(Z-13)和“埃里希·吉泽”号停泊在纳尔维克北面的赫尔扬斯峡湾，“格奥尔格·蒂勒”号(Z-2)和“贝恩德·冯·阿尼姆”号位于奥福特峡湾南侧的巴兰根峡湾中，

“威廉·海德坎普”号、“赫尔曼·金内”号(Z-19)、“汉斯·吕德曼”号(Z-18)和“安东·施米特”号(Z-22)则停泊在纳尔维克港内，处在商船群的保护圈下，“赫尔曼·金内”号和“汉斯·吕德曼”号一左一右靠在“扬·汉斯·魏勒姆”号两侧正在加油，在它们南面依次停泊着“安东·施米特”号和“威廉·海德坎普”号，而邦特准将正在后者的船舱内熟睡。最后一艘驱逐舰“迪特尔·冯·勒德尔”号本来被部署在港外的开阔水域担任警戒，但和U-46一样被风雪迷住了眼睛，未能发现敌踪，于3时40分离开岗位，4时10分入港，4时25分停在“扬·魏勒姆”号北面的泊位上，准备接受加油，而沃尔顿-李的攻击编队紧随着“迪特尔·冯·勒德尔”号的脚后跟就摸了进来。

黎明施冷箭

在4时15分转向后，第2驱逐舰支队的5艘驱逐舰以单纵队贴着海岸向港口前进，不久根据沃伯顿-李的命令，“暴躁”号和“敌忾”号离开编队，向北航行，寻找可能停泊在港外的敌军运输船和商船，其余3舰继续鱼贯而行，冲进港口，旗舰“勇敢”号一马当先，“猎人”号和“哈沃克”号紧随其后。英舰刚刚驶进港口就发现了停泊在南侧泊位上的“威廉·海德坎普”号和“安东·施米特”号，尽管当时港内停泊有20多艘舰船，但德国驱逐舰的舰影还是很容易与商船分辨开来，此时英国人已经处于发射鱼雷的最佳阵位。“勇敢”号向左转舵，将右舷侧对准了目标。

4时30分，随着沃伯顿-李发出攻击信号，支队鱼雷军官G. R. 赫佩尔(G. R. Heppel)上尉指挥部下将3枚533毫米MkIX型鱼雷射入水中，直奔1000多米外的德舰而去，有2枚击中目标，第一枚鱼雷将一艘商船的船首炸烂，而第二枚鱼雷正中“威廉·海德坎普”号舰尾，并引爆了弹药库，一团夺目刺眼的巨大火球伴随惊雷般的轰鸣升腾而起，犹如初生的旭日将原本黑暗的港湾照亮！大爆炸的威力将“威廉·海德坎普”号的舰尾硬生生地扯断，军舰后部的3座127毫米主炮像玩具一样被热浪抛到半空中，沉睡的邦特准将再也睁不开双眼了，他本人连同80余名官兵几乎在爆炸瞬间就丢掉了性命，“威廉·海德坎普”号未能做出任何反抗就丧失了战斗力，开始沉入漆黑冰冷的海水中。战斗刚刚打响，德军舰队就失去了旗舰和最高指挥官，梦幻般的开局对于英国人来说好得出奇！

爆炸声完全将睡梦中的德国人惊醒了，起初以为遭遇了空袭，其余德舰急忙拉响战斗警报，水兵们匆忙奔赴战位，场面非常混乱。由于事发仓促，又群龙无首，德舰最初的反击炮火毫无章法、非常凌乱，只是对着港口入口乱打。首轮攻击就已得分的英国人士气高涨，“勇敢”号的120毫米舰炮也向港内的众多目标发出怒吼，鱼雷兵拼足力气转动鱼雷发射管，又向着港口北侧发射了3枚鱼雷，可惜无一命中，全都撞在码头上爆炸了。“勇敢”号总共装载有8枚鱼雷，已发射6枚，还有1枚在战斗之前因为意外事故而被发射出去，最后一枚则由于命令传达的失误而没有发射。在完成漂亮的第一轮攻击后，“勇敢”号一面继续用舰炮倾泻弹药，一面左转向港外驶去，以便为跟进的友舰腾出攻击位置，在整个过程中毫发无伤。

下一个上场的是“猎人”号，该舰不仅对德国驱逐舰发动进攻，还向商船开火。该舰集中火力攻击了“安东·施米特”号，后者正在发动主机，驶离泊位，努力迎战，但由于吨位较大，港湾空间狭小，影响了德舰的机动。“安东·施米特”号先是被1枚120毫米炮弹击中，随后就被“猎人”号发射的1枚鱼雷打成重伤。“猎人”号在一顿暴打后也跟随旗舰转舵，驶向港外，而且同样幸运地未受损伤。当R. E. 卡里奇(R. E. Courage)中校指挥的“哈沃克”号在4时46分突入港口时，德舰的反击炮火开始变得猛烈、密集了，但仍然不能阻止该舰进行高效率的攻击。“哈沃克”号发射的3枚鱼雷弹无虚发，第一枚击中一艘商船，爆炸冲击波使第二枚鱼雷偏航，但歪打正着，撞上另一艘商船，第三枚鱼雷直接命中了先前被“猎人”号重创的“安东·施米特”号，将其炸成两截，送进海底，舰上63人阵亡。爆炸的气浪还使40米外正在加油的“赫尔曼·金内”号与油船“扬·魏勒姆”号分离并受轻伤。“哈沃克”号退出港口时遭到“迪特尔·冯·勒德尔”号和“汉斯·吕德曼”号的射击，德舰的反击没有取得任何效果，“汉斯·吕德曼”号反而被“哈沃克”号后主炮的两枚炮弹击中，其中一枚打掉了“汉斯·吕德曼”号的前主炮，另一枚在舰体后部引发一场火灾，导致舵机受损，并迫使德国人向后部主炮弹药库注水以防殉爆，这艘驱逐舰的5门主炮转眼之间统统哑巴了。

原本攻击港外目标的“暴躁”号和“敌忾”号发现没有什么东西可打，也跟着主力冲进港内，向剩下的商船和德舰开火射击。“敌忾”号与“迪特尔·冯·勒德尔”号展开了对射，由于测距仪镜头结霜冻结，无法瞄准，该舰采用“递推盲射”的射击方法——在估测的距离上每次齐射比上一轮延伸400码。“敌忾”号在这种简陋的射法引导下进行了三轮齐射，居然幸运地命中了两弹，重创了“迪特尔·冯·勒德尔”号。当时，英国驱逐舰都配发了装有弹尾延时引信的半穿甲弹，能够击穿舰体外壳在内部爆炸，造成更为严重的破坏，而德国驱逐舰基本使用带瞬发引信的高爆弹，多在舰体外面爆炸，虽然口径更大，但杀伤效果反而略有逊色。在第一轮攻击完成后，“暴躁”号施放烟雾，掩护自己的友舰撤出港口，以便重新整队再次发起攻击，其间该舰还向早已乱成一锅粥的港湾发射了4枚鱼雷，又有2艘商船遭劫。

占得先机的5艘英国驱逐舰现在排成纵队，沿着一条环形航线逆时针航行，徘徊在纳尔维克港的入口处，各自使用120毫米舰炮向港口内倾泻火力。处于被动地位的3艘德国驱逐舰用火炮和鱼雷竭力反击，已经严重受伤的“迪特尔·冯·勒德尔”号使尽浑身解数向港湾入口处呈扇面打出全部8枚鱼雷。但是，这些G7a型鱼雷再度令德国人大失所望，由于定深和引信问题，有3枚鱼雷从英舰舰底穿过没有爆炸，有2枚鱼雷直接冲上了海滩。“迪特尔·冯·勒德尔”号遭到英舰的无情打击，连连中弹，遍体鳞伤，只能尽量躲到相对隐蔽的泊位上，其他2艘德舰的反击也显得非常乏力。就这样，沃伯顿-李指挥各舰在港口外环行，不断射击，蹂躏着虚弱的猎物，而岸上的港口设施、仓库和建筑物也挨了不少炮弹，纳尔维克城内多处起火，烟雾弥漫。来自港内的反击炮火渐渐稀疏，直至最后完全沉寂下来，借助于受损船只上的熊熊火光，沃伯顿-李满意地审视了港口内的凄惨场面，下令暂时停火，并召集参谋们开会，决定下一步行动。

退路遇强敌

战斗打响不过半小时，沃伯顿-李便取得了足以令任何一位指挥官羡慕的辉煌战绩，停泊在港内的5艘德军驱逐舰中有2艘被击沉，其余3艘也受到不同程度的损伤，港内的商船更是成为两军交战的无辜牺牲品，有11艘中弹沉没，包括6艘德国船、2艘瑞典船、2艘挪威船和1艘英国船，而英军舰队几乎完好无损。尽管如此，沃伯顿-李还是有一丝的不安，根据先前的情报，德国人有6艘驱逐舰，但目前最后一艘敌舰还是不见踪影，也不清楚岸上德军的实力。不过，在会议上他还是坚持对港口做最后一击，以便让没有发射鱼雷的“敌忾”号把“礼物”都送给德国人。5时14分，沃伯顿-李下令提速至20节，5艘驱逐舰再度用炮火扫荡了港口，冲在前面的“敌忾”号艏楼挨了一发炮弹，损伤轻微。20分钟后，沃伯顿-李决定见好就收，各舰保持单纵队调头向西，准备撤退，就在这时，真正的危险从东北方和西方的水道向顺风顺水的英国舰队靠近了。

在港口遭遇突然袭击时，警报被迅速传递给停泊在峡湾各处的其他德舰，位于北面赫尔扬斯峡湾的“沃尔夫冈·岑克尔”号、“埃里希·克尔纳”号和“埃里希·吉泽”号急忙升火备战，在身材魁梧的第4驱逐舰支队司令埃里希·贝(Erich Bey)海军中校指挥下火速驰援，停泊在西面巴兰根峡湾的“格奥尔格·蒂勒”号和“贝恩德·冯·阿尼姆”号也在第1驱逐舰支队司令弗里茨·贝格尔(Fritz Berger)海军中校的率领下紧急离开泊位，沿着峡湾向东增援港口。然而，由于距离较远，远水难救近火，在援兵赶到前，第1编队中5艘最好的1936型驱逐舰非沉即伤，已经被打垮了。贝将手下的3艘驱逐舰排成一列横队开进，在5时40分接近港口，远远望见正在转向撤退的“勇敢”号，立即以舰首方向的6门127毫米主炮在7000米开外展开射击，“勇敢”号不甘示弱，以全部5门120毫米主炮的舷侧火力做出回应，其余英舰也纷纷开出港外，加入炮战，但由于距离尚远，双方的炮击均无效果。在港内苟延残喘的“汉斯·吕德曼”号见援兵已到，鼓起勇气向撤退的英舰发射了3枚鱼雷，结果依然因为定深过大而一无所获。

突然出现在北面的德军大型驱逐舰让沃伯顿-李吃了一惊，并将其中一艘误认为是巡洋舰，于是决定立即撤退。5时51分，沃伯顿-李向海军部报告了自己的处境，随后舰队加速到30节，同时释放烟雾，各舰保持单纵队向西边打边撤。贝观察了一片狼藉的港湾，大致评估了舰船受损情况，同时命令尚能行动的驱逐舰立即出港。不过，“汉斯·吕德曼”号发射的鱼雷还在航行中，迫使贝指挥3艘驱逐舰转向规避，拖延了追击的脚步。另一面，沃伯顿-李也陷入了麻烦，与另一队德军援兵——“格奥尔格·蒂勒”号和“贝恩德·冯·阿尼姆”号正面遭遇，2艘德国驱逐舰立刻向左转舵，在3600米距离上以全部10门127毫米舰炮展开截击。沃伯顿-李也下令左转，同时开炮还击，“勇敢”号射击“格奥尔格·蒂勒”号，而跟进的“哈沃克”号则以“贝恩德·冯·阿尼姆”号为目标。现在，整个晚上都极为走运的英军第2驱逐舰支队终于开始背运了，处于前有强敌、后有追兵、腹背受敌的困境。

尽管贝因为规避鱼雷而有所耽搁，一时帮不上忙，但贝格尔指挥“格奥尔格·蒂勒”号和“贝恩德·冯·阿尼姆”号以二敌五，并不落下风，反而越战越勇，将德国驱逐舰的火力优势发挥得淋漓尽致。“格奥尔格·蒂勒”号很快就对“勇敢”号形成了跨射，从第四轮齐射之后就不断获得命中。“格奥尔格·蒂勒”号还发射了2枚鱼雷，“贝恩德·冯·阿尼姆”号也发射了1枚鱼雷，英国方面的“哈沃克”号和“敌忾”号分别发射了5枚和4枚鱼雷，但双方的十几枚鱼雷全都打了水漂，

■ 德国海军“格奥尔格·蒂勒”号驱逐舰，属于1934型驱逐舰，装备5门127毫米舰炮和8具533毫米鱼雷发射管

没有取得任何战果。在与贝格尔交火4分钟之后，沃伯顿-李发出一道纳尔逊式的命令："持续攻击敌舰！"他希望以此提醒各舰不要忽略背后的追兵。不幸的是，这道命令竟成为沃伯顿-李上校的临终遗言，下达命令后不久，"格奥尔格·蒂勒"号的2枚炮弹就给"勇敢"号造成了致命伤害，一枚炮弹摧毁了前部主炮，另一枚则钻进舰桥里爆炸，将第2驱逐舰支队的指挥中枢一举破坏，沃伯顿-李头部受重伤，倒在血泊中。

"勇敢"号一时失去了控制，向着峡湾南岸高速冲去。更为糟糕的是，其他英舰不知旗舰失控，仍然保持队形跟在后面。关键时刻，沃伯顿-李的幕僚之一斯坦宁(Stanning)海军上尉拖着一双受伤的脚挣扎着来到操舵室，拼尽全力向右转舵，总算将"勇敢"号改回向西的航线，直到一名没有受伤的水手接替掌舵，他才回到破烂不堪、遍地血污的舰桥。斯坦宁本来想指挥"勇敢"号对德舰实施撞击，但引擎因为连连受创已经停止工作，他只好命令军舰在峡湾南岸抢滩搁浅，同时向友舰通报了情况。其余英舰以"哈沃克"号为前导舰向西航行，与德舰持续交火。在击毁"勇敢"号之后，占据优势的两艘德舰也调头转向西，航线与英军编队保持平行，继续施压，其自身也开始感受到英舰炮火的威力，"格奥尔格·蒂勒"号的锅炉舱被一枚炮弹击中，但射击依然精准。为了吸引炮火，"哈沃克"号主动向右转向，靠近德舰，接着又机动到队列末尾，在"敌忾"号左舷舰尾方向占据阵位，以阻止贝的3艘驱逐舰前来支援正在激战的德舰。

初战落帷幕

"格奥尔格·蒂勒"号舰长马克斯-埃卡特·沃尔夫(Max-Ekkart Wolf)海军少校表现得非常好斗，尽管他指挥的舰是所有德舰中最老的一艘，但在交火中重创了英军旗舰。战至6时05分，沃尔夫少校意识到由于本舰航速较快，已经冲到英军队列前方，于是下令右转减速，并向贝靠拢，就在转向期间"格奥尔格·蒂勒"号连中三弹，前两枚炮弹摧毁了其一号主炮和火控站，第三枚炮弹是半穿甲弹，在其二号锅炉舱内爆炸，破坏了锅炉和消防设备。然而，连续受创丝毫没有降低该舰的高昂斗志，在失去统一火控指挥的情况下，余下的4门主炮独立进行测算射击，依旧保持很高的射速，此时双方相距不足1800米，德舰上的37毫米炮也加入炮战。德舰将火力集中在英军队列中的新前导舰"猎人"号，当交战距离缩短到1500米时，该舰完全被德舰127毫米炮和37毫米炮的弹雨所笼罩了，至少被命中7次，燃起大火，并且可能被"格奥尔格·蒂勒"号发射的3枚鱼雷中的一枚击中，在一阵爆炸后航速骤减。

在"猎人"号后方约900米处航行的"暴躁"号也向德舰发射了2枚鱼雷，险些命中"格奥尔格·蒂勒"号，鱼雷航迹擦过德舰舰体。"暴躁"号的悲剧不止于此，该舰旋即被2枚炮弹命中舰桥附近，导致通信中断，操舵失灵，"暴躁"号如同脱缰的野马向着已经失去动力的“猎人”号直直地撞过去，一切控制手段都已失效，两位舰长对此毫无办法，只能眼看着“暴躁”号以30节的高速在6时15分左右重重地撞在“猎人”号的右舷，钢铁碰撞的强力音符响彻整个峡湾，尖利的舰首戳穿了舰壳，引起大量进水。德舰“贝恩德·冯·阿尼姆”号见状立即向瘫痪的2艘英舰展开猛烈的炮击，受伤严重的“猎人”号很快向右倾覆，在汽笛的哀鸣中沉入大海，舰上的一门主炮直到被海水淹没前还在向对手喷吐出不屈的火焰，全舰有108人阵亡。现在，英军第2驱逐舰支队的5艘驱逐舰中仅剩“哈沃克”号和“敌忾”号还保持战斗力，继续向西航行。

“暴躁”号在摆脱了“猎人”号的残骸后，却发现贝的3艘驱逐舰已经追上来，5艘德军驱逐舰对这艘可怜的军舰进行攒射，“埃里希·吉泽”号还发射了一枚鱼雷，当然毫不意外地射失了。“暴躁”号舰长莱曼（Layman）海军中校冒着炮火让水兵们组成人链，传达命令，恢复了操舵，舰上的火炮也继续反击着逼近的敌舰，成功击伤了“贝恩德·冯·阿尼姆”号，并阻止谨小慎微的贝进一步靠近。在一番抢修之后，“暴躁”号将海水代替淡水直接灌进锅炉加热，勉强恢复了动力，军舰重新向西航行，当看到舰首两舷再次翻起浪花时，官兵们几乎喜极而泣！开在前面的“哈沃克”号和“敌忾”号也调头回来以炮火掩护“暴躁”号撤退。因为燃料和弹药都不充裕，德舰没有继续追击，目送3艘英舰渐行渐远，消失在两岸的雪岭之间。英军旗舰“勇敢”号此时已经搁浅在海岸边奄奄一息，舰员们在弃舰之前继续向德舰“埃里希·吉泽”号开炮，并将最后一枚鱼雷发射出去，后者也用鱼雷进行了反击，还是因为故障而失的。贝指挥各舰救起“猎人”号上的幸存者后就整队向港口返航，他知道英国人肯定会再度进袭，他需要为最后一战做些准备。

英军第2驱逐舰支队的残部沿着奥福特峡湾向西蹒跚而行，半路上巧遇德国运输船“劳恩菲尔斯”号，船上满载着第3山地师急需的武器弹药和食品，还有驱逐舰用的127毫米炮弹，该船也是德军派往纳尔维克的3艘弹药运输船之一，它很走运地躲过了韦斯特峡湾的英军巡逻舰，却不想在即将到达目的地时运气用尽了，碰上了撤退的英军驱逐舰，遭到“哈沃克”号和“敌忾”号的一顿痛扁，很快便沉入海底，另外2艘船的命运同样悲惨，一

■ 侧翻在奥福特峡湾岸边的“勇敢”号残骸，在几天后的第二次交战中，大多数德国驱逐舰复制了这副凄惨模样

艘毁于空袭，另一艘被英军俘获，总之预计前往纳尔维克的 6 艘德军补给船中最后仅有一艘成功抵达，从中不难看出“威悉河演习”行动的高风险。收拾完这艘倒霉的运输船，3 艘驱逐舰继续西行，于 9 时 30 分与“灰猎犬”号相遇，11 时与“珀涅罗珀”号轻巡洋舰会合，该舰奉命接应撤退的驱逐舰，并在英军雷区外巡逻。直到此时，经历了血战的英军官兵们才算松了一口气。

在 4 月 10 日黎明这场被称为第一次纳尔维克海战的战斗中，英德双方互有损伤，各有亮点。在突袭港口阶段，英国人成功地达成突然性，占据了绝对优势，击沉 2 艘德国驱逐舰，击伤另外 3 艘，毁伤大量商船，丘吉尔和庞德对此战果应该感到满意。在随后的追击战中，德国人的表现更令人称道，特别是“格奥尔格·蒂勒”号以凌厉精准的炮火给英军造成重大杀伤，先后击毁“勇敢”号和“猎人”号，重创“暴躁”号，多少为在港口中蒙难的友舰报了一箭之仇。值得一提的是，交战双方的最高指挥官均战死沙场，德军驱逐舰部队司令邦特准将在战斗刚开始就随旗舰“威廉·海德坎普”号沉入海底；英军第 2 驱逐舰支队指挥官沃伯顿-李上校最后也伤重不治，后被追授维多利亚十字勋章。但是，从战场态势上看，德国人显然非常不利，甚至可以说绝望。第 1 编队的 10 艘驱逐舰中已有 2 艘战沉，数艘受伤，缺油少弹，被英军完全封锁在奥福特峡湾这个死胡同中。英国人虽然在首次突袭中付出了一定的代价，但对德军的打击是灾难性的，况且还有强大的后援，卷土重来、扫荡残敌只是时间问题。对于被困在纳尔维克的德国海军官兵而言，结局已经注定，他们只能做最后一搏。

整兵备续战

在沃伯顿-李率部突袭纳尔维克港的同时，其余英军舰船在奥福特峡湾入口布下封锁线，阻止船只出入，执行巡逻任务的“贝都因人”号和“爱斯基摩人”号受到 U-25 的攻击，但是 G7a 鱼雷一如既往地表现低劣，不是提前爆炸，就是哑火，主要原因归咎于其安装的磁性引信。在高纬度海区，这种精密的引信装置因为受到严重的地磁干扰而无法正常工作，其实这种引信在世界任何角落使用都不太可靠。但是，英国人却将这些发生故障的鱼雷当成了水雷，以为德军在航道上布设了雷区，进而对德军在纳尔维克峡湾的防御力量有了新的猜测，即使经历了 4 月 10 日清晨的恶战，英国人依旧缺乏对德军真实力量的准确情报，第 2 驱逐舰支队丢掉了 2 艘驱逐舰和支队指挥官，这些损失使英军进一步认定港内一定存在一支实力强大的德军舰队，其中包括 2 艘巡洋舰、6 艘驱逐舰和 1 艘或 2 艘潜艇，并辅以雷区、岸炮等防御设施，而实际情况恰恰相反。

埃里希·贝中校接替阵亡的邦特准将成为第 1 编队的最高指挥官，他手下的 8 艘驱逐舰中“沃尔夫冈·岑克尔”号、“埃里希·克尔纳”号和“埃里希·吉泽”号完好无损，但前两艘缺乏弹药，而“埃里希·吉泽”号的油舱几乎完全干涸，余下5艘舰均有伤在身："赫尔曼·金内"号的舰体上有大量弹片造成的伤痕，但基本完好；"贝恩德·冯·阿尼姆"号的舰首、舰尾被穿了几个窟窿，一座锅炉损坏，丧失航行能力；"格奥尔格·蒂勒"号火控站和一号主炮被毁，弹药库浸水，舰体和动力装置有所损伤；"汉斯·吕德曼"号失去一门主炮，后部弹药库浸水；"迪特尔·冯·勒德尔"号受创严重，无法航行，只能留在原地充当固定炮台。至于"威廉·海德坎普"号和"安东·施米特"号已经是泡在海水中的废铁了。在挪威南部登陆的德军部队可以迅速得到德国空军的空中支援，阻止英国本土舰队的行动，而对于远在北极圈之内的纳尔维克，德国空军就鞭长莫及了，而且唯一的出入通道又被封闭，无法获得增援，彻底陷入孤立无援的境地。10日夜间，贝率领完成加油的"沃尔夫冈·岑克尔"号和"埃里希·吉泽"号尝试突出峡湾，但与封锁航道的英舰相遇，自知不敌，被迫退回纳尔维克。雪上加霜的是，德军仅剩的有生力量因为意外而无谓地损耗了。在11日夜间，"沃尔夫冈·岑克尔"号和"埃里希·克尔纳"号相继发生搁浅事故，前者失去一具螺旋桨，后者锅炉舱受损，干脆动弹不得。德国人还努力对"格奥尔格·蒂勒"号进行抢修，但没有几

■ 一张非常著名的反映纳尔维克海战的照片，表现了4月10日战斗后港口的惨景，近处是两艘正在维修的驱逐舰，左侧为"汉斯·吕德曼"号，右侧为"赫尔曼·金内"号

天时间无法让这艘重伤的驱逐舰恢复完全的战斗力。此外，德国人还从沉没的驱逐舰上打捞炮弹和鱼雷，补充其他军舰。

英国人当然不想给德国人留出时间舔好伤口，4月10日20时12分海军部就命令“珀涅罗珀”号率领全部可用的驱逐舰于11日晨再次进攻纳尔维克，但该舰舰长建议等到12日再行动。对于伦敦方面屡次越权，直接指挥自己的下属，舰队司令惠特沃思已经颇为抱怨、牢骚满腹了。4月12日，另一艘开往纳尔维克的德军补给船“阿尔斯特”号被英军俘获，这一天“珀涅罗珀”号也率一群驱逐舰向韦斯特峡湾上游前进，但英军舰队仍然没有强行突入奥福特峡湾，“贝都因人”号关于德军雷区的错误报告始终让英国人忧心忡忡，认为德国人的防御力量足以击退他们的进攻。海军部再也不能容忍纳尔维克前线的一拖再拖，鉴于德军已经在挪威南部站稳了脚跟，必须尽快消灭纳尔维克的德国舰队，以便派出登陆部队控制这座关键港口。本土舰队主力立刻奉命北调，准备利用航母舰载机和重型水面战舰双管齐下，摧毁纳尔维克的德军舰船和岸防设施，最后的打击力量被确定为一艘战列舰并辅以大批驱逐舰进行掩护。

4月11日16时15分，本土舰队主力已经抵达韦斯特峡湾外海，“暴怒”号航空母舰派出9架“剑鱼”鱼雷机在18时46分对纳尔维克实施了空袭，由于港口水深较浅，无法使用鱼雷攻击，因此全部飞机都携带炸弹，但轰炸效果令人沮丧，未能给德国人造成任何显著伤害，反被击落2架。不过，英国人只把航空攻击作为辅助手段，他们更相信重炮的威力，将最后的赌注押在强有力的水面攻击上。12日，本土舰队司令福布斯上将的作战参谋塞西尔·休斯-哈利特(Cecil Hughes-Hallet)海军中校拟订了一个出色的进攻计划，代号为DW行动(Operation DW)，目标十分明确，运用大型水面战舰摧毁纳尔维克地区的所有德军军舰、商船和岸上防御力量。进攻编队将以日德兰海战的老兵、福布斯手下最强大的战舰之一——“厌战”号战列舰为核心，由9艘驱逐舰提供掩护，包括“贝都因人”号、“旁遮普人”号、“爱斯基摩人”号、“哥萨克人”号、“金伯利”号、“福雷斯特”号、“猎狐犬”号、“英雄”号和“伊卡洛斯”号，其中后3艘驱逐舰将作为扫雷舰使用，以清除德军可能布设的水雷。惠特沃思主动请战，希望能够亲自指挥这次进攻，他向舰队司令发报称：“我未能阻止德国人进入纳尔维克，是否能够在‘厌战’号上升起我的将旗?”似乎想将功补过。福布斯上将同意了他的请求，中将随即冒险乘坐划桨小艇从“声望”号转移到“厌战”号上。英国舰队预定4月13日再度杀入峡湾，沃伯顿-李是悄悄进“村”、打枪不要，惠特沃思则大张旗鼓、气势汹汹。

在英国人磨刀霍霍的同时，德国人也不肯做待宰羔羊，决意拼死一搏。贝尽一切努力恢复各舰战斗力，在少量补充了鱼雷和炮弹后，德军舰队在4月12日的战备状态如下：

“赫尔曼·金内”号：战斗力完整；

“汉斯·吕德曼”号：4门主炮可用，后部弹药库浸水已排干，备有4枚鱼雷；

“沃尔夫冈·岑克尔”号：螺旋桨损伤，仍可平稳航行，航速不超过20节，备有8枚鱼雷；

“贝恩德·冯·阿尼姆”号：所有弹孔已修补完毕，仍有少量进水，航速限制在33节以下，全部火炮可用，备有6枚鱼雷；

“格奥尔格·蒂勒”号：单车推进，航速限制在27节以下，4门火炮可用，无统一火控，备有6枚鱼雷；

“埃里希·克尔纳”号：搁浅后锅炉受损，仅能保持7节航速，备有2枚鱼雷，全部火炮可用，大部分燃油和鱼雷转移至其他友舰，可做固定炮台使用；

“埃里希·吉泽”号：动力装置发生严重故障，无法航行；

“迪特尔·冯·勒德尔”号：无法航行，仅前主炮可用，已做好自沉准备。

4月13日8时38分，贝收到德国海军西部集群总部的电报，声称根据破译英军电讯判断，英国人将使用主力舰和驱逐舰对纳尔维克再次发动进攻，并可能有航空母舰提供支援。反正无路可退，贝决心全力迎战。在连夜抢修后恢复少许航行能力的“埃里希·克尔纳”号被派往奥福特峡湾下游的塔尔斯塔德，作为固定炮台伏击英舰。唯一完好的“赫尔曼·金内”号一同前出，充当前哨，也为“埃里希·克尔纳”号提供一定的掩护，其余各舰留在峡湾深处，等待英国人杀上门来。同时，在峡湾内外还有5艘德军潜艇为贝提供支援。

战鼓似雷霆

4月13日，这一天阴天，但云层很高，海面轻风微拂，能见度极佳。惠特沃思在10时40分踏上复仇之路，在此之前，担任反潜警戒的“爱斯基摩人”号用深水炸弹将德军U-48号潜艇逼入水下，随后返回护卫编队行列中。9艘驱逐舰在“厌战”号前方排成一个伞形警戒幕，由“爱斯基摩人”号、“贝都因人”号和“旁遮普人”号组成右翼编队，“哥萨克人”号、“金伯利”号和“福雷斯特”号组成左翼编队，在“厌战”号正前方是扫雷编队，装有舰首扫雷具的“伊卡洛斯”号居前，装有舰尾扫雷具的“猎狐犬”号和“英雄”号居后，呈三角形阵型，而在编队后方就是惠特沃思乘坐的旗舰“厌战”号，10艘大小战舰排成严整的战斗队形浩浩荡荡地沿着韦斯特峡湾北上。编队驱逐舰指挥官J. A. 麦科伊(J. A. McCoy)海军中校没有下达具体的战斗指示，他希望手下的驱逐舰能够不受限制地自由发挥，实施高效的进攻。

11时52分，惠特沃思命令“厌战”号弹射起飞一架“剑鱼”式水上飞机，对奥福特峡湾进行武装侦察，这架编号L9767的飞机冒着超载的危险携带了4枚反潜炸弹和4枚高爆炸弹，在布鲁诺·布朗(Bruno Brown)少校的指挥下沿着峡湾向东飞行，首先发现了正在西行的德军前哨舰“赫尔曼·金内”号，接着在12时10分看到了还在蹒跚而行的“埃里希·克尔纳”号及停泊在纳尔维克港入口处的“汉斯·吕德曼”号。为了寻找更多的德军舰船，“剑鱼”沿着赫尔扬斯峡湾向东北飞行，在峡湾尽头的海湾里发现了锚泊于此的U-64潜艇，飞行员立刻展开攻击，丢下反潜炸弹，并用机枪扫射，这艘刚刚抵达纳尔维克的潜艇被一枚炸弹直接命中，艇壳上也留下了不少弹孔，很快沉入海底，艇员中有8人丧生，38人幸存，随即被陆军山地部队收编，参加了陆地战斗。当U-64的幸存者被重新配属于U-124潜艇时，他们自豪地将德国山地兵的雪绒花标志作为自己的艇徽。击沉U-64后，“剑鱼”调头向西，于12时30分左右飞越纳尔维克上空，向正在进入峡湾的英军舰队发送侦察报告。

当惠特沃思率舰队通过奥福特峡湾入口时，埋伏在此的另一艘德军潜艇U-46则将潜望镜的瞄准线锁定在“厌战”号身上，相距不足600米！但是，就在准备发射鱼雷前，U-46突然触礁而中止攻击，考虑到德国鱼雷在挪威战役中的一贯表现，即使没有这次意外，也很难期待取得战果。与此同时，一路前行的“赫尔曼·金内”号也在11时56分发现了英军舰队，该舰立即转向180°，向东撤退，并在10800米距离上与英军前卫驱逐舰展开炮战，以图在不使自身受到太大威胁的情况下继续保持对敌人的监视，但双方很快意识到在如此远的距离上开炮完全是浪费炮弹，不久即暂停交火。在“赫尔曼·金内”号东面，还在缓慢航行的“埃里希·克尔纳”号显然无法抵达塔尔斯塔德附近的预定伏击位置，于是就近选择了巴兰根峡湾以西的一处小海湾埋伏起来，不过它的行动没有逃过“剑鱼”的眼睛。在纳尔维克港，贝接到“赫尔曼·金内”号的警报后，立即率领“沃尔夫冈·岑克尔”号、“汉斯·吕德曼”号出击，“贝恩德·冯·阿尼姆”号紧随其后。

12时45分，后退中的“赫尔曼·金内”号开始释放烟雾，以便掩护贝的驱逐舰编队展开，但烟幕的效果并不太理想，同时该舰再度与接近的英军驱逐舰交火。12时51分，“汉斯·吕德曼”号进入英舰火炮射程，立即爆发激烈炮战，“沃尔夫冈·岑克尔”号也在6分钟后加入战团。由于德国驱逐舰在舰首方向仅有2座单装主炮，因此被迫在并不十分宽敞的峡湾中不断做“之”字机动，以便使

■ 水上侦察型“剑鱼”，“厌战”号的水上侦察机发挥的作用远远大于它的巨炮

用5门主炮进行舷侧齐射，而英国海军的部族级及K级舰队驱逐舰在舰首都装有2座双联装主炮，即使以稳定的航向前进也可以保持4门主炮的火力，因此在炮战中较有优势。在英军驱逐舰背后压阵的“厌战”号也不甘寂寞，在12时59分也用381毫米重炮向7600米外的“赫尔曼·金内”号展开射击，每次开火都是地动山摇，声势惊人，炮声在峡湾两岸的山峰之间久久回荡。不过由于射击条件并不理想，加上目标是轻巧灵活的驱逐舰，没有一发炮弹命中。

麦科伊中校率领右翼编队的3艘部族级驱逐舰加速前突，在侦察机的引导下寻找埋伏在海岸边的“埃里希·克尔纳”号。13时05分，“贝都因人”号发现了这艘德国驱逐舰的藏身处，该舰早已将火炮和鱼雷转向右舷，一发现目标立即开火。13时10分，3艘驱逐舰一共24门120毫米炮的炽烈火力已经完全压制了“埃里希·克尔纳”号，这艘“瘸腿”的德舰只打了一轮齐射并射出仅有的2枚鱼雷后就丧失了战斗力。一排排的半穿甲弹和高爆弹将“埃里希·克尔纳”号里里外外都炸得稀烂，不成模样。当“厌战”号从附近经过时，用8门381毫米主炮的威猛齐射为“埃里希·克尔纳”号的棺材钉上了最后一颗钉子。在经历了驱逐舰和战列舰的反复摧残后，这艘德国驱逐舰已经不能再称为一艘船，而是一堆四分五裂、扭曲折断的废铁，渐渐沉入水中，在此之前至少挨了“厌战”号六轮齐射，阵亡31人，受伤39人。另外，德舰“贝恩德·冯·阿尼姆”号也进入了战场，德军驱逐舰一面剧烈机动规避炮弹，一面以全部火炮猛烈射击。“沃尔夫冈·岑克尔”号向英军左翼编队的驱逐舰群发射了4枚鱼雷，但空中的英军侦察机发现了鱼雷航迹并发出警告，使“哥萨克人”号及时转向规避。在混战中，潜伏在附近水下的U-25潜艇也在13时19分向英军驱逐舰发射了2枚鱼雷，结果还是老样子，全无斩获。为了避免暴露，也夹杂着对鱼雷性能的失望，U-25选择了暂时退出战斗，转而等待英军舰队归航时再寻找机会伏击。

弹尽炮方休

贝指挥4艘德军驱逐舰边打边撤，在13时30分已经退到纳尔维克附近，在那里与“格奥尔格·蒂勒”号会合。“沃尔夫冈·岑克尔”号将最后4枚鱼雷射向了英军左翼编队，但是德国人的注意力很快被英军右翼编队吸引。在收拾完“埃里希·克尔纳”后，3艘强有力的舰队驱逐舰从西南方压上来，与德国驱逐舰展开激烈的对射，“贝都因人”号被近失弹所伤，转向规避，“旁遮普人”号则忙于躲避密集的炮弹，结果本来断后的“爱斯基摩人”号反而成了最靠前的舰。“贝恩德·冯·阿尼姆”号再度尝试实施鱼雷攻击，其结果已经不值得浪费笔墨去描述了，其中一枚甚至已经准确无误地与“哥萨克人”号的航迹相交，却直接从舰底穿过而没有引爆。在13时40分至13时50分，一直在“厌战”号前面保持队形的3艘驱逐舰终于被解除了扫雷任务，得以自由地投入战斗。由于进行了有效的机动，德国驱逐舰尽管在英军的弹雨中穿行良久，却没有受到严重损伤，但这种运气还能够持续多久呢？在双方水面舰艇激战正酣时，来自“暴怒”号的 10 架“剑鱼”再度飞临纳尔维克上空，依旧使用炸弹对不断曲折航行的德舰实施了轰炸，无一命中，仅有“赫尔曼·金内”号和“贝恩德·冯·阿尼姆”号挨了几枚近失弹，又有两架飞机被德舰防空武器击落。经过近 1 小时的激战，“沃尔夫冈·岑克尔”号和“贝恩德·冯·阿尼姆”号已经打光了全部弹药，贝在 13 时 50 分命令这两艘驱逐舰向更深处的罗姆巴克斯峡湾撤退，它们可以在那里选择自沉，舰员们弃舰登陆后暂时加入陆军部队继续作战。

值得注意的是，在近两小时的水面交战中，除了英国人对形同死靶的“埃里希·克尔纳”号大发淫威外，交战双方没有任何一艘战舰可以真正击中目标，火炮命中率低得出奇！除了双方交战距离较远外，德军驱逐舰的灵活机动，英国驱逐舰未能获得机会发扬舷侧火力也是重要因素。在 1940 年，尽管舰炮射击能够得到精密光学设备和机械计算机的帮助，但要获得命中很大程度上还要依靠运气和概率。在那个时代，海军炮术的一个显著特征是为了取得少数的命中弹必须有较多数量的火炮同时开火，因此舰船在设计时都追求舷侧火力密度，以便以最快的射速发射最大数量的炮弹。英军的大型舰队驱逐舰都配备 4 座双联装 120 毫米舰炮，舷侧火炮数量可达 8 门，优于德国驱逐舰的 5 门炮。但在这场战斗中，英军驱逐舰大多数情况下仅仅使用舰首主炮，其中可能考虑到减小被弹面积，但不能抓住机会实施舷侧齐射显然影响了战斗效率，即使在射击条件非常好的情况下，也会使成功命中的概率减半。

“厌战”号的 381 毫米重炮虽然威力十足，但是在战斗中效果不佳。这艘强大的战列舰也有自己的困难。与驱逐舰的情况相反，“厌战”号在主炮射击时的最大问题不是距离目标太远，而是太近了。设计用于远程炮战的 381 毫米舰炮在射击舰首方向的近距离目标时会产生一些意想不到的问题，因为火炮仰角很低，近乎平射，当 B 炮塔射击时，恐怖的炮口爆风将低处的 A 炮塔完全笼罩起来，巨大的震动、震耳欲聋的噪声和令人窒息的烟尘都将严重阻碍 A 炮塔的运作，炮口爆风还将严重损坏舰首甲板。此外，前主炮射击产生的浓重烟雾会干扰射击指挥所

■ 第二次纳尔维克海战中，向奥福特峡湾深处挺进的英军舰队

由“厌战”号水上飞机拍摄的该舰在海战中开炮射击的现场照片，还能看到一艘驱逐舰。由于不适应近距离炮战和缺乏适宜的弹药，战列舰并未体现出决定性的作用

的观察瞄准，影响火控系统的工作，降低射击效率。对于航速较慢的战列舰来说，敏捷灵活、外形低矮的驱逐舰从来都不是一个容易命中的目标，更何况“厌战”号也没有适合对付这类非装甲目标的弹药。当时英国战列舰配备的全是延时引信穿甲弹，这种炮弹在击中驱逐舰时很可能直接击穿舰体而不会爆炸，难以造成致命伤害，相比之下瞬发引信榴弹更容易摧毁小型非装甲目标。如此看来，英国人若派出一艘巡洋舰担任主攻应该更为合适。

英军舰队终于在14时攻到了纳尔维克港外，在那里遭遇到“埃里希·吉泽”号和“迪特尔·冯·勒德尔”号的挑战，这两艘德国驱逐舰都无法移动，只能在原地作战。停泊在港口入口的“埃里希·吉泽”号向“爱斯基摩人”号发射了4枚鱼雷，并与瘫在港内的“迪特尔·冯·勒德尔”号一道向进入火炮射程的“贝都因人”号和“旁遮普人”号展开炮击，两艘英舰也发射了鱼雷，未能击中任何目标。“旁遮普人”号的火控系统在交战中被击毁，改由各炮位自行射击，该舰顶着炮火靠近港口，尽管又相继被命中4次，仍然坚持前进到四联装2磅乒乓炮的射程内，使舰上的轻型火炮也能够向目标开火。不久，“厌战”号也加入了对“迪特尔·冯·勒德尔”号的炮击中，但正如上面所说，效果并不明显。

14时05分，发生了一件不可思议的事情，“埃里希·吉泽”号的主机奇迹般地恢复了运转，该舰立刻开出港口，以12节航速向着占有绝对优势的敌人发起冲锋，这已经是该舰所能达到的最高速度了。尽管“贝都因人”号在不受干扰的情况下连续击中“埃里希·吉泽”号，但无法阻止该舰的奋勇前行。这艘德军驱逐舰仿佛一头垂死的野兽想在对手的喉咙上咬上最后一口，不顾一切地扑上去，对于迎面而来的各种口径的炮弹视若无物，其中包括381毫米穿甲弹。在冲击过程中，“埃里希·吉泽”号不断被击中，但“厌战”号的穿甲弹很可能没有爆炸。该舰挣扎着向最近的“旁遮普人”号发射了最后4枚鱼雷，而且几乎紧贴着海面直奔英舰而去，估计鱼雷军官吸取先前的教训，将定深调成了0！然而，这批在整个海战中最有希望命中目标的德国鱼雷被“旁遮普人”号以突然转向避开了，但该舰同时又吃了“埃里希·吉泽”号一弹，看来这艘驱逐舰在面对鱼雷时的运气比面对炮弹时要好一些。中弹的“埃里希·吉泽”号很快走到了生命的尽头，在耗尽最后的动力后，“埃里希·吉泽”号瘫痪在港口北面的浅水区，遭到“贝都因人”号的抵近射击，后者在距离不足900米处用全部武器向千疮百孔的德舰发泄怒火！“埃里希·吉泽”号临死前已经挨了至少18发120毫米炮弹和3发381毫米炮弹，但舰员们坚持打完最后一发炮弹才弃舰，阵亡者高达83人！

劫数终难逃

在“埃里希·吉泽”号踏上黄泉路的同时，最先和英舰接火的“赫尔曼·金内”号也已弹药告罄，该舰没有接到贝先前发出的命令，因此没有向罗姆巴克斯峡湾撤退，而选择向北退入赫尔扬斯峡湾，最后在峡湾西岸的一处海岸抢滩，舰员们在弃舰后引爆了预先安放的炸药，将军舰炸毁。与其他自沉的德国驱逐舰不同，“赫尔曼·金内”号经历了4月10日和4月13日两次战斗，几乎没有受到什么损伤，在自沉之前基本保持完好，只因为弹药耗尽、无路可逃才出此下策。在“赫尔曼·金内”号自爆的同时，一枚英军鱼雷也命中了该舰，这是由“爱斯基摩人”号在14时13分发射的三枚鱼雷之一。“福雷斯特”号也赶过来分一杯羹，又补上两条鱼雷，看着已经燃起大火的德舰，掉头跟随“爱斯基摩人”号往罗姆巴克斯峡湾追踪残敌去了。

14时01分，惠特沃思命令驱逐舰在“厌战”号与“德军岸炮”交战时寻找并消灭德军驱逐舰——实际上所谓的“岸炮”就是躲藏在纳尔维克港内的“迪特尔·冯·勒德尔”号。这艘德舰虽然失去行动能力，但它的主炮一直没有停止过射击。“哥萨克人”号舰长罗伯特·舍布鲁克(Robert Sherbrooke)海军中校则意识到港口内可能还有一艘德舰，于是指挥军舰进入港口察看，“金伯利”号也随后跟进，当它们穿越“厌战”号的射界时，战列舰停止了射击。当“哥萨克人”号在14时20分小心翼翼地进入港口时，舍布鲁克立刻就证实了自己的判断，因为“迪特尔·冯·勒德尔”号的炮弹劈面而来，“哥萨克人”号也立刻还击，但它的第一轮齐射打近了，而德舰的射击更为精准，接连击中了英舰的火控室及其他6个舱室，曾经因为“阿尔特马克”号事件而声名大噪的“哥萨克人”号现在却显得有些狼狈，该舰轮机受损停车，失去动力，被海浪推向岸边搁浅了。虽然在此期间，“迪特尔·冯·勒德尔”号的舰体后部也被英军炮弹击中，但该舰现在已是一座浮动炮台，舰上人员大多撤离，仅有少数炮手坚守战位，这次中弹并无实际效果。在“哥萨克人”号搁浅后，战斗就变成2个固定炮台之间的对射，“金伯利”号和“猎狐犬”号也赶来支援，在3艘英舰的交叉射击下，“迪特尔·冯·勒德尔”号仍然坚持到炮弹耗尽，25名炮手才撤离军舰。“猎狐犬”号小心翼翼地靠近伤痕累累的德舰时，恰好上面的炸药被引爆——这是战斗之前就准备好的自沉措施，“猎狐犬”号生怕被爆炸殃及，就像一条受惊吓的小狗一样急忙后退到安全地带。

最后4艘德军驱逐舰也已经一只脚跨过

了鬼门关的门槛，离死不远了，它们依照贝的命令退入奥福特峡湾最东端非常狭长的罗姆巴克斯峡湾，早已弹尽粮绝的“沃尔夫冈·岑克尔”号和“贝恩德·冯·阿尼姆”号一直航行到峡湾尽头才抢滩，舰员撤退到岸上，而尚有作战能力的“格奥尔格·蒂勒”和“汉斯·吕德曼”号则在峡湾中部一处720米宽的水道建立最后的阻击线，抵挡跟踪而至的英舰，为友舰的自沉争取时间。这两艘舰都已经失去了统一的射击指挥能力，射击精度大为下降，难以对追击的英舰造成有效的威胁。英国人对绝望的对手没有表现出丝毫的怜悯之心，“爱斯基摩人”号首先用准确的齐射打哑了“汉斯·吕德曼”号的后主炮，迫使它向峡湾深处退却，然后和“福雷斯特”号集中火力痛击“格奥尔格·蒂勒”号。“爱斯基摩人”号舰长米克列维特(Micklethwait)中校正准备横过舰体，用鱼雷终结“格奥尔格·蒂勒”号，却先看到海面上有四道鱼雷航迹飞奔而来，这些鱼雷来自“汉斯·吕德曼”号的垂死一击，但在米克列维特冷静、出色的指挥下，“爱斯基摩人”号躲过了暗算，安然无恙。

现在，“格奥尔格·蒂勒”号是整个纳尔维克地区最后一艘还在战斗的德军驱逐舰了，该舰延续了4月10日战斗的强悍作风，死战到底。尽管艏楼甲板已经被“英雄”号的炮弹

■ 被炸掉舰首的“爱斯基摩人”号，该舰撞上了整场海战中唯一命中并起爆的德军鱼雷

撕裂，舰体各处也多有创伤，但仍然死缠烂打，缓慢后退。该舰炮弹所剩无几，仅剩最后 2 枚鱼雷，舰长沃尔夫将它们作为最后的撒手锏送给了“爱斯基摩人”号，可能上帝对德国鱼雷的拙劣表现实在看不过去了，稍稍显灵，其中一枚鱼雷出人意料地正常航行，既没有出现定深错误，也没出现引信故障，一路狂奔，于 14 时 51 分正中“爱斯基摩人”号的舰体前部，G7a 型鱼雷这次总算显示出威力，将 B 炮塔之前的整个舰首齐齐炸断，这是当天德国人发射的 44 枚鱼雷中唯一成功命中的。失去舰首的“爱斯基摩人”号并没有停止战斗，在 14 时 52 分打出最后一枚鱼雷，但没有击中任何目标。“英雄”号继续向“格奥尔格 · 蒂勒”号施压，将其驱赶至峡湾深处。当再无炮弹可用时，沃尔夫舰长命令将“格奥尔格 · 蒂勒”号搁浅在英军的前进航线上，制造障碍，拖延英舰的推进，而幸存舰员都成功弃舰登岸。

由于担心遭到德军剩余 3 艘驱逐舰的雷击，英军放慢了追击的脚步，在一番踌躇后，“伊卡洛斯”号、“英雄”号和“金伯利”号最终还是绕过“格奥尔格 · 蒂勒”号的残骸，开进峡湾尽头，发现一切都已经结束了，“贝恩德 · 冯 · 阿尼姆”号早已沉没在海中，它的舰首就像一块歪歪斜斜的墓碑露出海面。英舰上的官兵还目睹了“沃尔夫冈 · 岑克尔”号发生爆炸直至倾覆的全过程，“汉斯 · 吕德曼”号虽然看起来还很完整，但烈火已经在舰体各处蔓延，英国人试图将该舰拖回本土，作为战利品向公众展示，但最后还是用一枚鱼雷送它上路了。随着最后 3 艘德舰的毁灭，第二次纳尔维克海战的帷幕也沉重地落下了，在整个奥福特峡湾中仅有一

德舰“贝恩德 · 冯 · 阿尼姆”号倾覆后，其舰首仍斜插于水面之上

艘德军舰艇幸存，那就是 U-51 潜艇，4 月 13 日这天它正好停泊在纳尔维克港内，在战斗中潜入水中，从英国人眼皮底下溜出了这个已经变成舰船坟墓的峡湾。4 月 14 日，在英军舰队凯旋的半路上，"厌战"号遭到了 U-46 和 U-48 的伏击。感谢继续失常的德国鱼雷，没有让英国人在大胜之后承受失去战列舰的悲痛。

尾声

经过 4 月 10 日和 13 日的两番激战，入侵纳尔维克的德军舰队全军覆灭，但战斗并未就此结束，德军依然占领着港口周边地区。两天后，第一支英国陆军部队在纳尔维克西北 55 千米的海岸登陆，揭开了地面作战的序幕。但是，盟军领导层白白浪费了海战胜利后的良机，没有向后援断绝的德国山地部队发起猛攻，而是将重兵派往挪威中部，试图收复特隆赫姆，直到 4 月底遭到失败后才移兵纳尔维克。到 5 月初，纳尔维克已经集结了挪、英、法、波四国联军，总兵力达 24500 人，而与之对阵的德军仅有 5000 余人，其中 2600 人是失去军舰的海军官兵。他们被迪特尔将军编成 5 个海军山地陆战营，在当地军需仓库缴获的 8000 支步枪、350 挺机枪和大量被服为其提供了充足的装备。在被盟军的优势兵力逐出纳尔维克后，迪特尔将军的部队依然在周围的山区坚持防御，直到 6 月初盟军因为西欧战场的崩溃主动撤退，德军重新控制港口，纳尔维克战役才以德国人的胜利宣告结束。

在围绕纳尔维克展开的战斗中，最引人注目的还是英德海军在战役初期进行的两次海上交锋，德国海军高层之前对于"威悉河演习"将蒙受惨重损失的预言不幸成真，进攻纳尔维克的 10 艘驱逐舰无一生还，全部沉没，占当时德国海军可用驱逐舰数量的一半，此外还损失了 1 艘潜艇，包括舰队司令邦特准将在内的 1000 余名海军官兵丧生于此。英国皇家海军在自己的辉煌战史上又增添了光彩的一笔，成为纳尔维克海战毫无争议的胜利者，为此付出的代价是 2 艘驱逐舰被击沉、2 艘驱逐舰重创，另有数艘受伤。相对最后的战果，这些损失是可以接受的，最可惜的是失去了一位优秀的指挥官——沃伯顿-李上校。

德国海军的失败根源于"威悉河演习"的高风险性，在不掌握战区制海权、制空权的情况，以劣势海上兵力在宽广的海岸线上实施如此复杂的登陆行动，这本身就是一个彻头彻尾的赌博，即使驱逐舰群能够得到顺利补给，也很难从容脱身，占有优势的英国海军已经在敌前展开，并占据了有利的截击位置。就整个挪威战役而言，希特勒赌赢了，他不仅确保了铁矿石运输线的安全，而且获得了北翼的战略屏障。就海上作战而言，雷德尔赌输了，德国海军为了赢得占领挪威的竞赛损失惨重，除了殒命纳尔维克的 10 艘驱逐舰外，还有 1 艘重巡洋舰、2 艘轻巡洋舰被击沉，这对于作战舰船稀缺的德国海军而言，影响是不言而喻的。随着德军占领法国大西洋沿岸，挪威作为海军前进基地的价值也比

■ 今日仍遗留在奥福特峡湾岸边的德军“格奥尔格·蒂勒”号驱逐舰的残骸

预期有所降低。

英国海军的胜利并不令人感到意外，毕竟在实力上英国海军占有绝对优势，又成功地封锁了峡湾，造成关门打狗的有利态势，前线指挥官和水兵秉承优良传统，积极求战，表现出良好的战斗素养和作战技巧。与战役总体英军占优的局面不同，在 4 月 10 日的第一次交战中，沃伯顿-李实际上是以寡击众，明知对手实力强于自己仍然大胆进击，这份勇气值得嘉许，正是由于他的奇袭重创了德军舰队中最强的舰只(5 艘 1936 型驱逐舰中两沉两伤)，击毙敌军指挥官，奠定了后续作战的胜局。从另一个角度看，沃伯顿-李的行动也颇为冒险，他并不清楚港内德军的真实实力(挪威人的情报是 6 艘，而实际上是 10 艘)，如果不是黑夜和恶劣天气使第 2 驱逐舰支队幸运地避过了德军警戒舰艇，达成了突然性，他的 5 艘驱逐舰恐怕都无法顺利离开峡湾。

英国海军在纳尔维克的胜利很快就因为德军在西欧战场的高歌猛进而黯然失色，英国人虽然赢得了一场海战，却输掉了整个战役，不仅挪威被德国吞并，英国远征军更是丢盔卸甲地逃出欧洲大陆。但是，有一个英国人还是从前线失败中得到了好处，他不是别人，正是挪威战役的始作俑者——温斯顿·丘吉尔。作为海军大臣，他常常越级干预前线行动，令人厌恶，但沃伯顿-李和惠特沃思在纳尔维克取得的短暂胜利有助于树立他作为斗士的形象，而英国首相张伯伦要为挪威的陷落负责，于 1940 年 5 月初引咎辞职，丘吉尔奉命组阁并出任战时首相，将与德国人的战争继续进行下去……

万里游猎：德国海军“舍尔”号装甲舰战记

在埃里希·雷德尔为德国海军制定的未来海上战略中，大型水面战舰在针对英国海运线的远洋破交作战中具有丝毫不亚于潜艇的重要地位。埃里希·雷德尔精心设计了巡洋作战模式，利用隐藏在大洋深处的补给舰网络支持为数不多的大型战舰和伪装袭击舰展开破交行动，用它们的重炮为一艘艘商船敲响丧钟，同时又能最大限度地牵制英国海军的兵力，扰乱海运秩序，配合潜艇“狼群”的绞杀，从而扼住大英帝国的咽喉，慢慢收紧直至窒息。这一战略至少在战争前期展现出相当的威慑效果。在大西洋的浩瀚波涛中，德国海军屈指可数的主力舰如同孤狼般四处游走，伺机猎杀，多数在取得短暂的成功后遭到盟军的歼灭。如“斯佩伯爵”号、“俾斯麦”号、“沙恩霍斯特”号等战舰。然而，在巡洋作战连遭挫败之际，却有一艘幸运的战舰悄然创造了德国大型水面战舰在破交战中的最高战果纪录，其身影辗转于大西洋的浪峰波谷之间，又隐现在北冰洋的浓雾与极光之中，最终倒映于波罗的海的荡漾涟漪之上，它的海上游击战令无数商船战栗不已，令盟军战舰备感困扰，在整个战争期间都是盟军始终无法消除的幽灵，并作为德国海军硕果仅存的大型战舰一直奋战到战争的最后时刻，它就是“舍尔”号装甲舰。

B 号装甲舰

1933 年 4 月 1 日，在德国威廉港帝国海军船厂的船台上，一艘新建军舰的漂亮船体被装饰一新，彩旗招展，伴随海潮般的欢呼声，被漆成灰白色的钢铁躯体优雅地从船台上滑下，在北海初春冰冷的海水中掀起层层波澜，在舰首两侧悬挂的大块铭牌上用传统的德文花体字母醒目地写着它的舰名——“Admiral Scheer”。这艘军舰就是“舍尔”号装甲舰，属于“一战”之后德国海军建造的第一级主力舰德意志级，德国海军内部的建造代号为 Panzerschiffe B(装甲舰 B)，即同级的二号舰。该舰于 1931 年 6 月 25 日开工，经过近两年的施工终于迎来了激动人心的下水典礼。正在政治动荡和经济危机中煎熬的德国人将这一庆典视为镇痛剂，他们用最隆重的仪式迎接这艘军舰的降生，并选择了“一战”时期德国公海舰队司令莱因哈德·舍尔(Reinhard Scheer)海军上将的大名为其命名。这个名字不仅寄托着他们对昔日德皇海军辉煌军容的追忆，还蕴含着他们对未来德国海军重振声威的期盼。尽管舍尔上将已经在1928年辞世，但他的女儿弗劳·玛丽安妮·贝塞雷尔(Frau Marianne Besserer)代替他接受了这份荣誉，出席了下水典礼，亲手在舰首上打碎了一瓶香槟，为战舰祈求好运。

就在“舍尔”号下水的同一天，同级舰的首舰“德意志”号正式服役，成为德国海军舰队旗舰，一年零三个月后的1934年6月30日，同级的三号舰“斯佩伯爵”号下水。这3艘新型主力舰的先后问世标志着“一战”之后饱受制裁和束缚的德国海军正式走上复兴之路。在德国海军中，德意志级最初被定义为装甲舰，是德国海军在《凡尔赛和约》的限制下锐意进取、大胆创新的产物，大规模采用焊接技术建造舰体以减轻重量，在10000余吨的舰体上安装了6门283毫米重炮，火力超越同时代各国的条约型重巡洋舰，在世界上率先采用全柴油机推进，28节的航速足以摆脱当时英法现役战列舰的追击，而10000海里/20节的优秀续航力则赋予德意志级远赴大洋作战的能力。正是基于这些特异的性能特点，英国人称呼德意志级为“袖珍战列舰”。从理论上说，在战前的欧洲各国海军中，仅有5艘战列巡洋舰能够对德意志级构成致命威胁，它们分别是英国海军的“胡德”号、“声望”号和“反击”号，以及法国海军的“敦刻尔克”号、“斯特拉斯堡”号。不过，德

■ 1933年4月1日“舍尔”号装甲舰在威廉港海军船厂举行下水典礼

意志级并不以英法海军的主力战舰为对手，在未来的战争中德意志级都充当远洋袭击舰，穿梭于大西洋两岸的盟国商船才是它们真正的目标，实际上装甲舰很适合这一角色，而“舍尔”号更是“德意志”三兄弟中表现最出色的，同时也是整个第三帝国海军大型水面战舰中最成功的商船猎手之一！

战前生涯

“舍尔”号装甲舰于1934年11月12日正式竣工服役，加入帝国海军，首任舰长是威廉·马沙尔(Wilhelm Marschall)海军上校。在随后的一年中，该舰一直忙于各种海试、训练、演习，其中包括一次深入大西洋的远洋航海训练，并顺道访问了葡萄牙的马德拉群岛，但在回程中遭遇风暴，舰首受损。直到1936年初“舍尔”号才具备充分的行动能力，同年9月由奥托·西里阿克斯(Otto Ciliax)海军上校出任第二任舰长，他后来因成功指挥了突破英吉利海峡的“瑟布鲁斯”行动而名留史册，最后晋升至海军上将。

在1936年上半年，“舍尔”号与姊妹舰“德意志”号结伴进行训练，直到当年7月被一道紧急命令召回威廉港，原来西班牙国内的尖锐矛盾最终演化为一场全面内战，德国不仅在外交上支持佛朗哥(Franco)领导的国民军，提供物资援助，还直接派兵助战。德

■ 1936年“舍尔”号装甲舰在西班牙海域巡航期间停靠直布罗陀港

国海军也不肯错过良机，迅速做出反应，以疏散侨民和进行人道主义援助的名义派出一支舰队，“德意志”号、“舍尔”号装甲舰和“科隆”号轻巡洋舰于7月24日在第2鱼雷艇支队的伴随下前往西班牙海域。在随后的行动中，德国海军从战火下撤出9300名侨民，包括4550名德国人。“舍尔”号在西班牙近海活动至8月20日被“斯佩伯爵”号接替，返回德国进行休整，完成了西班牙内战中的首次战斗巡航，这也是该舰服役生涯中的首次实战行动。但是，“舍尔”号在西班牙海域的航迹并不止于此。随着国际社会对西班牙内战采取“不干涉政策”，德国海军积极参与对西班牙海岸的联合封锁行动，从1936年7月至1938年6月，“舍尔”号先后在西班牙执行了7次巡航任务，全体舰员的技能和士气都在历次远航中得到极大的提升，但其中仅有一次经历了真刀真枪的战斗。

1937年5月15日，“舍尔”号开始了第三次巡航。两周后的5月29日，在伊比沙岛附近活动的“德意志”号遭到共和军空军的攻击，中弹受损，造成31人死亡，110人受伤。“舍尔”号护送受伤的姊妹舰前往马拉加做应急修理，同时补充燃料以备采取下一步行动。作为报复，“舍尔”号接到命令炮击共和军控制的港口。5月31日正是日德兰海战21周年的纪念日，“舍尔”号在当天清晨航行至阿尔梅里亚港外，将炮口对准岸上共和军的阵地、码头和港口内的船只。7时29分，283毫米主炮第一次向敌对目标开火，发射了200余发炮弹，摧毁了35栋建筑，造成19人死亡，55人受伤。在炮击行动中，一面旧德意志皇家海军的战旗高高飘扬在“舍尔”号的桅杆上，在德国舰员看来一次真实的战斗行动是对那场大海战的最好纪念。

1938年4月，“舍尔”号在西班牙海域进行最后一次巡航期间，还接到了一项特别任务，停靠在意大利的加埃塔港，作为海外投票站为就读于罗马圣玛利亚灵魂之母神学院的德国及奥地利神职人员提供投票场所，他们要对德奥合并表明自己的立场。然而，与德国国内一边倒的支持态度相反，在“舍尔”号上的投票结果却是90%的人反对两个国家的合并，在当时轰动一时，被德国媒体称为“加埃塔之耻”。

在“二战”爆发前最后一年的和平时光中，“舍尔”号大多在波罗的海从事训练。当1939年3月23日德国从立陶宛手中收回“一战”后失去的梅梅尔地区时，德国海军组成一支强大的舰队前往当地显示力量，其中包括“德意志”号、“舍尔”号、“斯佩伯爵”号装甲舰和3艘轻巡洋舰以及大批驱逐舰、鱼雷艇、扫雷舰等，德国元首希特勒乘坐“德意志”号前往梅梅尔地区参加庆祝活动，“舍尔”号则从旁护卫。

初尝战火

在1939年9月“二战”爆发时，“舍尔”号没有和两艘姊妹舰一道被预先部署到海上执行破交任务，而是留在了德国国内，处于德国海军西方集群总司令部的指挥下，当时的

■ 1939年12月17日在乌拉圭的蒙得维的亚外海自沉的“斯佩伯爵”号装甲舰

舰长是汉斯-海因里希·武姆巴赫(Hans-Heinrich Wurmbach)海军上校。

1939年9月4日,“舍尔”号成为最先遭到英国皇家空军攻击的德国军舰。当日,该舰正停泊在赫尔戈兰湾的西里格锚地,英国皇家空军第110轰炸机中队的5架“布伦海姆”式双发轰炸机在多兰(Doran)空军上尉的指挥下空袭威廉港,他们锁定了目标明显的“舍尔”号——当时德国海军仅有的几艘大型战舰之一——从低空进入轰炸航线并投下炸弹,有3枚250磅(约113千克)炸弹击中了“舍尔”号,但幸运的是投弹高度过低,保险未能解除而无一爆炸。“舍尔”号利用高射炮进行了猛烈还击,击落了一架“布伦海姆”,这是该舰在“二战”中取得的第一个战果。经过简单的修理,“舍尔”号在10月10日回到战斗序列中。在1939年的剩余时光里,“舍尔”号没有进行战斗行动。与此同时,它的姊妹舰“斯佩伯爵”号在南大西洋大开杀戒,在12月13日被英军军舰截获前已经击沉了9艘商船,但最终被围困在乌拉圭的蒙得维的亚,于12月17日自沉。另一艘姊妹舰“德意志”号在北大西洋的游猎并不顺利,仅击沉了2艘商船,于11月初接到返航的命令,并且在11月15日根据希特勒的命令更名为“吕佐夫”号,此举一方面是担心“德意志”号一旦被击沉对德国的军心士气造成不利影响,另一方面是为了掩盖德国将一艘名为“吕佐夫”的未完工重巡洋舰(即希佩尔海军上将级五号舰)出售给苏联的交易。

1940年2月,德国海军将装甲舰重新定义为重巡洋舰,“舍尔”号和“吕佐夫”号都变更了舰种类别。从1940年2月至7月，“舍尔”号返回自己的诞生地威廉港海军船厂，入坞接受服役生涯中最重要的一次改装，将高大厚重的塔式桅楼改为类似“吕佐夫”号的轻型管状结构，以改善舰体重心位置，增强稳定性，原来近乎垂直的舰首也进行了改装，换装了飞剪形舰首，以提高耐波性，在烟囱顶部加装了导流罩，消除烟雾回流对舰桥视野造成的不利影响。在武备方面，“舍尔”号将舰上的88毫米高射炮更换为威力更大的105毫米高射炮，同时在前后主炮塔顶部各增加一座四联装20毫米机关炮，在前部上层建筑顶部安装了雷达。因为这次改装，“舍尔”号错过了同年4月进攻挪威、丹麦的“威悉河演习”行动。

1940年7月19日至20日夜间，英国皇家空军对停泊在威廉港内的“舍尔”号和“提尔皮茨”号进行了轰炸，但因为空袭强度不足没有获得明显的效果。这只是同年夏秋英国皇家空军对德国海军舰船发动的一系列空袭行动的一部分，包括“俾斯麦”号、“提尔皮茨”号、“格奈森瑙”号、“沙恩霍斯特”号、“吕佐夫”号、“舍尔”号、“欧根亲王”号等多艘战舰受到英军飞机的光顾，但是每天单个波次仅出动25~40架飞机，难以构成严重威胁，尽管在7月至10月英国皇家空军出动轰炸机1042架次，投弹683吨，却毫无收获。从7月底至10月，完成改装的“舍尔”号一直在波罗的海进行海试，之后它将追随“斯佩伯爵”号的航迹，前往大西洋展开首次远洋破交作战。

1940年10月23日，一切准备就绪的“舍尔”号在第四任舰长提奥多尔·克兰克(Theodor Krancke)海军上校指挥下，悄然离开格滕哈芬，前往基尔，10月27日通过基尔运河抵达布隆斯比特尔，在那里接到了突入大西洋的命令。“舍尔”号于次日到达挪威南部港口斯塔万格，然而继续沿挪威海岸向北航行，于10月31日至11月1日在英军毫无察觉的情况下通过丹麦海峡，溜进了北大西洋猎场。当英国人发现它的行踪时，“舍尔”号狩猎的炮声已经响起。

截杀 HX-84

早在“舍尔”号离开基尔港时，德国海军情报机关就已经通过监听英国的无线电通信获知了HX-84护航船队的行踪，这支运输船队于10月27日由加拿大哈利法克斯启航驶往英国，由37艘商船组成，这就是“舍尔”号的第一个目标。在战争刚爆发时，德军袭击舰通常攻击那些单独航行的商船，但现在德国人改变了战术，希望能够对一支船队下手，在一次攻击中取得更大的战果。

11月5日9时40分，“舍尔”号派出一架阿拉多Ar196水上侦察机进行搜索，飞行员皮奇(Pietsch)海军中尉不久即发现了一支大型船队，他根据出发前接到的命令暗暗跟踪并且保持无线电静默，以防止惊动猎物。在返航后，皮奇中尉报告说这支船队正向南行驶，没有护航舰跟随。这正是HX-84船队，但飞行员的报告中存在一个小小的差错，船队中其实有一艘护航舰，即“贾维斯湾”号辅助巡洋舰，它本是1922年下水的一艘豪华客轮，排水量为14164吨，航速15节，在战争爆发前夕被英国海军征用，加装7门老式的152毫米舰炮和3门76毫米高射炮，改装为辅助巡洋舰，由经验丰富的爱德华·费根(Edward Fegen)海军上校指挥，从事船队护航。从外观上很难将“贾维斯湾”号和普通商船区分开来。HX-84就像一群懵懂的羔羊，毫不知情地进入德国人早已布好的陷阱，方位在北纬52°45′，西经32°13′。

确认目标方位后，克兰克舰长下令全速扑向羊群，但是在14时30分，一艘单独航行的英国冷藏货船“莫潘”号冒冒失失地闯进了“舍尔”号的视野，这个情况让德国人感到非常棘手，如果选择攻击，这艘船可能发出警报，惊动HX-84，而且延误追击的时间；如果选择绕道避开，则要花费更多的时间才能抓住HX-84。最后克兰克上校当机立断，对“莫潘”号采取拦截行动，“舍尔”号发出停船信号，并严令不准发出无线电信号。出人意料的是，“莫潘”号乖乖就范，在全体船员登上救生艇后，德舰的105毫米高射炮对准这艘线条漂亮的货船打了几发炮弹，在水线上凿出几个窟窿，“莫潘”号于16时05分沉没。如果它能发出遇险信号，HX-84也许能够察觉到危险逼近，从而改变航向躲过一劫，但事实并非如此，这支船队仍然毫无防备地按既定航线前进，撞向德国人的刀口。

虽然非常顺利地取得了游猎行动的第一个战果，这让“舍尔”号全舰上下欢欣鼓舞，但克兰克舰长仍然为失去的时间而担心不已，在解决掉“莫潘”号后急令加速逼近HX-84。尽管如此，当他能够望见天边成群的桅杆时，天色已近黄昏，德舰做好一切攻击准备，猛扑过去。当“舍尔”号距离船队约25000米时，“贾维斯湾”号的瞭望手发现了暮色中接近的可疑舰影，并用莫尔斯电码发出询问信号：“什么船?”但德国人没有回应，而是继续逼近到17000米距离，此时舰上的105毫米高射炮也已将目标纳入射程范围。16时40分，“舍尔”号的283毫米主炮突然开火，6枚重达300千克的炮弹在“贾维斯湾”号附近的海面上炸响，高大的水柱顿时将其包围起来。

经验老到的费根上校立刻意识到遭遇强敌，以“贾维斯湾”号的古董火炮和老掉牙的火控装置无法抗衡装备精良、火力凶狠的德国袭击舰，他只有一个念头，就是拖住对手，为其他商船争取逃生的时间。于是，费根一面发出警报，命令船队解散，并释放烟雾掩护商船逃离，一面向“舍尔”号发起自杀式的冲锋，用152毫米火炮奋勇还击，尽管根本够不到对手。克兰克上校对于HX-84里竟然有这样一艘大型护航舰感到吃惊，命令全部主炮对准“贾维斯湾”号猛烈射击，重磅炮弹接二连三地钻进英国辅助巡洋舰的脆弱舰体中爆炸，将其变成一座人间地狱。这场力量悬殊的角斗没有任何悬念，17时左右，“贾维斯湾”号丧失动力，渐渐侧倾，在几分钟内就从海面上消失了，费根上校和187名舰员长眠海底。

在“舍尔”号用283毫米主炮终结“贾维

斯湾”号的同时，舰上的150毫米副炮和105毫米高射炮也向距离最近的两艘商船开火，它们分别是英国运兵船“冉吉提基”号(前客货两用船，16698吨)和英国油船“圣德米特里欧”号(8073吨)。这两艘船很快中弹起火，但浓重的烟雾和迅速降临的夜幕影响了德舰火炮的射击，使得它们成功逃脱。“贾维斯湾”号用自己的生命为HX-84船队换取了宝贵的22分钟，在这段时间内，船队完全散开，大部分商船在夜色的掩护下逃离了“舍尔”号的炮口。克兰克上校懊恼地发现羊群已经四散奔逃，只能下令继续向南追击，不时发射照明弹，并用探照灯照射海面，搜寻目标。饥不择食的德舰只要发现落单的商船就以猛烈的炮火招呼。根据德方记录，在追击中至少击沉了6艘商船，但实际上一些命中记录是重复的，部分商船并未沉没。比如受伤的“圣德米特里欧”号在被弃船后仍漂浮在海面上，于是该船二副带领一队船员冒险返回船上，控制住火势并重新启动主机，在缺乏导航设备的情况下神奇地驾船抵达英国，这件事被称为“圣德米特里欧的奇迹”，后来英国人还根据该船的事迹拍摄了电影。

“舍尔”号在近4小时的追击中消耗了一半的150毫米炮弹，克兰克上校于20时40分下令停火，有5艘商船在追击中被击沉，全部为英国商船，分别是“梅丹”号、“特里维尔拉德”号、“比弗福特”号、“肯班角”号和“弗雷斯诺城”号，另有一艘3082吨的英国散装货船“安达卢西安”号被击伤。此外，2734吨的瑞典货船“文格兰德”号在11月9日被意大利潜艇“马可尼”号击沉，最后HX-84的37艘商船中有6艘被击沉，31艘平安抵达英国。显而易见，如果没有“贾维斯湾”号的英勇献身，“舍尔”号的战果肯定不止于此。勇敢的费根上校后来被追授维多利亚十字勋章。

万里游猎

HX-84遭袭的情报使英国海军意识到一年前“斯佩伯爵”号的噩梦又重现了，英国本土舰队立即派出战列舰“纳尔逊”号、“罗德尼”号在驱逐舰的护航下封锁冰岛-法罗群岛水道，战列巡洋舰“胡德”号、“声望”号和“反击”号(由H舰队抽调)与轻巡洋舰“狄多”号、“水仙”号、“月亮女神”号组成的第15巡洋舰中队及6艘驱逐舰封锁前往法国布雷斯特和洛里昂的航线，阻止“舍尔”号返回德国本土或德军占领下的法国海岸。但是这些行动都是徒劳的，“舍尔”号的猎杀行动才刚刚开始，战意犹浓，不把大西洋搅得天翻地覆岂肯罢休？在攻击了HX-84船队之后，克兰克上校命令向南航行，前往大西洋深处，躲避英军战舰的追踪，并寻找新的猎物。

正如德国人所预料的那样，“舍尔”号犹如一只海上幽灵，严重干扰了英国跨大西洋航线上的航运行动。在HX-84遇袭后，两支由英国本土前往加拿大的运输船队和一支从哈利法克斯起航的运输船队被迫中途折返，另有大批船只的出航被推迟，大西洋两岸的港口中一时间挤满了滞留的商船，拥挤不堪。

北大西洋上的航运秩序直到11月17日HX-89船队出发才得以恢复，由于"舍尔"号的活动导致英国进口物资数量的下降远远大于该舰在战斗行动中击沉的物资数量，而这正是德国海军总司令雷德尔海军元帅的目标。如果英国海军H舰队从直布罗陀向西搜索，将极有可能截获"舍尔"号，但是这支由萨默维尔(Somerville)海军上将指挥的舰队此时正忙于地中海方向的"外套"行动(为1940年11月15日至20日英军H舰队向马耳他岛运送战斗机的行动)，无法抽身参加对"舍尔"号的搜捕。

"舍尔"号于11月12日和事先在预定位置等候的德国油船"欧罗菲尔德"号会合并补充燃料，11月14日又在北纬22°、西经46°20′的位置与德国补给舰"诺德马克"号碰头，从后者得到了必要的补给品，包括150毫米炮弹，随后该舰向西印度群岛航行，于11月24日在百慕大群岛东南海域发现并击沉了英国散装货船"霍巴特港"号。但这次受难商船在沉没前发出了遇险信号，克兰克舰长非常担心此举会使英国海军判断出自己的动向，于是改变航线向东逃往佛得角群岛。不过，"霍巴特港"号在垂死之际的求救电报只说自己受到攻击，但未明确袭击者是战舰或辅助巡洋舰，因此英国海军部仍然无法确定"舍尔"号的行踪。

12月1日，又一只猎物牺牲在"舍尔"号的炮口下，英国货船"部族人"号在巴瑟斯特(今班珠尔，西非海岸港口，冈比亚首都)以

■ 战前"舍尔"号弹射起飞He 60侦察机，后来更换为Ar 196，在破交战斗中侦察机发挥了重要作用

西约900海里处成为这艘德国袭击舰的第九个战果。此时，“舍尔”再度转向前往亚速尔群岛游弋，但一无所获。12月14日，“舍尔”在赤道偏北海域再度和“诺德马克”号会合，完成补给后向南运动，准备在南美港口至西非弗里敦之间的航线上寻找机会再施杀手，于12月16日跨越赤道，进入南半球。

12月18日白天，借助于Ar196侦察机的引导，“舍尔”号在南纬0°57′、西经22°42′俘获了满载食品的英国冷藏船“杜基萨”号，并且有意让该船发出遇袭信号，以转移英国海军的注意力，掩护从德国出航的“希佩尔海军上将”号重巡洋舰在北大西洋开展行动。此举果然奏效，英军重巡洋舰“多塞特郡”号和轻巡洋舰“海王星”号从弗里敦紧急出航，向西航行500海里展开搜索；航空母舰“竞技神”号、轻巡洋舰“龙”号、辅助巡洋舰“比勒陀利亚城堡”号在圣赫勒拿岛会合后向东北方搜索“舍尔”号；正从英国本土向弗里敦航行的K舰队，包括新型航空母舰“可畏”号和重巡洋舰“诺福克”号也改变航向，经亚速尔群岛以西向大西洋中部赶来。但是，英军的大网既广又疏，在网口收拢前，“舍尔”号的航迹轻松地隐藏在大西洋的汹涌波涛中。

“杜基萨”号没有被“舍尔”号当场击沉的原因在于，德国人发现这艘船上满载着1450万只鸡蛋和大约3000吨冻肉。对于远离基地的德国袭击舰来说，这简直是上天的恩赐，大大改善了德国水兵的伙食，“杜基萨”号被当成临时补给船伴随“舍尔”号行动。12月26日，“舍尔”号在安达卢西亚点(德国海军在南大西洋设定的秘密集结点，位置大约在南纬15°、西经18°)和同在附近海域活动的辅助巡洋舰“企鹅”号和“雷神”号以及补给船“欧罗菲尔德”号、“诺德马克”号会合，几艘德舰瓜分了“杜基萨”号的美味，并用这些战利品制作了一顿特殊的圣诞大餐。直到1941年2月20日，“杜基萨”号上的食物被搬运一空后，该船才被“诺德马克”号击沉，沉没位置不详，其行踪的最后记录是在1941年1月底出现于南纬23°、西经15°的海域。

转战两洋

在1941年新年期间，“舍尔”号和其他几艘德国袭击舰都在安达卢西亚点附近休整。“舍尔”号在1941年1月5日完成检修，在1月8日补充了燃料后再度启航前往非洲西海岸，开始新一轮游猎，克兰克上校准备在开普敦至弗里敦航线上取得新年开门红。1月9日至12日，“舍尔”号试图拦截WS-5A船队，但未能成功。1940年12月25日，“希佩尔”号也想对这支船队下手，同样没有得手。1月18日，“舍尔”号的Ar196侦察机发现了挪威油轮“桑讷菲尤尔”号，该船随即被俘获，并作为战利品由德国人指挥向德占法国返航，于2月28日平安抵达波尔多。

此后，克兰克上校决定改变战术，在白天伪装成英国军舰接近锁定的目标，使其放松警惕，在天黑后再撕下面具实施攻击。1月20日，荷兰货船“巴讷费尔德”号成为新战术的第一个牺牲品，在南纬7°、东经3°附近被截获并击沉。几小时后，英国货船“斯坦帕克”号也落入了同样的圈套，在同一海域葬身鱼腹。由于被袭船只事先毫无防范，根本来不及发出遇袭信号，以至于英国海军部在几个月之后都不清楚开普敦至弗里敦航线上船只失踪的真正原因。花招得手的“舍尔”号并没有在西非外海继续逗留，而是返回安达卢西亚点，与辅助巡洋舰“雷神”号和补给舰“诺德马克”号会合，在1月24日至28日补充燃料，并将战俘转移到“诺德马克”号上。随后，“舍尔”号取道东南，绕过好望角进入印度洋，企图在澳大利亚与好望角之间的航运线上捞一票，但徒劳地奔波了一个星期也没有发现有价值的目标。

2月14日至17日，“舍尔”号与辅助巡洋舰“亚特兰蒂斯”号及该舰俘获的两艘商船“斯皮班克”号(英籍)和“凯迪·布罗维格”号(挪威籍)会合，正在波尔多和马萨瓦(东非厄立特里亚港口)之间作为海上封锁突破船(即武装运输船)执行偷运任务的德国货船“坦嫩菲尔斯”号也赶来相聚，为两艘袭击舰提供补给，并交换情报。这已经是“舍尔”号自1940年10月出航以来第五次接受海上补给，在4个多月的航行中该舰没有停靠任何港口，全靠补给船和劫掠商船来补充物资消耗，可见在战争初期德国海军的海上补给体系运行非常有效，富于效率。

在“亚特兰蒂斯”号舰长伯恩哈特·罗格(Bernhard Rogge)上校的建议下，克兰克上校指挥“舍尔”号前往莫桑比克海峡开辟新的猎场，并屡屡起飞侦察机扩大搜索范围，终于在2月20日上午发现并俘获了英国油船“不列颠赞歌”号，打破了持续近1个月的猎船荒，该船随后作为战利品于4月29日被押送至法国吉伦特港。同日夜间，“舍尔”号再度弹射侦察机，又发现了希腊货船“格里戈里奥斯”号，并在次日清晨将其击沉。在将希腊货船送下海后，“舍尔”号的Ar196侦察机又一次出发，在9时15分返回并报告说发现了第三个猎物——英国货船“加拿大巡航者”号，“舍尔”号迅速锁定目标并将其击沉，不过遇袭商船在沉没前发出了警报。2月22日，荷兰货船“兰陶潘姜”号不幸成为“舍尔”号在三天中的第四个猎物，但它同样在沉没前通报了德舰的位置。

载誉而归

显然“舍尔”号的行踪已经暴露了，继续在东非海域逗留将非常危险，而且克兰克接到了来自德国海军总司令部的最新电令，要求“舍尔”号在3月底返回德国本土，因此必须在3月初重新回到南大西洋，现在终于到该回家的时候了，但在此之前必须首先甩掉英国人的尾巴。在“兰陶潘姜”号蒙难后4.5小时，英军轻巡洋舰“格拉斯哥”号的侦察机就在南纬8°30′、东经51°35′的位置发现了“舍尔”号，该舰立刻发出敌情通报，并企图在白天跟踪、夜间攻击。英军侦察机紧盯着德舰盘旋了30多分钟，德军飞行员皮奇上尉向克兰克舰长主动请缨，要求升空击落这个危险的跟踪者，但未获批准，因为Ar196的机翼在风暴中受损，只是简单地进行了修理，如果使用机翼上的2门20毫米机炮开火射击将非常危险。

到2月22日下午，坐镇蒙巴萨的英国东印度舰队司令利瑟姆(Leathen)海军中将已经动员了大批军舰在西印度洋上布下罗网，追捕“舍尔”号。从WS5B船队中抽调了航空母舰“竞技神”号和轻巡洋舰“开普敦”号、“翡翠”号和“霍金斯”号，重巡洋舰“什罗普郡”号从索马里海岸赶来，澳大利亚重巡洋舰“堪培拉”号从科伦坡起航，新西兰轻巡洋舰“利安德”号从马尔代夫出动，全数投入对德国袭击舰的围捕。直到2月26日下午，英国海军的努力都归于徒劳，“舍尔”号已经甩开追击者100多海里，该舰先向东南航行，接着转向西南前进，英国人唯一的希望——“格拉斯哥”号的侦察机也因为能见度下降而与德舰失去了目视接触。最终，“舍尔”号从毛里求斯以东400海里处经过，然后转向西绕过好望角以南的海域，于3月3日悄悄溜回了南大西洋。

3月9日至10日，“舍尔”号第三次抵达安达卢西亚点，与“诺德马克”号以及辅助巡洋舰“企鹅”号、“鸬鹚”号会合，接受补给和转移俘虏。前来会合的还有舒尔茨(Schulz)海军上尉指挥的U-124潜艇，为“舍尔”号带来了重要的无线电元件。3月11日，在完成主机维护并清理了水线附近的海洋寄生物后，“舍尔”号离开安达卢西亚点向北航行，踏上归国的航程，并在同一天和德国货船“波特兰”号相遇。3月15日，“舍尔”号再度穿过赤道，回到北半球，3月22日至23日夜间又跨过哈利法克斯至英国的主要航运线，次日与德国货船“阿尔斯特鲁弗尔”号会合并接受补给。为了等待合适的天气穿越丹麦海峡，“舍尔”号在北大西洋上徘徊了两天，直到3

■ 英国海军“格拉斯哥”号轻巡洋舰，属于南安普敦级，曾发现“舍尔”号的踪迹

月27日才在风雨浓雾的掩护下闯过海峡，进入挪威海域。英军部署在此的两艘巡逻舰——轻巡洋舰“斐济”号和“尼日利亚”号均未能发现德舰。

由于英国海军的大部分兵力被2月初杀进大西洋的“沙恩霍斯特”号、“格奈森瑙”号战列巡洋舰吸引，“舍尔”号的归途比较顺利，英军的大部分战列舰和战列巡洋舰被派去寻找那两个更强大、更危险的袭击者，从而为“舍尔”号回国创造了良机，这也是德国海军总司令部派遣两艘战舰执行“柏林”行动(Operation Berlin)的目的之一。直到3月28日至29日，英国海军部才向本土舰队司令托维(Tovey)上将发出警报，称通过截获德军电讯得知，有一艘不明舰船可能突破冰岛南部海域，“英王乔治五世”号战列舰和4艘巡洋舰急忙奉命前往冰岛-法罗群岛水道东端出口进行拦截，同时要求对附近海域实施航空侦察，但因为恶劣天气的影响而取消。所有这些行动实际上都为时已晚，“舍尔”号早在48小时之前就穿越危险海域，现在已经接近挪威海岸了。

3月30日，“舍尔”号在卑尔根下锚，这是它5个多月来第一次停靠港口，在短暂休整后，由驱逐舰Z-23、Z-24和鱼雷艇“猫鼬”号护卫，于4月1日抵达基尔港，完成了德

■ 1941年4月1日，雷德尔海军元帅登上“舍尔”号甲板，检阅了远航归来的水兵们

国海军历史上堪称壮举的一次远洋狩猎。雷德尔元帅亲自前往码头迎接凯旋的战舰，并在“舍尔”号上享用了鲜美多汁的牛排和喷香扑鼻的煎蛋，克兰克上校自豪地向总司令介绍说，这顿美食的原料完全缴获自英国商船！“舍尔”号的首次大西洋游猎持续5个月，转战两大洋，航程长达46419海里，总共击沉商船14艘，俘获商船2艘，击沉辅助巡洋舰1艘，总吨位达到113223吨，无论是作战时间、巡航里程，还是击沉数量，都创造了战争中德军大型水面舰艇巡洋作战的最高纪录。舰长克兰克上校也因此被授予骑士十字勋章，并晋升为海军少将，此后在仕途上更是节节高升，历任海军军需处处长、最高统帅部海军代表、海军西方集群总司令和海军挪威战区总司令等要职，最终军衔为海军上将。

求战不得

“舍尔”号从万里征途归来后，立即进入基尔德意志船厂接受改装，增加了烟囱的高度和顶部导流罩的尺寸，外观上更加接近“吕佐夫”号。这次改装一直持续到7月1日，而在6月战功显赫的克兰克少将被调往柏林任职，由威廉·门德森-博尔肯（Wilhelm Meendsen-Bohlken）海军上校接任“舍尔”号舰长。就在该舰改装期间，德国海军遭受了战争中最严重的挫折，新型战列舰“俾斯麦”号在5月的“莱茵演习”行动中被击沉，德国海军大型战舰的巡洋作战从此一蹶不振。鉴于

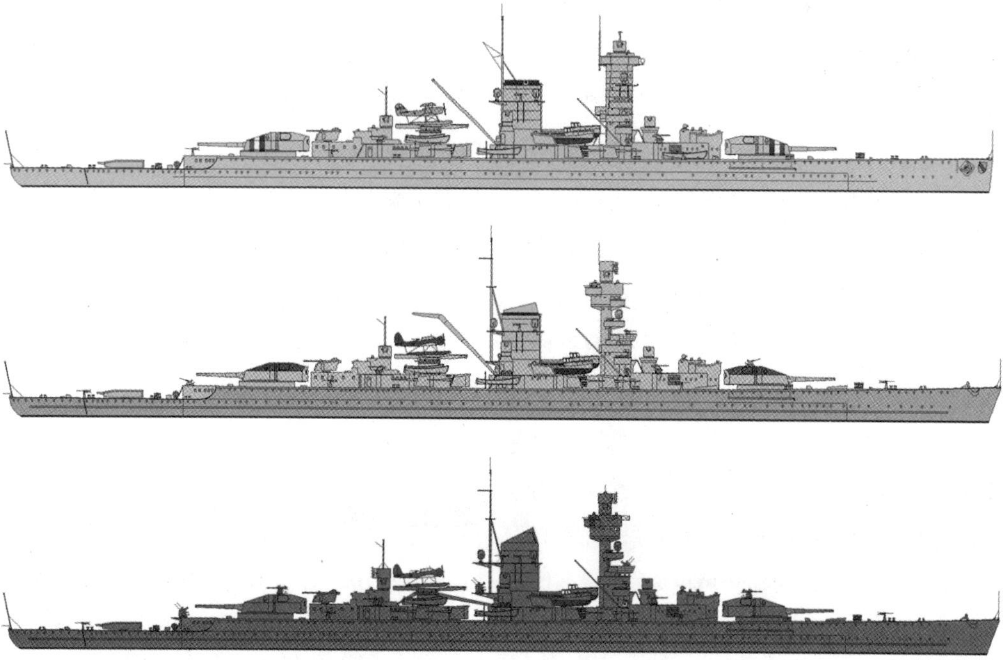

“舍尔”号装甲舰在不同历史时期的侧视图

这次失败，希特勒开始对海军的作战行动实施更直接的干预，进一步束缚了德国舰队的手脚。尽管如此，“舍尔”号在1941年秋仍然试图重返大西洋继续狩猎。

9月4日，英军的航空侦察显示，已经在基尔停留5个月的“舍尔”号从港口消失了，随后的侦察行动发现该舰已经穿过大贝尔特海峡向北进入奥斯陆峡湾，并在同日晚些时候现身奥斯陆。英国人判断“舍尔”号正在寻找机会再次突入大西洋，9月5日和8日来自皇家空军第2轰炸机大队的少量B-17对该舰实施了不成功的空袭。当9月10日英军轰炸机群再度飞临奥斯陆港上空时，却找不到“舍尔”号的身影，伦敦方面大为紧张，认为该舰很可能离港向大西洋挺进了，立即组织严密的航空侦察和巡逻行动，加强警戒。直到9月18日英军对斯维内明德进行航空侦察时才发现“舍尔”号已经回到波罗的海，英国海军部绷紧的神经才放松下来。在奥斯陆连续遭遇空袭使德国人意识到“舍尔”号的行踪已经引起英军的注意，丧失了突破行动的突然性，为了避免重蹈“俾斯麦”号的覆辙，被迫取消了“舍尔”号的破交作战行动，命令该舰返回斯维内明德。

实际上，“舍尔”号已经被编入德国海军波罗的海舰队，其任务是封锁苏联红海军的出海航道，掌握波罗的海的制海权。自6月22日德国发动进攻苏联的“巴巴罗萨”行动以来，德军在陆地战场上的形势非常有利，但一直担心苏联舰队会向瑞典海岸实施突围，于是组织了波罗的海舰队以应对可能的海上战斗。该舰队分为两个战斗群：北方战斗群包括战列舰“提尔皮茨”号、重巡洋舰“舍尔”号、轻巡洋舰“科隆”号和“纽伦堡”号，驱逐舰Z-25、Z-26、Z-27，大型鱼雷艇T-2、T-5、T-7、T-8、T-11，以及部分鱼雷快艇；南方战斗群包括轻巡洋舰“埃姆登”号、“莱比锡”号以及部分鱼雷快艇。德国海军摆开架势准备在波罗的海大干一场，但是苏联海军并不配合，没有积极行动。

从9月21日至24日，德国空军对停泊于喀琅施塔得和列宁格勒的苏联舰艇实施了猛烈空袭。9月23日，德军波罗的海舰队离开斯维内明德，次日“提尔皮茨”号、“舍尔”号和2艘鱼雷艇被召回，另有3艘鱼雷艇被调往南方战斗群，始终没有和苏联海军交手的机会。10月，“舍尔”离开波罗的海转移到汉堡，又一次让英国海军部神经紧张。此时正值北海和大西洋风暴肆虐、阴晦多雾的时节，英国难以实施有效的航空侦察，却是德国袭击舰出击的良机。但是，“舍尔”号并没有像英国人担心的那样杀入大西洋，而是虚晃一枪，又回到了波罗的海，英国方面直到11月28日才在斯维内明德重新找到了“舍尔”号的踪迹。

北上挪威

进入1942年，在希特勒的授意下，德国海军将大型水面战舰纷纷向挪威调动，以打击英美向苏联提供援助的北极航线。“舍尔”号已经有11个月没有参与重大作战行动了，

■ 1942 年 2 月“舍尔”号向挪威航行途中，从“欧根亲王”号后甲板拍摄

现在也奉命开赴北方新的战场。2 月 21 日，“舍尔”号和“欧根亲王”号重巡洋舰在驱逐舰“里夏德 · 拜岑”号(Z-4)、“保罗 · 雅各比”号(Z-5)、“赫尔曼 · 舍曼”号(Z-7)、“弗里德里希 · 伊恩”号(Z-14)、Z-25 的护航下，由布隆斯比特尔起航前往挪威。当天 11 时 10 分，一架英军侦察机发现了北上的德国舰队，但它很快被护航的德军战斗机击落。英国皇家空军迅速派出轰炸机前往空袭，仅有一架飞机找到了目标，投下的炸弹坠落在“欧根亲王”号附近的海里，德舰的防空炮火随即将其击落。此后，德军舰队调转航向以迷惑英国人，从而避免遭到更多的空袭，直到当天晚间海上天气转劣，才重新调头向北航行。

2 月 22 日晨，德军舰队与两架执行其他任务的英军轰炸机不期而遇，后者迅速锁定德舰并投弹，但均未命中。德军舰队在卑尔根以南的格里姆斯塔德峡湾加油后在当天夜间起锚继续北进，目的地是挪威中部港口特隆赫姆。海上风雪交加、浊浪滔天，因为海况太差，“拜岑”号、“雅各比”号和“伊恩”号纷纷掉队，驶往卑尔根避风，只剩下两艘驱逐舰为重巡洋舰护航。2 月 23 日，“欧根亲王”号遭遇英军潜艇“三叉戟”号的袭击，被命中一枚鱼雷，导致舰尾折断，舵机受损，急忙躲进附近的峡湾做紧急修理，随后返回国内做彻底的修复。德军舰队仅剩“舍尔”号独自继续航程，前往特隆赫姆附近的阿斯峡湾(AasFjord)，在“提尔皮茨”号附近下锚。为了阻止德军主力舰北进，英国本土舰队派出航空母舰“胜利”号、战列舰“英王乔治五世”号和重巡洋舰“贝里克”号及 4 艘驱逐舰企图实施拦截，但未能成功。

1942 年夏季停靠在挪威纳尔维克港的“舍尔”号重巡洋舰

5 月 9 日至 10 日，“舍尔”号在舰队油船“迪特马申”号、鱼雷艇 T-5 和 T-7 伴随下由特隆赫姆移师纳尔维克。5 月 25 日，其姊妹舰“吕佐夫”号也抵达了这里。在 7 月初德国海军开始向挪威北部的阿尔塔峡湾大规模集结兵力，7 月 3 日，“舍尔”号、“吕佐夫”号率 6 艘驱逐舰从纳尔维克前往阿尔塔峡湾，与来自特隆赫姆的“提尔皮茨”号、“希佩尔”号以及 4 艘驱逐舰和 2 艘鱼雷艇会合，组成一支强大的舰队，准备拦截著名的 PQ-17 船队，行动代号为“跳马”。PQ-17 在 7 月 1 日进入挪威海之后就被德军潜艇和飞机发现，遭到持续的跟踪和攻击，但其最大的威胁来自虎视眈眈的德军大型战舰。由于判断失误，英国人在 7 月 4 日晚间下令 PQ-17 解散，护航舰艇西撤。7 月 5 日白天，在发现船队散开后，德军飞机和潜艇发起更为凶狠的进攻，“提尔皮茨”号、“舍尔”号和“希佩尔”号也率 7 艘驱逐舰和 2 艘鱼雷艇于 11 时至 11 时 30 分从阿尔塔峡湾出击。但是，雷德尔元帅得知散开的船队已经在飞机和潜艇的联合绞杀下损失惨重，不久即取消了大型战舰的行动。当天 21 时 30 分，德军舰队调头返航。尽管一路上不断接到有关英国航母和潜艇前来拦截的情报，“舍尔”号仍然在 7 月 6 日平安回到纳尔维克。

当盟军的护航舰艇慑于德军大型战舰的威力而撤退后，PQ-17 的商船们面对德军潜艇和飞机几乎毫无防御可言，34 艘商船中有 23 艘被击沉，船上装载的 3350 辆各型车辆、430 辆坦克、210 架飞机和 99316 吨其他物资沉入大海，这些装备足以武装一个集团军，而德国人仅损失 5 架飞机。

“仙境”行动

自 1942 年夏季后，纳尔维克取代了特隆赫姆成为“提尔皮茨”号、“舍尔”号和“希佩尔”号这 3 艘大型战舰的主要基地，8 月 6 日，轻巡洋舰“科隆”号也进入该港驻泊。随着这些军舰集结在挪威北部，德国海军开始为它们寻找新的任务。

8 月 16 日，“舍尔”号在 3 艘驱逐舰“里夏德·拜岑”号、“弗里德里希·埃克尔特”号(Z-16)和“埃里希·施泰因布林克”号(Z-15)的护卫下从纳尔维克出击，执行“仙境”行动，其目标是深入喀拉海，打击从太平洋方向前往苏联北部港口摩尔曼斯克的夏季航线。这是一次非常大胆而冒险的行动，喀拉海是北冰洋的边缘海之一，位于新地岛和北地群岛之间，是沿西伯利亚海岸前往远东的必经之地，由于处在高纬度地区，气候寒冷，每年的封冻期长达 10 个月，只有短暂的夏季才能通航，即便此时这片海域仍布满浮冰、艰险难行。

对于德国海军来说，喀拉海几乎是一片未知的海域，在此之前除了“彗星”号辅助巡洋舰在 1940 年夏季取道北冰洋前往远东外，没有任何船只具有深入冰海航行和作战的经验。但是，指挥德军北挪威舰队的胡贝特·施蒙特(Hubert Schmundt)海军上将很清楚许多苏联舰船将喀拉海作为庇护所，在浮冰群的掩护下从事着航运活动，他希望“舍尔”号能够抓住夏季的有利战机，对冰海深处的苏联航线实施一次扫荡。除了“舍尔”号和 3 艘驱逐舰外，德军还派出 U-251、U-601 潜艇前往喀拉海充当前哨，执行侦察任务，在巴伦支海上也部署了几艘潜艇。由于续航力有限，3 艘驱逐舰只能护送“舍尔”号到达熊岛附近海域就返航了，剩下的航程只能由“舍尔”号独自完成。

8 月 19 日，根据 U-251、U-601 的侦察报告，“舍尔”号绕过新地岛最北端的泽拉尼亚角向东进入喀拉海。8 月 20 日，“舍尔”号弹射了一架 Ar196 侦察机前往莫纳群岛附近搜索，在克拉夫科瓦岛近海发现了两艘苏联武装破冰船“列宁”号和“克拉辛”号，但是浓雾和浮冰使“舍尔”号难以接近目标，最终只能眼睁睁地看着两艘破冰船在 8 月 23 日穿过维利基茨基海峡，遁入东面被冰层覆盖的海域。8 月 25 日，在距离谢留斯金角(位于维利基茨基海峡大陆一侧的海角)西南约 180 海里处，“舍尔”号终于抓到了此次北极之行的第一个猎物——苏联破冰船“亚历山大·希比里亚科夫”号。这是一艘建造于 1909 年的老船，排水量仅有 1384 吨，装有 2 门 76 毫米火炮和 2 门 45 毫米高射炮，与德国重巡洋舰完全不是一个量级的对手。但是，该船船长卡察耶夫(Kacharev)却不肯束手就擒，指挥部下进行了顽强的抵抗，直至破冰船被德舰炮火撕成碎片，沉入冰海，128 名船员中仅有 21 人生还。

■ 在“仙境”行动中，德军汽艇上苏联破冰船“亚历山大·希比里亚科夫”号的幸存者，远处可见正在下沉的破冰船

“舍尔”号在莫纳群岛以北徘徊了两天，再也没有发现一艘苏联船只，于是门德森-博尔肯舰长下令转向南方，于 8 月 27 日炮击了苏联在北极地区最重要的港口——迪克森港。当时的能见度并不好，仅有六七千米，德国人无法判断港口内停泊有多少船只，也不能准确得知炮击对港口造成了多大破坏。根据苏联方面的记载，当时有 3 艘货船和 1 艘巡逻舰停泊在港内，均在炮击中受损。巡逻舰 SKR-19“谢苗·德琴涅夫”号（1937 年造，3578 吨，原为破冰船）、沿海货船“革命者”号（1909 年造，433 吨）、破冰船“泰米尔”号（1909 年造，1358 吨）被炮弹所伤，油船“瓦勒里安·古比雪夫”号（1914 年造，4629 吨）也被击中起火，随后发生了爆炸，港口设施也遭到严重破坏。“舍尔”号的战斗日志对此次炮击留下了如下记录：

0037/0045　283 毫米主炮对“泰米尔”号进行射击；

0038/0042　左舷 150 毫米副炮对“古比雪夫”号进行射击；

0043/0046　105 毫米高射炮对疑似“泰米尔”号的目标进行射击；

0044/0046　右舷 150 毫米副炮对“泰米尔”号进行射击。

“舍尔”号对上述两船持续射击，直到附近的半岛遮挡了射界。苏军在迪克森港周边设置了 3 处海岸炮台，装备有 152 毫米、130 毫米和 45 毫米火炮，对来袭者进行还击，距离“舍尔”号最近时仅有 5500 米，却没有一发炮弹击中德舰。当“舍尔”号偃旗息鼓、踏上归途时，苏联人也没有派出水面舰艇或轰炸机反击一下。结束对迪克森港的突袭后，“舍尔”号转向西北方，再次绕过新地岛北端，向西穿越巴伦支海，于 8 月 30 日回到纳尔维克，“仙境”行动也就此结束，最后的战果仅仅是一艘千把吨的老破冰船，远远无法和 1940 年的远洋游猎相比。随着冬季的到来，喀拉海再度封冻，德国海军中止了后续的作战行动，从此再也没有尝试深入这片海域打击苏联的北极航运。

9月10日，“舍尔”号、“希佩尔”号和“科隆”号及部分驱逐舰从纳尔维克移防阿尔塔峡湾，途中被巡逻的多艘英军潜艇发现，但仅有“底格里斯”号获得了攻击机会，不幸的是它的鱼雷射失了。9月13日，德国海军北方集群总司令部计划动用阿尔塔峡湾的舰队攻击QP14船队，但希特勒警告雷德尔说，这些大型战舰对挪威的防御至关重要，不能轻易冒险出击，迫使后者取消了攻击计划，“舍尔”号只能继续待在锚地里，眼看着一群群的猎物从挪威外海驶过而毫无作为。

赋闲后方

1942年11月初，“舍尔”号奉命从挪威返回国内接受维修和改装，该舰避过英国人的监视，沿挪威海岸线一路潜行南下，于11月11日平安抵达基尔港，随后又经基尔运河前往威廉港并入坞修理，在后部射击指挥所顶部安装了第二部雷达，进一步强化了防空武备。11月底，门德森-博尔肯舰长离任，由曾任重巡洋舰“布吕歇尔”号通信长的恩斯特·格鲁贝尔(Ernst Gruber)海军中校临时代理，直到1943年2月由里夏德·罗特-罗特(Richard Rothe-Roth)海军上校出任“舍尔”号舰长。在入坞修理期间，“舍尔”号再度成为英国皇家空军集中攻击的目标，在英军轰炸机对威廉港船厂的轰炸中，“舍尔”号所在的船坞附近落下不少炸弹，所幸军舰受损轻微，仅有1名舰员不幸在空袭中身亡。但是让这艘大舰继续待在威廉港显然过于暴露，于是德国海军命令“舍尔”号经基尔运河向波罗的海转移，前往斯维内明德，并在那里结束了改装工程。

1943年3月，“舍尔”号重新回到作战序列，但没有重新返回挪威前线，也没有被派往大西洋，而是留在波罗的海充当训练舰。这一安排与1943年1月德国海军高层的变动有直接关系。由于在1942年12月31日的巴伦支海海战中占有优势的德军舰队未能取得胜利，这让希特勒大为光火，自“斯佩伯爵”号沉没以来就对大型水面战舰积聚已久的不满情绪借机进行了一次总爆发。海军总司令雷德尔元帅在遭到希特勒充满侮辱的训斥后愤而辞职，由潜艇部队总司令卡尔·邓尼茨(Karl Dönitz)海军上将接替，后者因为指挥潜艇作战功绩卓著而成为元首眼前炙手可热的红人，并且越级晋升为海军元帅。希特勒还扬言要将所有大型战舰拆毁，舰炮转用为海岸炮，水兵统统上岸当步兵！不过邓尼茨非常理智地采取了折中手法，保留了“提尔皮茨”号、“沙恩霍斯特”号等几艘主力舰，将它们继续部署在挪威，威胁北极航线，而将“希佩尔”号、“科隆”号等几艘大中型战舰打发到后方训练部队。“舍尔”号也被解除了一线战斗任务，打入冷宫，编入训练舰队，担任海军军官学校的训练舰，在东波罗的海进行航海训练，以格滕哈芬为主要基地。当战争进行至最高潮时，“舍尔”号这位昔日巡洋作战的明星舰却星光暗淡，从战争大戏的前台消失了长达一年半，直到1944年10月东线战场的形势变得岌岌可危时，德国人才再度想起这艘火力凶猛的战舰。

东线屏障

自从1944年初开始，德军在东线北段战场上就节节败退，在苏军的步步紧逼下沿着波罗的海东岸逐渐后撤。鉴于前线形势急迫，德国海军将在后方赋闲多时的大型战舰重新动员起来，拉上火线，为德国陆军的防御作战提供支援，“舍尔”号在末任舰长恩斯特·路德维希-蒂内曼(Ernst-Ludwig Thinemann)海军上校的指挥下投入了最后的战斗。德国海军在波罗的海方向组建了两个特别海上战斗群，代号分别为“罗格”和“蒂勒”，包括“舍尔”号、“吕佐夫”号、“欧根亲王”号重巡洋舰、“莱比锡”号轻巡洋舰及老朽的前无畏舰“西里西亚”号。上述大中型战舰在若干驱逐舰和鱼雷艇的护卫下，从1944年10月开始频繁出动，很快便成为苏军的噩梦，它们的283毫米、203毫米、150毫米、127毫米和105毫米舰炮在沿海的前线地带构建一道又一道的弹幕屏障，减缓了苏军推进的步伐，掩护德国陆军部队后撤和重新建立防线，但是它们的努力已经无法使战争天平向德国人一方倾斜了。

1944年11月下旬，当苏军向爱沙尼亚境内的索比半岛发起进攻时，“舍尔”号率领驱逐舰Z-25、Z-35和鱼雷艇T-3、T-5、T-9、T-12、T-13、T-16于11月22日至24日赶往半岛外海游弋，接替以“欧根亲王”号为核心的编队，用精准猛烈的炮火将苏军进攻部队

1944年11月停靠的“舍尔”号，该舰在战争末期在波罗的海执行对岸支援任务

钉死在德军前沿阵地上，利用这段时间，德国海军第 24 登陆艇支队出动 90 艘驳船渡轮，在 M 艇(扫雷舰)和 R 艇(机动扫雷艇)的护卫下，于 11 月 23 日至 24 日夜间将坚守在半岛上的 4694 名德军官兵及部分火炮装备从海上撤退。次日天亮后，苏军气急败坏地发现对面的德军阵地上早已空无一人。

为撤退行动提供掩护和支援的“舍尔”号成为苏军的眼中钉，苏联人动用岸炮向该舰射击，但“舍尔”号后撤到距离海岸 35000 米外继续开火，远远超出苏军岸炮的射程范围。尽管从远距离实施炮击，但借助于德军陆上观察哨的校正，炮火精度却没有明显下降。11 月 23 日清晨，苏联空军也开始出动飞机对“舍尔”号实施空袭，当天 8 时 20 分，德舰编队刚刚开始对岸炮击行动，苏军飞机就以小批次连续攻击的方式不断袭来，在战场上空护航的德军战斗机击退了几次空袭，但当它们在 12 时 15 分返航后，苏联空军的攻势开始愈演愈烈，到 13 时 35 分时已经有超过 30 架苏军飞机对“舍尔”号及其护航的鱼雷艇展开围攻。在 1944 年底时，“舍尔”号的防空火力已经大为强化，包括 8 门 37 毫米炮、6 门 40 毫米炮和 24 门 20 毫米炮，全舰高射炮在空中织起了密集的弹幕，军舰也不停地进行机动，规避鱼雷和炸弹，仅有一枚小型炸弹击伤了舰首甲板，护航的鱼雷艇也不过因为近失弹的碎片而受轻伤。

苏军飞机的进攻分为高中低三个编队实施，低空编队携带鱼雷，中高空编队使用炸弹攻击，每个波次由 4~6 架轰炸机组成，并有 4 架战斗机护航。低空编队不顾德舰的防空炮火逼近到很近的距离，一边使用机炮扫射，一边投放鱼雷；中高空编队则适时投掷炸弹。苏军飞机携带的炸弹通常都在 250 千克以上，带有延时引信，但是精度很差，很少击中目标。苏军护航战斗机也会用机枪扫射德舰，缠住前来阻截的德军战斗机，在空战中还将“舍尔”号执行校射任务的 Ar196 侦察机击落了。但是，所有这些干扰都不能阻止“舍尔”号进行坚决有力的战斗。在几乎耗尽所有弹药后，“舍尔”号于 11 月 24 日返航，原计划由“吕佐夫”号率 3 艘驱逐舰接替该舰进行支援，但由于半岛上的战斗已经结束，后续行动被取消了。

苏联海军波罗的海舰队的水面舰艇在战争的大部分时间内被德军水雷障封锁在芬兰湾最东端。随着芬兰宣布退出战争，实际上苏联海军从列宁格勒及喀琅施塔得地区进入波罗的海的通道在 1944 年 12 月时已经打开了。此时，波罗的海舰队还拥有“十月革命”号战列舰、“基洛夫”号和“高尔基”号重巡洋舰及 12 艘驱逐舰。但是出于对德国海军大型战舰的顾忌，这些舰艇即使到战争结束也没有采取任何积极行动，未敢踏出芬兰湾半步，仅有少量鱼雷快艇进行了几次并不成功的出击。苏联潜艇的表现要更为活跃一些，但从 1944 年 10 月起它们的主要作战区域已经转移到波美拉尼亚外海，因此没有对索比半岛附近的德军编队造成任何威胁，尽管以“欧根亲王”号和“舍尔”号为核心的德军舰队在那里作战长达 5 天，却没有受到苏联海军的任何攻击。

进入1945年后，“舍尔”号更加忙于执行对岸火力支援任务，频繁往返于本土基地和前线之间。2月2日至5日，“舍尔”号在鱼雷艇T-23、T-35、T-36的护卫下前往西萨姆兰地区，支援德军在当地发动的一次反攻。2月4日，苏军L-3潜艇发现了“舍尔”号编队，并对鱼雷艇T-36发起攻击，但鱼雷没有命中目标。2月9日至10日，为了阻止苏军向弗劳恩堡的进攻，“舍尔”号又率驱逐舰Z-34和鱼雷艇T-23、T-28、T-36赶去救火，密集而猛烈的舰炮火力再度成为苏军难以逾越的一道障碍。在向格滕哈芬返航途中，“舍尔”号还在卡尔贝格停靠，以顺道搭载一批难民前往相对安全的西部。在2月19日至24日德军在西萨姆兰地区再次实施反攻时，“舍尔”号和驱逐舰Z-38、Z-43及鱼雷艇T-28、T-35于2月18日和19日猛烈轰击了西萨姆兰南部海岸的苏军集结地。3月3日，由“舍尔”号与驱逐舰Z-5、Z-31、Z-38及鱼雷艇T-36组成的海上战斗群又为保卫瓦林桥头堡的战斗提供支援。

长时间高强度的射击导致“舍尔”号的火炮身管磨损严重，“舍尔”号于3月8日奉命返回基尔更换炮管，舰上还搭载了800名难民和200名伤兵，但中途因为一片未被清理的雷区而改变计划，在斯维内明德卸下乘客，然后再度返回前线，不顾火炮的糟糕状况，

■ 1945年4月遭英军轰炸后倾覆在基尔港的“舍尔”号

继续对科尔堡附近的苏军阵地进行炮击，直到弹药耗尽。

尾声

3月中旬，“舍尔”号终于满载难民撤下火线，于3月18日安全回到基尔港，进入德意志船厂的船坞接受维修和更换炮管，到4月初后部主炮塔的炮管更换工作已经完成，在此期间，舰上大部分乘员离舰登岸，只留下少量人员确保舰上重要装备、设施的运作。4月9日至10日，英国皇家空军大举空袭了基尔港及当地的船厂设施，投弹2634吨，造成严重的破坏，停泊在此的德军舰船也多有伤沉，“舍尔”号也迎来了它的大限之期，被5枚炸弹直接命中，其中一枚重达5.4吨的“高脚橱”巨型炸弹对其造成了致命的创伤，大量的近失弹也使舰体大面积受损，明显侧倾。由于舰上的燃料舱和弹药库都已是空无一物，减轻了重量，多少延缓了军舰倾斜的速度，最终“舍尔”号缓缓地倾覆在基尔港15米深的海水中，一直未能在海上抓住这艘幽灵战舰的英军终于将其置于死地。

1个月后，欧洲战争结束，占领基尔的英军查看了“舍尔”号的残骸，并拿走了上面所有能够拆下来的东西，包括全部武器和有利用价值的设备。从1946年7月开始，“舍尔”号的残余躯壳被部分拆解，剩余的主体部分在1948年基尔港重建时被用数以吨计的碎石掩埋，成为一段新岸壁的基础，对于这位征战多年的老战士来说，也算一个不同寻常的葬礼了。如今，在“舍尔”号的坟墓上方建立了一座停车场。相对于那些殒命汪洋、死无全尸的德国海军大型战舰，“舍尔”号已经非常幸运了，它逃过了无数次来自空中和海上的追杀，作为袭击舰一度让对手如芒在背。然而，作为一艘战舰，“舍尔”号却从未和一艘真正的敌舰面对面交火，其炮口下的目标总是商船或者不堪一击的辅助舰船。“舍尔”号短暂的一生见证了德国海军由“一战”之后的凋敝走向复兴，又在新的战争再度灭亡的全过程，并用它的躯体为第三帝国海军覆亡的墓碑提供了一块基石。

逆流奇袭：1942年3月圣纳泽尔突袭战

1941年5月27日，德国海军最新锐的战舰“俾斯麦”号沉入了北大西洋的冰冷深渊，结束了充满悲剧色彩的处女航。击沉“俾斯麦”号是英国皇家海军在“二战”中取得的最重要的胜利之一，但这份喜悦并没有让身居海军部和唐宁街首相官邸的高层人士从恐慌中得到解脱，为了围剿“俾斯麦”号而付出的艰辛努力和高昂代价反而让伦敦的战争决策者们陷入更深的忧虑。在1941年春夏，英国正处在最艰难的困境中，独自与掌控整个欧洲的轴心国对抗，赖以维系生存的海上交通线面临着德国潜艇和水面袭击舰的联合绞杀，令本土备感物资匮乏。德国潜艇虽然猖獗，但经常被驱逐舰等轻型舰艇所克制。由商船改装的伪装袭击舰行踪诡秘，难以捕捉，但自卫能力差，一旦和正规军舰遭遇也是不堪

■ 1941年5月，参加“莱茵演习”行动的“俾斯麦”号战列舰

一击。最难对付的还是德国海军执行破交作战的主力舰，这些火力强悍的海中巨兽只有用同一量级的大型战舰和飞机才能加以有效遏制，结果使英国海军有限的重型作战力量被牵制在广阔的大洋中，无力他顾，堵截围歼"俾斯麦"号的行动已经充分证明了这一事实。

在"俾斯麦"号沉没后，它同样令人生畏的姊妹舰"提尔皮茨"号就成为丘吉尔首相的最大心病，几乎让这位铁人患上了强迫症。为了防备这艘德国战舰杀入大西洋，英国海军被迫让4艘战列舰时刻待命，即使1941年12月美国参战后派来2艘战列舰增援，也无法让丘吉尔心安。他曾向参谋们表示，没有什么目标能够与摧毁德国主力舰相比，甚至认为整个战争的战略都是围绕"提尔皮茨"号的存在而展开的。在丘吉尔的严令下，英国海空军在1941年到1944年制订了无数方案，试图在德国战舰突入大洋之前就置之于死地。此外，英国海军部也考虑如果"提尔皮茨"号突破封锁进入大西洋应该如何应付。

显然没有任何一艘战舰能在海上无限巡航，它必须停靠码头进行维修补给。对德国袭击舰来说，法国大西洋沿岸的港口是最佳选择，一旦它们进入一座层层设防的港口就会变得更加难以摧毁，并对大西洋航线产生持续的威胁。1941年初，肆虐大洋的两艘沙恩霍斯特级战列巡洋舰就躲藏在布雷斯特，这令英国人寝食难安。对排水量超过42000吨的"提尔皮茨"号来说，能选择的港口只有一个，即位于卢瓦尔河口的圣纳泽尔，因为那里有法国海岸上唯一能够容纳其庞大身躯的大型干船坞，事实上"俾斯麦"号的最后目标正是这座港口。如果摧毁了这座船坞，无疑将极大增加"提尔皮茨"号在大西洋作战的难度，特别是在不幸受伤的情况下将无所依

■ 法国豪华邮轮"诺曼底"号在为其量身打造的圣纳泽尔诺曼底船坞中

托，能够起到釜底抽薪的效果。当 1942 年初“提尔皮茨”号做好出航准备的情报传到英伦三岛，伦敦迫不及待地要求军方采取措施阻止这艘强悍战舰兴风作浪，一次战争中最为冒险的两栖突袭行动正紧锣密鼓地准备中……

诺曼底船坞

1935 年 3 月，法国人自豪地建成了当时世界上最大最快最豪华的跨洋邮轮——“诺曼底”号，这艘注册吨位达 79280 吨，能够承载 1900 名客人和 1300 名船员的庞然大物在处女航中就打破了跨大西洋航运的速度纪录，赢得了著名的蓝缎带奖，一时间吸引了整个世界的目光。与“诺曼底”号相伴而生的还有另一项伟大的建筑工程杰作，一座为这艘巨轮量身打造的大型干船坞。这座船坞位于圣纳泽尔港区卢瓦尔河北岸，由工程师阿尔贝 · 卡科(Albert Caquot) 设计，于 1929 年 2 月动工，历时 5 年建造，于 1934 年竣工，其正式名称为路易 · 茹贝尔船闸，以纪念 1930 年去世的圣纳泽尔商会主席，不过人们更熟悉的名字是诺曼底船坞。

诺曼底船坞是一座具有双重作用的码头设施，一是作为大型船闸连通着圣纳泽尔港佩赫特港区和卢瓦尔河，担负着协助跨越大西洋的大型船舶通过卢瓦尔河口进入圣纳泽尔港的任务；二是在船闸闸门关闭后可以抽干海水，成为大型干船坞，用于大型船舶的建造和维修保养。由于这种双重功用，船坞在行政管理上不属于当地著名的佩赫特造船厂，而是属于圣纳泽尔港务局。诺曼底船坞全长 350 米，宽 50 米，深 15. 25 米，内部容

■ 德国海军“提尔皮茨”号战列舰，盟军策划袭击诺曼底船坞的目的在于阻止该舰进入大西洋活动

积大约为260000立方米，船坞两端的钢制沉箱式闸门宽51米，厚11米。诺曼底船坞在建成时是当时世界上最大的干船坞，同时也是法国大西洋沿岸最重要的港口设施之一。当法国在1940年被德国击败后，诺曼底船坞也落入德国人手中。对德国海军而言，这座大型船坞的战略价值是不言而喻的，因为在整个法国西海岸，只有诺曼底船坞的尺寸能够容纳俾斯麦级战列舰，如果德国海军最强的战舰要在大西洋上展开作战，这里将是不可或缺的后勤保障设施。正因如此，诺曼底船坞也成为英国人极力摧毁的目标。

1942年初，丘吉尔一再向他的参谋幕僚们施压，要求消除“提尔皮茨”号的威胁，而瘫痪诺曼底船坞是围绕这个目标而展开的作战计划中最重要的部分。但是，要完成这一任务绝非易事，在此之前如何破坏这处重要设施的问题已经让英国陆海空三军的精英们纠结良久。早在1941年10月，皇家海军情报处首先提出破坏船坞的设想，尽管拟订了各种各样的方案，但是无一能够经得起推敲，来自多方面的困难几乎让摧毁诺曼底船坞成为一项不可能完成的任务。

英国人首先想到利用轰炸机对船坞实施夜间空袭，但是在战争初期皇家空军还没有装备高精度的轰炸瞄准具和机载雷达，无法实施精确轰炸，尤其是面对地面密集防空炮火的时候，炸弹能否准确命中目标相当值得怀疑。况且，港口周围是大片居民区，英国政府也担心大规模轰炸会殃及法国平民，造成无辜伤亡，使早已芥蒂丛生的英法关系更加恶化。从军事、政治两方面考虑，英国皇家空军无法下定决心对船坞实施决定性打击。总之，难以从空中通过轰炸摧毁船坞，英国皇家空军当时并不具备完成这项任务的手段和能力。

从空中行不通，英国人转而研究从海上发动袭击的可能性，可惜最初的结论也不乐观。显而易见，像诺曼底船坞这样的高价值目标肯定会受到层层保护，如果在敌方严密设防的海岸强行登陆，满载突击队员的登陆艇向海岸靠近的过程中被发现就会遭到炮火阻拦，结局必然是一场悲剧。更为糟糕的是，圣纳泽尔港深入卢瓦尔河口上游约8千米，唯一能从海上靠近的通道只有一条狭窄的河道。受到河流两岸多座海岸炮台的封锁，任何船只想在靠近海岸的地方下锚卸载登陆艇，都会被立刻消灭；即使能够放下登陆艇，它们沿着河流在缓慢而漫长的航行中向目标靠近时，也很难保证不会暴露。

英国特别行动处曾考虑通过潜伏在法国的间谍破坏干船坞的闸门，但仔细研究后发现，要达成目标所需的炸药数量远非一两个特工所能携带的，而且要完成如此复杂的爆破行动也需要较多的专业人员协同合作，如何解决人员和炸药问题，并把他们送到敌占区，这本身就极有难度，最后间谍袭击方案在1941年因为不切实际而被束之高阁。

1942年1月，丘吉尔要求必须将消除“提尔皮茨”号的威胁作为优先处理事项。面对来自政府最高层的沉重压力，由海军中将路易斯·蒙巴顿勋爵(Louis Mountbatten)领导的联合作战司令部(Combined Operations

Headquarters）必须尽快拿出破坏诺曼底船坞的可行方案。思维敏锐的蒙巴顿及其参谋人员在重新审视过去关于突袭船坞的诸多方案后，注意到一个可以利用的新情况：在每年3月底，法国海岸会出现异常高的春潮，届时卢瓦尔河口水位上升，浅吃水的船只能够越过星罗棋布的浅滩、暗礁和障碍物，不必沿着经过疏通和受到严密监视的航道进入港口，这意味着突袭行动可以有更多的航线选择，并达成突然性。联合作战司令部也意识到，先前计划使用的由海峡渡轮改装的登陆舰艇并不适合此次行动，如果能够找到一艘合适的舰船，其吃水足以越过浅滩，又能装载足以炸毁船坞外闸门的炸药，那么行动方案还是可行的。

■ 1942年9月，英王乔治六世（左三）访问联合作战司令部时与蒙巴顿中将（左二）交谈，并接见司令部工作人员

虽然困难重重且成功概率渺茫，但这个计划依然有成功的希望，于是联合作战司令部立即着手制订详细方案，于1月31日提交了一份作战计划，其中包括行动中可能遇到的大部分情况，以及应对最糟糕情况的预案。这份计划建议使用两艘经过特别减重的驱逐舰执行任务，其中一艘装载炸药和接受爆破训练的突击队员，直接撞击船坞外船闸，并让突击队员登陆进一步破坏船坞设施，之后通过定时引信引爆炸药，彻底摧毁外船闸；另一艘驱逐舰负责在航行途中护卫和撤出完成任务的突击队员。为了分散德军的注意力，皇家空军将在行动期间对港口附近地区进行空袭。尽管计划充满了无法预知的因素和极高的风险，但至少构建了一个突袭行动的可行框架，而这次行动将对改变战争进程起到重要作用。

然而，当作战计划呈请海军部高官们审阅时却遭到冷遇，他们不同意以牺牲一艘驱逐舰为代价实施突袭行动，并且担心另一艘驱逐舰也可能损失。虽然他们深知摧毁诺曼底船坞的重要性，但是仍然顽固地拒绝提供两艘淘汰的驱逐舰用于此次行动，不过表示可以由老旧的法国驱逐舰“飓风”号担任撞击舰的角色，提供一支由摩托快艇组成的小型舰队用于装载突击队员以及后续的撤退行动。虽然不是最理想的方案，但经过修改的作战计划最终提交参谋长委员会（相当于美国参谋长联席会议的高级参谋机构）审核，并于3月3日获得批准，行动代号为“双轮马车”。不过，委员会的高级将领们对如此重要的突袭行动居然要使用法国军舰非常不满，认为会给整个行动蒙上阴影，增加了协调的难度，因为自由法国的领导人戴高乐(de Gaulle)将军在任何时候都不是一个好相处的人，同时也扩大了参与秘密行动的知情人员范围，于保密不利。按理说，从皇家海军舰艇中选择一艘过时的驱逐舰要比接受这样的妥协方案保险得多。

另外，英国皇家空军对“双轮马车”行动的热情随着行动时间的临近而迅速减退了，他们不喜欢轰炸他人指定的目标，而习惯于自己选定目标。在行动前夕，轰炸机司令部减少了执行佯攻任务的飞机数量，大大少于计划要求的数量。丘吉尔也担心空袭会造成法国平民的伤亡，命令轰炸机必须在能够看到船坞的情况下才能投弹。相比之下，“双轮马车”行动得到了各个情报部门的鼎力支持，海军情报处提供了广泛的情报信息，秘密情报局拿出了圣纳泽尔城区和港口的详细地图，战争办公室军事情报科提供了德军岸炮的部署情况，海军作战情报中心协助制定航线和行动时间表，超级机密破译机构送来了关于德军雷区和舰艇识别信号的资料，皇家空军情报处则提供了关于德国空军巡逻行动的信息，充分显示出陆海空联合作战的特殊气质。

选将练兵

“双轮马车”行动是由联合作战司令部直接策划和指挥的，这一机构成立于1940年7月，隶属于战争办公室，是一个跨军种联合指挥机关，其职责是策划、组织、实施对欧洲大陆德占区的骚扰性突袭行动，同时收集情报，分散德军兵力，摧毁重要目标，并探索未来反攻欧陆的联合作战战术。1940年法国溃败后，英国独立对抗纳粹德国的战争机器，新逢败绩的英国无力实施全面反击，又不甘心坐视德国人在占领区为所欲为，丘吉尔决心尽可能地在欧洲大陆给对手制造麻烦和混乱，以小规模部队进行非常规的突袭行动，这样既有利于消除英军内部产生的消极防御倾向，也有助于激发进攻精神，鼓舞国内和欧洲德占区民众的斗志。联合作战司令部的首任司令是德高望重的罗格·凯斯(Roger Keyes)海军上将，不过这位老将年老体衰，思维守旧，又不善于协调多方面的关系，于1941年10月由年富力强、才能出众、有皇室背景的蒙巴顿接替，后者甚至被同时授予陆海空三军的中将军衔，以适应他的新职务，这个任命是由丘吉尔亲自提名的。

联合作战司令部并不具备自主作战能力，需要陆海空三军的合作为突袭行动提供必要的支持，但由于各军种之间的矛盾和协调问题，常常导致行动计划因为缺乏运输工具或其他相关资源而被迫修改或取消。不过，在联合作战司令部之下建立了一支独立的作战部队，用于执行特殊任务，这就是著名的突击队，现代各国军队特种部队的鼻祖！突击队几乎与联合作战司令部同时组建，其成员从陆军中精挑细选，并接受执行突击作战所需的技能训练。虽然建立初期组织上缺乏条理，各单位也缺乏专业装备和训练，但随着时间推移，这支特殊部队逐渐成为整个英国武装力量中最具自信心和最渴望战斗的作战单位。

英军突击队臂章，综合了陆海空三军的元素，凸显其作战的特殊性

到 1942 年时，陆军突击队已经扩充为一个由 12 支独立突击队组成的特别勤务旅，由查尔斯·海登（Charles Haydon）准将全权指挥，每支突击队都由 500 名从陆军各部队中挑选的最精壮的士兵组成。他们都是志愿报名参加突击队，经过严格选拔后接受最为严酷的训练，从而成为能够在最危险的环境中自力更生、从容作战的斗士。他们必须精通各种军事技能，具备过人的顽强意志和强健的体魄，可以在敌后展开各种隐秘行动，而在训练中落选的志愿者将被遣返回原部队。

奥古斯塔斯·纽曼（Augustus Newman）中校被选定为此次行动的突击队指挥官，他曾是一名建筑承包商，在战前也是埃塞克斯国民自卫队的军官，时年 38 岁，在大多才二十出头的部下面前显得很苍老，但是他的领导能力和体恤下属的作风使他成为一位广受欢迎和尊重的指挥官。在 1940 年初时，纽曼以少校军衔在挪威指挥 3 个独立连，当他的部队被吸收进入第 1 特勤营时，他已经是部队的二把手，仍然坚持和他的弟兄们一起战斗。后来，第 1 特勤营扩大到 1000 名官兵，因人员过多而在 1941 年 3 月被分割为数支规模缩小一半的突击队，纽曼出任第 2 突击队指挥官，通过高强度训练，这支部队在 1942 年初已经达到最佳状态，战技娴熟，士气旺盛。

既然由纽曼担当此次突击行动的指挥官，在选择队员时他自然乐于从自己率领和熟悉的第 2 突击队中选取，不过其他单位也有机会参与行动以获得战斗经验。在过去的日子里，特别勤务旅的官兵们经历了数不胜数的演习和行动准备，每每出发在即，等来的却

1942 年的英军第 4 突击队的突击队员，他们都接受了非常专业的训练

是取消行动的命令，一次次失望已经让他们越来越怀疑某些突击队可能永远不会参加任何行动。为了消除这种不良情绪，行动的策划者们也从其他突击队挑选了一些官兵充实到纽曼的队伍中，这样来自不同单位的将士们将在战场上并肩浴血杀敌。

所有参加"双轮马车"行动的突击队员都具有丰富的经验和熟练的战斗技能，不过此次行动的特殊性还需要他们在出发前接受一些专业训练，以便更好地完成破坏任务。幸运的是，联合作战司令部找到一位船坞爆破方面的专家——比尔·普里查德（Bill Pritchard）上尉。普里查德来自皇家工程兵部队，1940年曾赴法国作战，当时他的任务是炸毁英军通过后的桥梁，掩护主力部队撤退，这个任务他完成得很出色。普里查德的父亲曾在加的夫经营码头，他早年在大西方铁路公司的船坞码头做工程学徒，当他从敦刻尔克回到英国受命研究如何摧毁敌方码头设施时，过去的职业经历就派上了大用场。巧合的是，普里查德在一份关于破坏港口的技术报告中提及了圣纳泽尔，他的结论是随意的爆破无法有效地破坏对码头运作起到重要作用的机械设备，要保证彻底的破坏必须对关键设备进行精确爆破，他还说明了有哪些关键部位以及实施爆破的方法。协助普里查德工作的是一位资深工兵指挥官鲍勃·蒙哥马利（Bob Montgomery）上尉，他同样对港口爆破技术具有丰富的知识。联合作战司令部能够找到这两位军官可谓天赐之福，他们很快被纽曼招至麾下，在此次行动中发挥才干。

作为一次从海上发动的奇袭行动，没有一位熟悉航海的海军人员组织、指挥航渡是不能想象的。在纽曼的团队中，这个角色由罗伯特·莱德（Robert Ryder）海军中校来担任。时年34岁的莱德具有丰富的航海经验，曾在潜艇部队服役3年，后来又在一支前往北极的远征探险队里作为纵帆船船长度过了3年时光。在战争初期，莱德指挥的Q船（伪装猎潜舰）被德国潜艇击沉后，他仅靠一块木头板在海上漂流了4天，最终获救。大难不死的莱德随后被任命为护卫舰"福利特伍德"号的舰长，他在这个职位上待了6个月，直到在一场浓雾中不幸撞沉了步兵登陆舰"菲利普亲王"号。在被召唤参加"双轮马车"行动前，莱德中校正在英格兰南部的一座庄园中苦于文牍工作，突袭船坞这样的行动对他来说无疑是一针兴奋剂。莱德的任务是制订和实施海运计划，将260名突击队员运送到圣纳泽尔展开两栖突击，破坏船坞的机械设备，同时还要指挥一艘装满炸药的老式驱逐舰撞击诺曼底船坞的外船闸，最后将完成任务的突击队员安全地撤回英国。毫无疑问，这是一项极为艰巨的任务，将是莱德中校职业生涯中最具挑战性的行动。

纽曼中校的突击队员们将在行动中分为若干小组，根据任务不同分为突击组、爆破组和掩护组三种。其中，突击组负责登陆后消灭码头附近的守军和炮位，为其他小组开路；爆破组携带炸药和爆破器材破坏船坞设施；掩护组则保护爆破组执行破坏任务，与突击组一道坚守重要地点，阻止德军靠近船坞，为爆破组争取时间。为了强化近战火力，突击组和掩护组都装备了汤姆森冲锋枪和布伦轻机枪，还携带了少量轻型迫击炮，但爆破组成员仅随身携带自卫手枪。第2突击队为突击组和掩护组提供了173名优秀的突击队员，他们在第2突击队副指挥官威廉·科普兰（William Copland）少校的带领下，在模拟街道展开紧张的夜间巷战训练，以应对未来的战斗。

爆破组成员是从第1、第3、第4、第5、第6、第9、第12突击队中抽调的，共计92名，他们奉命前往本泰兰港进行破坏码头的专门训练，由普里查德和蒙哥马利教授如何处理先进的爆破装置。在突击行动中，他们被指定破坏不同的目标，因此训练也很有针对性，在掌握爆破技术后再根据各自的目标展开特别训练。两位工兵指挥官努力让每一名爆破手都熟悉炸药的重量、形状，同时还指导他们如何找到能够造成最大破坏效果的炸药布设位置。演练进行了一遍又一遍，直到所有人都能信心十足地处理炸药和引信。之后，爆破组成员还参观了罗塞斯港，熟悉港口的工作情况，特别察看了容易受到攻击的地方，如起重机、船闸、岸炮、电气设备、变电站等，这些地方都向突击队员们开放，他们在参观中实地学习了如何发现上述设施的弱点。很多时候，炸药不一定是完成任务的最好工具，燃烧弹、锤子、斧子同样可以有效地让机器设备和开关装置失效。

爆破组随后分成两队，从本泰兰港出发，分别前往加的夫港和南安普敦港，以便他们利用大型商港设施进行实地演练。两队都被要求在设定的时间内在夜暗条件下完成任务，甚至假设主要成员出现伤亡时也能各自行动。高强度的严格训练让每一位爆破手都能够在最短的时间内完成炸药的布置，即使蒙上眼睛也能操作自如。在南安普敦港，爆破组以英王乔治五世干船坞为模拟目标展开训练，这里经过改造后简直成了诺曼底船坞的翻版，只是长度略长、宽度稍窄。斯图亚特·钱特（Stuart Chant）中尉率领的小组在演练中不断完善行动方案，他们要进入昏暗的泵房，沿着金属楼梯下到船坞底部，在脆弱的叶轮泵上安放炸药。布雷特（Brett）中尉和伯滕肖（Burtenshaw）中尉的任务是爬进空沉箱内布置炸药破坏钢壁。珀登（Purdon）中尉和斯莫利（Smalley）中尉则专注于炸毁控制船闸开关的升降机房。大约一周后，南安普敦和加的夫的小组互换，以便让所有成员都获取完成任务所需的经验。虽然每个爆破小组都有指定的目标，但如果在行动中因为某些无法预知的因素不能破坏预定目标，他们也能寻找机会攻击其他目标。训练非常周密系统，当爆破组真正开赴法国执行任务时，即使在黑暗中面临敌军的猛烈火力，他们也能像时钟一样精确地找到要害，布设炸药，完成爆破。

驱逐舰“变脸”

突袭行动的战前训练和准备都进展顺利，但海军部仍然没有提供任务所需的驱逐舰，甚至提出使用一艘大型潜艇代替，但莱德和纽曼都认为潜艇难以胜任此类行动，他们清楚地认识到，在长达3天的航行中，突击队员的精神状态将在狭窄封闭的潜艇舱室内急剧下降，变得不堪一击。突袭行动的指挥官们也考虑仅仅利用摩托快艇运载突击队员和炸药前往圣纳泽尔，直接引爆快艇上的炸药以破坏船闸，但在研究后发现很多困难无法克服，难以实施。他们不得不再次面临过去多次遇到的尴尬情形，如果没有海军驱逐舰的支援，突袭行动只能取消。为了避免出现这样的局面，海军部最后做出妥协，同意将旧式驱逐舰“坎贝尔敦”号用作此次特殊行动的撞击舰。

“坎贝尔敦”号属于城级驱逐舰，实际上并不是英国军舰，原为美国海军“布坎南”号驱逐舰(DD-131)，属于威克斯级，是以建造数量众多而著称的平甲板驱逐舰家族的成员，同级舰数量多达111艘，其排水量1280吨，长95.8米，宽9.8米，吃水3.7米，双轴推进，主机输出功率30000马力，最高航速可达39节，安装4门102毫米舰炮和1门76毫米高射炮，另有4座三联装533毫米鱼雷发射管。“布坎南”号于1919年1月20日服役，和大多数姊妹舰一样，平淡地度过了20年和平时光，于1939年转入预备役。在1940年，

■ 1940年9月根据英美的协议移交英国海军的“布坎南”号驱逐舰(右)，随后更名为“坎贝尔敦”号

面对德国潜艇咄咄逼人的攻势，皇家海军迫切感到驱逐舰数量不足，于是向拥有数百艘老旧驱逐舰的美国海军求助，两国在9月达成“驱逐舰换基地”协议，英国将大西洋和加勒比海沿岸的10余处军事基地租借于美国99年，而美国将向英国提供50艘退役的平甲板驱逐舰，被统称为城级，“布坎南”号就是其中一艘。

“布坎南”号在加入皇家海军后改名为“坎贝尔敦”号，但它在英国的服役经历几乎和战前时期一样平庸，最初被编入以利物浦为基地的第7护航大队，在爱尔兰以西的西部通道海域进行反潜巡逻，很快因为一次碰撞事故而暂时退役，直到1941年3月被调配给荷兰海军，同年9月重返皇家海军行列，继续承担护航任务。此后5个月里“坎贝尔敦”号一直在北大西洋的惊涛骇浪中奔波，并取得了两个战绩：协助友舰击沉U-401潜艇，还击落了一架敌机。如果没有“双轮马车”行动，“坎贝尔敦”号可能和其他城级驱逐舰一样在单调、漫长的护航任务中度过余生，甚至被一枚德国鱼雷断送性命，但是在1942年3月10日，它的命运发生了改变，被赋予圣纳泽尔突袭行动中最重要的角色，尽管是一

■ 行动前夕在德文波特港接受改装的“坎贝尔敦”号

■ 改装后的“坎贝尔敦”号舰桥加装了防护钢板，舰首主炮更换为英制12磅炮

项自杀性任务，但此举将使它成为平甲板驱逐舰家族中著名的成员之一。

在接到参加“双轮马车”行动的命令后，“坎贝尔敦”号前往德文波特，接受服役生涯中最后一次，也是最重要和最彻底的改装，为期10天。为了在运载突击队进入卢瓦尔河口时能迷惑敌人，隐蔽身份，英国人打算将“坎贝尔敦”号伪装成一艘德国军舰，实施了一次“变脸”手术，它那标志性的4根烟囱被拆除了2根，保留的烟囱也要以一定的角度砍去部分顶部，前部烟囱的直径扩大到先前的2倍，后部烟囱也被部分截短，以模仿德国海军猛禽级大型鱼雷艇的烟囱外观。在“坎贝尔敦”号最后冲入港口时将暴露在敌方火力下，为了保护舰员和突击队员，在舰桥、操舵室和两侧船舷上都焊接了附加的装甲板。

在穿过德军海岸防御火网，沿卢瓦尔河逆流而上的过程中，“坎贝尔敦”号需要强有力的速射武器反击敌方火力，因此舰首甲板上的美制102毫米舰炮被换成一门英制12磅(口径76.2毫米)速射炮，并在船舷两侧高架平台上增设了8门20毫米Mk I型厄利孔机关炮。为了减轻重量，减少吃水深度，便于在河道中航行，“坎贝尔敦”号采取了彻底的减重措施，拆除了所有和突袭行动无关的设备，所有重型装备也都被拆去，包括全部102毫米舰炮、鱼雷发射管和深水炸弹发射装置，弹药库也被清空，多余的物品被搬到陆地上。“坎贝尔敦”号动身前往圣纳泽尔时只携带了单程的燃料和淡水，吃水仅为3.3米，不过舰上却增添了对于此次航行最为重要的负荷——在舰首船舱内塞满了重达4.25吨的高爆炸药！

28岁的皇家海军军官奈杰尔·蒂比茨(Nigel Tibbits)中尉负责设计和安装“双轮马车”行动中最大的爆炸装置，他决定使用24枚Mark VII型深水炸弹作为爆炸物，每枚重量180千克，这些深水炸弹被置于一个特制的钢罐中，并用水泥密封，插入3个笔式延时引信，并与导爆线相连，引信装置预设为启动后8小时引爆，以便为“坎贝尔敦”号的舰员和突击队员留出充足的时间完成任务并撤离。

“小不点”舰队

除了“坎贝尔敦”号之外，突袭行动的海上编队都是由排水量几十吨的小舰艇组成，3种类型的摩托快艇构成了这支“小不点”舰队，其主力是16艘费尔麦尔B型摩托快艇，有的装备了火炮，有的携带了鱼雷，此外还有一艘重型摩托炮艇和一艘特制的改装摩托鱼雷艇。

费尔麦尔B型摩托快艇是英国海军在“二战”中使用最普遍的快艇型号，被各个近海舰艇部队广泛应用于巡逻、反潜和护航任务。这型快艇在设计时采取预制构件理念，由各地船厂根据海军部的设计制造标准部件，然后集中组装，便于快速批量建造。到1945年，超过70家船厂建造了超过560艘费尔麦尔B型摩托快艇，提供给皇家海军和英联邦成员国海军使用，服役于世界各大战场。费尔麦尔B型摩托快艇为木制艇体，排水量85吨，长34米，宽5.56米，吃水1.47米，由两台650马力霍尔-斯科特汽油发动机提供动力，最高航速20节，续航力为1300海里/12节，能够携带包括轻型火炮、鱼雷、深水炸弹在内的各种武器装备，可根据不同的任务进行灵活的武器搭配。

参加圣纳泽尔突袭行动的费尔麦尔B型快艇中有8艘来自伍德(Wood)海军少校指挥的第28摩托快艇中队，4艘来自斯蒂芬斯(Stephens)海军少校指挥的第20摩托快艇分队，这12艘快艇都进行了武器改装，以便增强火力，艇首甲板上原有的哈奇开斯3磅(口径47毫米)速射炮被拆除，改为在艇首和艇尾各安装一门20毫米厄利孔机关炮，在舰桥上架设2挺7.7毫米刘易斯机枪。另外4艘费尔麦尔B型快艇由第7摩托快艇中队提供，它们在烟囱两侧安装了两具457毫米鱼雷发射管，如果突击编队在航渡途中遭遇敌舰，它们将发起鱼雷攻击进行掩护。这4艘快艇直到行动前夕才加入编队，因为时间仓促没有更换20毫米机关炮，仍保留着3磅速射炮。

突击编队中唯一的重装摩托炮艇是来自第14摩托炮艇中队的MGB314号，这是一艘费尔麦尔C型快艇，和B型一样采用预制件

■ 英国海军 ML 187 号摩托快艇，属于费尔麦尔 B 型，有 16 艘同型快艇参加了圣纳泽尔突袭行动

结构，从 1941 年 6 月至 8 月在各船厂内组装了 24 艘。C 型快艇在尺寸上比 B 型略小，排水量 72 吨，长 34 米，宽 5.3 米，吃水 1.73 米，安装 3 台 850 马力霍尔-斯科特增压汽油发动机，航速提高到 26.5 节，但续航力下降为 500 海里/12 节。相对娇巧的身材，费尔麦尔 C 型快艇可谓武装到了牙齿，在艇首尾各装一门 2 磅(口径 40 毫米)速射炮，在舰体中部布置两座动力操纵的双联装 12.7 毫米维克斯重机枪，此外另有两座双联装 7.7 毫米刘易斯机枪。MGB314 还加装了雷达和声呐，这些装备在穿越卢瓦尔河口的浅滩时将发挥巨大作用，因此该艇被指定为指挥舰和编队领舰，莱德和纽曼都将搭乘此艇参加行动。大量的武器和电子设备使 MGB314 本就不长的续航距离更加缩短，即使携带额外的燃料，该艇仍然需要由友舰拖曳到靠近目标的海域，以便为返航时保留燃料。

突击编队中的最后一位成员是摩托鱼雷艇 MTB74，由迈克尔·温(Michael Wynn)海军中尉指挥，这是一艘经过特别改装的 70 英尺型摩托鱼雷艇，由沃斯珀斯公司于 1940 年建造，在改装后原来位于艇身中部两侧的两具鱼雷发射管被转移到艇首甲板上并排布置，口径也由 533 毫米改为 457 毫米，改装的目的原是用于攻击停泊在布雷斯特港的德军沙恩霍斯特级战列巡洋舰，其作战意图是由快艇携带两枚加大战斗部但拆除推进装置的特殊鱼雷，从近距离发射以越过敌舰周围的防鱼雷网，鱼雷随后沉入目标下方，通过定时引信引爆，摧毁敌舰。对于鱼雷快艇成员来说，这无疑是自杀，但这项计划还是被仔细研究并着手实施。可是，在行动开始前“沙恩霍斯特”号、“格奈森瑙”号和“欧根亲王”号三艘德国主力舰在 1942 年 2 月 12 日成功突破英吉利海峡返回德国水域，于是突袭布雷斯特的计划被取消，MTB74 只好另行寻找发挥作用的战机，从而被圣纳泽尔突袭行动的策划者相中，其任务是对船坞外闸门或潜艇船坞闸门进行攻击。要么以 35 节的高速飞驰，要么以 6 节的龟速爬行，与突击编队保持的 15 节平均航速很不协调。所以在前往圣纳泽尔的途中，该艇也和 MGB314 一样，由友舰拖航。

所有应召而来的小舰艇都为了此次突袭而进行了专门改装，不过这项任务与它们最

■ 正在海上高速航行的摩托鱼雷艇 MTB74，最高航速可达 40 节

MTB74 相比编队中其他成员要小得多，排水量 50 吨，长 21.3 米，宽 5.9 米，吃水 1.9 米，却安装了 5 台引擎，包括 3 台 1250 马力帕卡德增压液冷发动机和 2 台福特 V-8 型液冷发动机，其中帕卡德发动机用于高速航行，最高航速可达 40 节，而福特发动机用于低速航行，这样的动力组合意味着 MTB74

初的建造目的不符。虽然这些小舰艇的适航性足以将突击队员运送到目的地，但向船坞突进的过程中将冒着极大的风险，难以承受敌军火力的攻击。它们装备的火炮无论是在数量上还是在口径上都无力与德军抗衡，除了在舰桥加装的薄钢板和防弹软垫以外，能够为舰员和突击队员们提供保护的仅有脆弱

的木制艇壳，甚至连步枪子弹都能击穿这层薄木板。为了完成从圣纳泽尔往返的航程，所有快艇都在甲板上加装了500加仑辅助油箱，其内部的易燃液体进一步增大了战斗中的危险隐患。

充满敌意的海岸

在1942年时，法国是一个分裂的国家，根据1940年6月法德达成的停战协议，整个法国北部地区和大西洋沿岸全部沦为德国占领区，剩下的法国南部地区由贝当(Petain)元帅领导的维希傀儡政府统治。作为胜利者的德国人很快就开始利用法国的工业能力和资源满足自己的战争需要，大西洋沿岸的各个港口变成德国海军对英国实施潜艇战的前进基地，到1941年底时，在布雷斯特、洛里昂、圣纳泽尔、拉罗切利以及波尔多都建立了潜艇基地。为了使潜艇免受来自空中和海上的攻击，德国人在上述基地兴建了规模宏大的混凝土洞库，便于潜艇安全地进行补给和修理。在突袭行动发动时，圣纳泽尔基地的潜艇洞库大约完成了2/3，港口的原有设施也大多为德国海军服务。

在港口防御方面，通往圣纳泽尔的卢瓦尔河口两岸原本就部署了属于法国海军第5军区的旧式194毫米海岸炮，在德军到来后又增添了各种口径的岸防火炮，构成更为严密的港口防御网。所有海岸火炮都由阿达尔贝特·楚克施韦特(Adalbert Zuckschwerdt)海军上校指挥的德国海军部队负责操纵。作为卢瓦尔河口地区的海军指挥官，楚克施韦特

■ 德军部署在圣纳泽尔码头上的20毫米高射机关炮，这些高射速轻型火炮将给英军突击编队造成惨重伤亡

负责当地的岸防任务及港口的防空任务，他的司令部设在拉波勒，一个位于圣纳泽尔以西约 13 千米的海滨度假胜地，对他而言，享受阳光海风要比保卫港口更加重要。楚克施韦特上校指挥的岸防部队包括一个海岸炮兵营、一个海军高炮旅及一支属于圣纳泽尔港口司令部的各类警卫部队。

卢瓦尔河口及圣纳泽尔港周边地区的海岸炮都属于第 280 海岸炮兵营，指挥官是埃多·迪克曼(Edo Dieckmann)海军上校。相比他的顶头上司，迪克曼显然更加尽职尽责，将营部设在河口最西端的舍莫林角。第 280 海岸炮兵营配备了口径从 75 毫米到 170 毫米的各种火炮，部署在拉波勒的 240 毫米列车炮(一说 283 毫米)也归该营指挥，共计 28 门火炮，其中不少是远程火炮，可以在敌舰进入卢瓦尔河口前就与之交战。

除了海岸炮外，德军在圣纳泽尔还部署了大量防空火炮，兼顾海空两方面的防御任务，统归第 22 海军高炮旅指挥，旅长为卡尔-康拉德·梅克(Karl-Conrad Mecke)海军上校，旅部设在距离舍莫林角仅有 500 米的圣马克村。第 22 海军高炮旅由三个营组成，分别是蒂森(Thiessen)海军少校的第 703 海军高炮营、科赫(Koch)海军少校的第 705 海军高炮营和布尔亨内(Burhenne)海军少校的第 809 海军高炮营，共装备了 43 门高射炮，大多是 20 毫米和 40 毫米机关炮，也有部分 37 毫米机关炮，这些火炮负责保卫河口近岸水域和港口本身，也控制着周围的天空。高炮旅还配备了大量探照灯，除了用于夜间防空外，也可以照射河口和河道，为火炮夜间对海射击指示目标，4 部 150 毫米大型探照灯犹如夜色中的眼睛，监视着卢瓦尔河口，部署在港口的大量 60 毫米探照灯为小口径火炮射击提供支援。

港口内部的警卫任务由圣纳泽尔港口防卫司令克勒曼(Kellerman)海军少校指挥的几个警卫连负责，他们都装备了轻武器和机枪，在港口和河道巡逻的小型舰艇也归克勒曼指挥。此外，在港口工作的德国人都可以迅速动员起来保卫码头，包括海军技术人员(可以编成 2~4 个连)、托特组织的德国劳工、驻港舰船的德国舰员及潜艇维修部队(非艇员)的技工等，他们都配备了武器，能够对英军突击队造成威胁。在行动当晚，有 4 艘巡逻艇和 10 艘属于第 16、第 42 扫雷舰支队的舰艇停泊在港内，还有 2 艘德国油轮正位于诺曼底船坞中。综上所述，当英军突击队从卢瓦尔河口向港口靠近时，在岸上至少有 5000 名德国人在等待着他们，是来袭英军人数的 8 倍！

除了岸防部队外，德国人还有更强大的后援，即德国陆军第 333 步兵师，该师师长鲁道夫·皮尔茨(Rudolf Pitz)少将的指挥部就在拉波勒。第 333 步兵师组建于 1941 年 1 月，官兵大多是来自前波兰领土的德意志人，1942 年初被部署到法国布列塔尼地区，负责防守从洛里昂到圣纳泽尔的海岸线。该师下辖的第 679 步兵团奉命驻守圣纳泽尔，指挥部也在拉波勒，虽然没有在城内驻扎，但在周边村庄都有驻军，随时准备向海岸机动，击退可能的两栖登陆行动。第 333 师虽是长期卫戍部队，但备战状况不佳，突袭行动开始后，该师反应迟钝，花了不少时间才组织部队展开反击。第 333 师的征战生涯也非常短暂，于 1943 年被调往东线南部，仅半年就因为伤亡惨重而被解散。

显而易见，诺曼底船坞是圣纳泽尔港内最重要的港口设施，奇怪的是在港内大部分德国人眼中，正在修建的潜艇洞库才是英国人攻击的首要目标，这些巨大的混凝土堡垒为德国海军第 6、第 7 潜艇支队提供安全保障。随着德国陆空军大部分主力被调往东线和苏联作战，德军潜艇部队已经是第三帝国武装部队中唯一能够有力打击英国的作战力量。德军在圣纳泽尔的港口防御计划都是围绕保卫潜艇洞库制订的，并且自信能够击退任何敢于登陆的入侵者。就在英军突击队出发前一天，德国海军潜艇部队司令邓尼茨海军上将造访圣纳泽尔基地，他询问第 7 潜艇支队指挥官赫伯特·佐勒(Herbert Sohler)海军少校，如果英军在港口登陆如何应付，佐勒的回答是英国人不可能进入港口。然而，就在此时，纽曼中校、莱德中校及其麾下的突击队员和水兵们正在不远的比斯开湾上向圣纳泽尔隐蔽航进中，他们很快就会让佐勒少校自食其言。

集结与最终方案

在 1942 年 2 月至 3 月中旬，联合作战司令部完成了“双轮马车”行动的所有准备工作，包括指挥官的选定、突击队员的选拔和战前训练、参战舰艇的编组和改装等。3 月中旬，突击队和小型舰艇开始向出发港口法尔茅斯集结，突袭行动如箭在弦。港口突然涌进十几艘装载辅助油箱和非标准武器的摩托快艇，难免会引起周边居民和当地部队的猜测和议论，为了隐蔽作战企图，行动指挥部决定编造一个谎言，声称这些舰艇将用于组建新的第 10 反潜打击群，负责在比斯卡湾海域进行远程反潜搜索。第 2 突击队成员从苏格兰启程，乘坐一艘由比利时北海渡轮改装的登陆舰“约瑟芬·夏洛特公主”号兼程南下，赶赴集结地。为了避开公众的视线，防止暴露行踪，他们大多躲在船舱里不露面，直到突击部队出发前往圣纳泽尔。爆破组成员则从加的夫和南安普敦直接前往法尔茅斯。

在部队集结完毕后，就要展开突击队与舰艇编队的联合演练，突击队员们要熟悉他们即将搭乘的舰艇，并努力适应长时间航行的颠簸。突击编队首先在锡利群岛海域进行远程航海训练，这些小舰艇在汹涌的大海上颠来倒去，摇摆无定，几乎没有人不晕船。类似的训练在集结完毕后两周内一直没有中断，直到所有人都习惯了海上风浪。摩托快艇编队也实施了夜间突入港口的训练以及在开阔海域的定位训练，并以普利茅斯港为假想目标进行了模拟攻击，但突击编队很容易被守卫部队发现，很多舰员因为探照灯光的照射而致盲，演练以混乱结束。

3 月 23 日，两艘狩猎级驱逐舰“阿瑟斯顿”号和“泰恩戴尔”号抵达法尔茅斯，负责

■ 为突袭编队护航的狩猎级驱逐舰“阿瑟斯顿”号

为突击编队护航，确保这支小舰队能够平安走完前往卢瓦尔河口的航程。3 月 25 日下午，本次行动的主角“坎贝尔敦”号也出现在法尔茅斯。改装后，该舰的外观与其他舰船迥然有异，在老水兵当中引发了一阵骚动，因为在夕阳下它太像一艘德国鱼雷艇了，这恰恰是行动策划者们所希望达到的效果。同时，“坎贝尔敦”号舰长也更换了，前任舰长被认为年龄偏大，不适合参与突袭行动，改由 33 岁的史蒂芬·比蒂(Stephen Beattie)海军少校继任。这个人事变动让莱德中校很高兴，因为他们俩是老相识了，早年在训练舰“雷神”号上学习时就是同窗好友，这层关系无疑有益于随后行动中的指挥和协调。

现在，参加“双轮马车”行动的部队和舰艇都已到齐，纽曼中校向所有人公布了行动的目标和任务细节。每位突击队员和水兵都获知了自己的任务和即将面对的困难，他们很清楚可能再也无法看到英格兰的海岸了。纽曼允许部下自行决定是否参加行动，即使选择退出也不会受到谴责或失去荣誉，但是没有人临阵退缩，大家都选择了以身犯险。

在最后确定的行动方案中列出了突击目标的优先顺序：第一目标是摧毁诺曼底船坞的内外闸门；第二目标是破坏船坞的附属设施，如升降机房和泵房等；第三目标是破坏其他港口设施，包括潜艇船坞闸门；第四目标是攻击港内的德军舰艇，尤其是潜艇，可以视具体情况决定是否攻击。为了完成上述任务，突击队将编为三个突击群，每个突击群由若干小组编成。第 1 突击群由伯尼(Birney)上尉指挥，将在港口南侧的旧防波堤登陆，清除码头南部的防空炮位，然后进入圣纳泽尔旧城，炸毁发电所、新入口船闸和连接新旧城区的多座桥梁，尤其要控制旧防波堤，因为那里是预定的撤退登船地点；第 2 突击群由伯恩（Burn）上尉指挥，目标是圣纳泽尔港区旧入口周边的德军防空炮及其港口指挥部，还要破坏入口处的船闸、桥梁，阻止德军的反击，第 1、第 2 突击群都搭载快艇；第 3 突击群由科普兰少校指挥，乘坐“坎贝尔敦”号直取诺曼底船坞，在驱逐舰撞击外闸门后登陆，破坏内闸门及附属设施。

在前往圣纳泽尔途中，两艘护航驱逐舰将和“坎贝尔敦”号以及摩托快艇们组成反潜队形前进，伪装成反潜巡逻编队，迷惑可能出现的德军侦察机。在靠近卢瓦尔河口时，护航驱逐舰将与突击编队脱离，后者改为战斗队形向港口前进。MGB314 号炮艇因为装备声呐和雷达，将作为前导舰引领整个舰队避开泥沼和浅滩，该艇两侧是鱼雷艇 ML160 和 ML270，共同构成前卫编队，如果遇到德军巡逻舰艇阻碍，它们将发射鱼雷，并以炮火开路。在前卫编队后方是由“坎贝尔敦”号和 12 艘摩托快艇组成的主力编队，驱逐舰位于队列前端，快艇分为左右两列纵队在其后方跟进，其中左纵队搭载第 1 突击群，右纵队搭载第 2 突击群。在主力后方是由鱼雷艇 ML446、ML298 组成的后卫，负责保护后方安全，最后是鱼雷艇 MTB74，它将作为机动力量使用，凭借大马力引擎保持阵位，伺机向船闸发射鱼雷。

在突击队员登陆后，所有摩托快艇都要在卢瓦尔河上集结待命，等候破坏任务完成。完成任务的突击队员将在旧防波堤集合，登

■ 圣纳泽尔港的航拍全景照片，从港口南侧入口上空拍摄，英军突击队的主要目标是摧毁照片上方的诺曼底船坞

艇撤退，鱼雷艇ML160、鱼雷艇170、鱼雷艇298、鱼雷艇446将在河面上来回运动，进行掩护，它们在前往圣纳泽尔途中不搭载任何突击队员，但归途中要负责撤运部队。突击编队所有参战官兵共622人，其中海军官兵357人，突击队员265人，预计战斗时间不超过2小时。

“双轮马车”行动计划在3月29日的夜间开始突袭，因为那时正值卢瓦尔河的最高潮位，但莱德中校认为编队已经准备就绪，担心天气出现变化，决定提前一天行动，在3月28日凌晨袭击港口。于是，3月26日14时，突击编队拔锚起航，从法尔茅斯出发进入英吉利海峡，向法国海岸驶去。

昼夜兼程

圣纳泽尔距离最近的英国港口有400千米之遥，突击编队预计要航行35小时，其航线穿越英吉利海峡西口，绕过布列塔尼半岛，进入比斯开湾。一旦离开受到重重保护的本国安全海域，编队随时都可能被德军飞机、潜艇或水面舰艇发现，即使没有遭到拦截，其航向和方位也会暴露，并受到严密监视，因此必须采取佯动航线以误导德军，尽可能隐藏行动的真实意图和目的地。

在离开安全水域后，突击编队将组成反潜搜索队形，从空中看3艘驱逐舰和18艘快艇犹如一个整体。航线设定尽量远离法国海岸，指向外海，如果途中被德军发现并受到跟踪，英国人希望编队被认为正驶向直布罗陀，如果编队向法国海岸靠近时暴露行踪，也会伪装成路过卢瓦尔河口，驶向更南方的拉罗切利。最终，在突袭行动开始前几个小时编队才会转向真正的目的地，从南面接近圣纳泽尔。

从法尔茅斯起航后，编队保持10节的稳定航速，航向西南，“阿瑟斯顿”号打头阵，两侧是拖带MGB314的“泰恩戴尔”号和拖带MTB74的“坎贝尔敦”号，16艘摩托快艇排成两列长纵队在驱逐舰编队两翼跟进，空中还有皇家空军的“飓风”战斗机提供护航。在离港6小时后，最后一架护航战斗机从低空掠过编队，向北方返航。26日19时，突击编队向南转向，以便与韦桑岛的雷区保持安全距离。26日夜间平静无事，27日黎明时分，天空中云淡风轻，能见度极好，但是好天气并没有给编队指挥官莱德中校带来好心情，他倒是更愿意海上多云多雾，这有利于避开德军侦察机的耳目。

7时，编队位于圣纳泽尔西南约140海里处，并向东略微转向，准备驶向法国海岸，编队航速下降到8节。几分钟后，“泰恩戴尔”号发现东面6海里的海面上有可疑目标，于是解开拖缆，前往查看，很快确认是一艘浮出水面的德国潜艇。“泰恩戴尔”号立即加速展开拦截。那艘潜艇停在海面上不动，直到相距约3.5海里时才发现英国驱逐舰，并发射了一枚火箭作为识别信号。“泰恩戴尔”号立即用信号灯回应以五次白色闪光，这纯属该舰舰长猜测的应答，没想到居然蒙住了德国人。驱逐舰逼近到5000米时突然开火，造成几发近失弹，潜艇才匆忙紧急下潜开溜。

13 分钟后，“泰恩戴尔”号又在附近海域投下一组深弹，爆炸的震动迫使潜艇上浮，但立即再度下潜。“泰恩戴尔”号在近距离再次开火，并在潜艇消失前从其航线上跨过。随后，驱逐舰开始搜索这片海域，尝试用声呐定位潜艇。“阿瑟斯顿”号也脱离编队赶来支援，两艘驱逐舰在海面上搜寻了 2 小时，试图猎杀这艘德国潜艇，但一无所获。莱德决定中止搜索，并寄希望于潜艇已经被击沉了。两艘驱逐舰高速返回与突击编队重新会合。莱德非常担忧那艘潜艇已经发现了突击编队并报告了坐标方位，在此后数小时内，编队中的所有人警惕地注视天空，寻找是否有德军侦察机前来窥探。

莱德很走运，那艘德国潜艇是 U-593 号，刚刚完成首次巡航正向圣纳泽尔返航。虽然该艇发现了突击编队，但因为英军驱逐舰的攻击而紧急下潜，没有来得及向上级报告，直到 14 时 20 分，艇长格尔德·克尔贝林(Gerd Kelbling)海军上尉确认安全后才浮出海面，向德国海军西方集群司令部发送电报，报告说发现 3 艘驱逐舰和 10 艘快艇正向西航行，实际上突击编队的航向是东南方，这份错误的报告和英军的佯动起到了隐蔽效果，德军指挥部判断这支小舰队正在执行布雷任务或途经此处前往直布罗陀。

遭遇 U-593 后不久，突击编队又和一群法国渔船相遇。根据情报，德军经常派观察员携带电台登上渔船出海，侦察英军行动。莱德在出发前就决定击沉途中遇到的任何船只，但眼前这些拖网渔船数量太多，不可能全部打沉，于是派出“阿瑟斯顿”号和“泰恩戴尔”号前去查探，选择了两艘渔船，在带走全部船员后将其击沉。法国渔民努力向莱德保证，他们的船上没有任何德国人或电台。

整个白天在紧张的气氛中度过了，天色渐晚，云幕低垂，为突击编队提供了掩护。17 时，编队从法尔茅斯得到警告，最新的航空侦察照片发现有 5 艘德国鱼雷艇正停泊在圣纳泽尔港内，有可能在港口附近与突击编队遭遇。2 小时后又传来消息，另外两艘狩猎级驱逐舰“克利夫兰”号和“布罗克尔斯比”

■ 德国海军 U-593 号潜艇，该艇曾与英军突袭编队遭遇，但未能及时报警

号已经出发，全速赶来增援突击编队。但是，这些德舰在英军到达前就出海了，在德军潜艇驶向圣纳泽尔的航道附近巡逻，可能因为U-593的报告而做出的反应。

18时30分，布利奥特(Briault)中尉指挥的ML341因机械故障失去了左引擎，这种情况在行动计划时早有预见，后卫编队中由福尔克纳(Falconar)中尉指挥的ML466奉命接下ML341上的突击队员，换乘耽误了不少时间，福尔克纳花了2小时才赶上主力，在抵达卢瓦尔河口时重新回到编队后列。由于无法修复引擎，ML341被迫独自向英国返航。突击编队保持8节航速向法国海岸靠近，在两次改变航向后，最终将前进方向对准圣纳泽尔。21时，编队已抵达距离圣纳泽尔约65海里处，两艘护航驱逐舰在此与编队分离，MGB314解开与“阿瑟斯顿”相连的拖缆，莱德中校和纽曼中校都从驱逐舰转移到炮艇上。随后，作为指挥艇MGB314发出信号，通知驱逐舰脱离编队。“阿瑟斯顿”号和“泰恩戴尔”号并没有远去，而在河口外海巡弋，等待突击编队归来。

MGB314在艇长柯蒂斯(Curtis)上尉的指挥下抵达编队前导位置，在它身后突击编队组成战斗队形准备向港口发起冲刺，航速增至12节，这是杀入敌阵前的最后一次集结。突击编队要冲进卢瓦尔河必须沿着特定的狭窄航道进行精确航行，以避开泥沼和浅滩。为了协助编队航行，由默文·温菲尔德(Mervyn Wingfield)少校指挥的英军潜艇“鲟鱼”号已经提前在河口附近事先确定的Z点等候，为突击编队提供关键的导航点。22时，“鲟鱼”号的灯光信号出现在突击编队前方，与此同时，比蒂命令“坎贝尔敦”号升起德国海军旗，以增强伪装效果。在经过一天一夜的长途跋涉，突击队在准确的时间抵达准确的突击地点，直到现在德国人都没有发觉英军的突袭企图，除了ML341的掉队，编队也基本保持完整，“双轮马车”行动正按部就班地顺利进行，而向鬼门关的最后冲锋即将开始。

逆流而上

接近午夜时分，皇家空军的轰炸机也出动了，按照计划在突击编队沿卢瓦尔河逆流而上时空袭港口，吸引德军的注意力，当突击队进入港口时，轰炸机将转而向城镇投弹，制造混乱。但是，阴暗的夜空、低垂的云层及丘吉尔对造成平民伤亡的担忧注定使轰炸行动难以按计划进行。在临出发前，每个机组都得到指令，只有在清楚地看到地面军事目标的情况下才能投弹，而且每次只能投一枚！它们充其量只是在空中盘旋，起到有限的骚扰作用。3月27日23时30分，来自皇家空军第51、第58、第77、第103、第150中队的35架“惠特尼”和27架“威灵顿”轰炸机飞临圣纳泽尔，保持在1800米高度盘旋，偶尔丢下一两颗炸弹，希望使德国人无暇注意海上的异动。在轰炸机群从海上撤离前，它们在港口上空徘徊了一个多小时，其间只有4架飞机向圣纳泽尔投弹，另有6架飞机尝试轰炸了邻近的目标。

在轰炸机成员们无聊地在夜空中转圈时，“坎贝尔敦”号上的气氛却极为紧张。蒂比茨中尉在前部船舱内开始设定引爆装置，并启动定时引信，无论行动成功与否，8小时后引信内的酸液将腐蚀铜线，触发雷管，引爆数吨炸药。这种延时引信并不十分精确，存在误差，蒂比茨估计将在28日5时至9时引爆，突击队员有足够的时间完成破坏任务并撤离。

轰炸机引擎在头顶嗡嗡作响，突击编队保持高度静默向港口接近，还没有遭到任何阻碍，但每个人都神经绷紧，尤其是指挥官们，他们盘算着德国人什么时候会做出反应。但是，当编队从勒克鲁瓦西克的海岸雷达站附近经过时，岸上还是没有任何动静，舰队加速穿过幽暗的海面向河口前进，一切都那么寂静，没有探照灯扫过海面，所有人都屏住呼吸。28日0时30分，编队从一艘幽灵般的沉船旁驶过，进入卢瓦尔河口。那是“兰开斯特利亚”号班轮的残骸，这艘16000吨的大型客轮在1940年6月17日从圣纳泽尔撤运滞留法国的英国公民和部队时，不幸被德军飞机炸沉于卢瓦尔河口，超过4000人丧生，酿成了英国海运史上最惨痛的海难事故和英国在“二战”中最高的单次沉船伤亡数字。15分钟后，突击编队又通过了夏特列海岸，其对面的吉尔达斯角上就是德军75毫米岸炮阵地，但突击编队依然没有被发现。前方的轰炸还在零零落落地进行着，偶尔可以透过云缝看到一两架盘旋的轰炸机。

此时在岸上，英军轰炸机的反常行动引

■ 1940年6月17日在卢瓦尔河口被德军飞机炸沉的“兰开斯特利亚”号班轮

起了梅克上校的疑心，它们没有像往常一样急于投下炸弹返航，反而漫不经心地在空中盘旋，看似随意地丢下几颗炸弹，上校认为其中肯定有诈！他在凌晨向所有部队发出警报：敌机行动诡异，可能实施空降。1 小时后，他又命令所有高射炮停火，探照灯也全部熄灭，以免帮助英军轰炸机确定港口的位置，并提醒部下注意海上的可疑情况。同时，港口警卫部队和在港舰船的舰员们也奉命离开防空洞，进入警戒位置。这时，突击编队又穿过里斯嘉丁内斯附近的浅滩，更加靠近卢瓦尔河北岸，在编队前方 3200 米就是舍莫林角，迪克曼上校的司令部和 150 毫米岸炮阵地就在那里，不过没有火炮开火。由此开始，摩托快艇编队穿过泥沼和沙堤，沿着人工疏通的河道向北航行，在德军炮口下向目标靠近，而“坎贝尔敦”号越过河口附近如迷宫般的浅滩，径直冲向码头，至少两次船底触碰到河床，但该舰没有减速，利用动能从浅滩上蹭过去了。

1 时 20 分，突击编队又溜过了里斯 · 莫里斯灯塔，但几秒钟后岸上一座探照灯突然点亮，光柱扫过编队后方的海面，又熄灭了，让所有人惊起一身冷汗。现在他们距离港口只有 3200 米了，似乎仍然没有被发现，运气好得难以置信。实际上在 1 时 15 分位于圣马克村的一个海岸观察哨就向港口司令部报告一支由 17 艘船组成的舰队正在靠近，但很快在黑暗中失去了目视接触。港口司令部没有预料会有船只深夜进港，拒绝相信这份报告。

圣纳泽尔港入口处的里斯 · 莫里斯灯塔，当年被英军突击编队作为导航参照物

目击报告也传到了梅克的司令部，他的参谋人员与港口司令部取得联系，得到了同样的回答，但梅克上校不以为然，采取了不同的行动，在1时20分向圣纳泽尔地区的所有德军单位发出警报：“小心登陆！”当地守军立即按照事先制订的应急预案展开行动，所有可用的部队、舰艇舰员、港口警卫部队和警戒舰艇及后方预备人员都被动员起来，防备可能发生的登陆行动。

河流两岸的探照灯齐刷刷地点亮并来回搜索黑暗的河面，迅速锁定了“坎贝尔敦”号的灰色舰体和它后方的快艇编队。经过易容的驱逐舰猛然看上去和猛禽级鱼雷艇颇为相似，让德国人困惑不解，这是从哪里冒出来的军舰，大半夜不打招呼就开进港口了，但仔细观察后又感觉有些不对劲。在犹豫中，一些德军炮手用轻型火炮进行了警告射击，炮弹从快艇编队头顶低低地飞过。同时，河流两岸的德军信号台也纷纷发出识别信号，要求英军编队表明身份。“坎贝尔敦”号上的首席通信兵派克(Pike)对此早有准备，立刻回复以“稍等”的灯光信号，同时又发出一个只有突击队员能懂的信号。在德国人做出回应前，派克就发出了事先拟定的虚假信号：“紧急！两艘快艇在与敌军交战中受创，请求立即入港！”岸上的德国人立即停止射击。在短暂停顿后，又有炮弹掠过夜空，这次是来自舍莫林角和埃韦角的大口径岸炮，派克立即发出信号：“你们正向友舰开火！”很快岸炮也停火了。“坎贝尔敦”号就在两岸德国人的注视下开进卢瓦尔河，坚定地向目标前进，此时距离船坞只有6分钟航程，渐渐将岸炮抛在身后。

派克的骗术并没有瞒住德国人多久，梅克和迪克曼终于确认这支正在进港的小舰队是英国佬！他们随即命令所有火炮封锁河面，摧毁入侵舰艇。不过，突击编队的虚张声势还是获得了超乎想象的效果，赢得了时间，船坞已经近在眼前，好戏才刚刚开始。莱德立即命令所有舰艇全力反击，“坎贝尔敦”号首先做出反应，舰员们撤下已经失效的德国海军旗，一面皇家海军旗在炮火中骄傲地升上桅顶！同时，舰首的12磅速射炮和两舷的20毫米机关炮也开始怒吼，摩托快艇编队也紧跟其后，向预定目标前进。瞬间各色曳光弹在河面上跳动飞舞，在击中舰船后爆炸，迸发出耀眼的光芒，卢瓦尔河上就像在上演一场大型焰火表演，海岸警卫部队的猛烈反击在分散的英军舰艇中立刻造成了重大伤亡。

只剩下最后5分钟航程了，英军舰员们用所有能找到的东西堵住弹孔裂缝，全速向目标冲刺。在编队前方，MGB314在抵达外港时与一艘系泊在内港南入口东侧防波堤上的德军警戒艇相遇，它正以凶猛的火力加入阻拦弹幕，向英军编队倾吐弹雨。MG314在至近距离上将全部枪炮都瞄准了警戒艇，全力开火，密集的高爆弹将它的船舷打得犹如筛子，很快警戒艇上的炮火就沉寂了，取而代之的是伤员的痛苦哀号。在随后几分钟内，每艘英军快艇从它身边经过时都会用机关炮敲打一番。

“坎贝尔敦”号的体形在这支小舰队中鹤

立鸡群，其重要地位不言自明，也成为德军火力集中攻击的目标。各种口径的炮弹如疾风骤雨般席卷该舰的甲板和上层建筑，引发了多处小火灾，碎片横飞，甲板下方的锅炉舱、轮机舱也被接连击中，船体的其他部分中弹更是不计其数。在甲板上，尽管特别焊接的防护装甲为突击队员们提供了一些掩护，但他们仍然被迫寻找其他隐蔽处，以躲避无处不在的枪弹和破片。他们必须忍受这种磨难，直到驱逐舰撞上船坞才能登岸向德国人还击，在那之前，甲板各处的伤亡不断增加。

在“坎贝尔敦”号敞开的舰桥内，舰长比蒂感觉到处充斥着金属燃烧的热度，已经难以驻足了，于是命令士兵们转移到操舵室内，那里的正面和两侧都安装了装甲板，能够抵御轻武器的射击，在正面留有一道宽 0.3 米的开口以观察前方情况，比蒂通过开口控制航向，驶向目标。他命令全速前进，计划以 20 节航速撞击诺曼底船坞的外船闸，但突然间他眼前一亮，什么都看不到了，一道几乎从正面射来的探照灯光柱使他瞬间失明。比蒂身边的舵手也被流弹打死，另一名舵手赶来接替，但刚碰到舵盘就被击倒了，现在只能由爆破专家蒂比茨来引领军舰航行了。

在视力恢复后，比蒂将目光专注于在前方领航的 MGB314，等待它向右舷转向以让出航道，使驱逐舰能够径直撞上船闸。这时，前主炮附近被一枚大口径炮弹命中，造成炮手和周围的突击队员多数伤亡。爆炸的闪光让比蒂再次短暂致盲，在烟雾消散后，他突

准确撞击在船坞南船闸上的“坎贝尔敦”号，舰首深深嵌入闸门

然看到内港南入口弯曲的防波堤，从而确定了方位，他果断下达舵令，让高速航行的驱逐舰靠近旧防波堤，向着几百米外的船坞闸门猛冲过去，在它前方MGB314也及时转向右舷。比蒂大声下令："准备撞击!"同时和部下们一起寻找坚固的支撑物，等待迎接巨大的冲击力。

在正前方，在枪炮的闪烁火光和探照灯的摇曳光柱映衬下，一面锈迹斑斑的黑色钢铁高墙在黑暗中隐约可见，那就是诺曼底船坞的南部闸门。突然舰体一震，撞上了保护船闸的防鱼雷网，但是超过1000吨的钢铁躯体带着巨大的动能轻易撕裂了铁网，势不可挡地继续前冲，数秒钟后，伴随低沉的金属颤音，驱逐舰的舰首狠狠地切入巨大沉箱的中央位置，在剧烈摇晃后停止下来。"坎贝尔敦"号的舰首在撞击中凹陷了10米！舰首越过闸门顶部，部分冲进了船坞，整个舰体嵌入船闸，4吨炸药正好倚靠在沉箱钢壁上，即使人工布设炸药也不可能放在比这更好的位置上了，简直是军事爆破史上最完美的杰作！这支从法尔茅斯射出的利箭终于正中靶心！此时是28日1时34分，仅仅比计划晚了4分钟！

前进！突击队员！

在"坎贝尔敦"号完成使命的同时，突击编队中的摩托快艇们还在饱受折磨。当德军最终确认来袭者的身份并开火拦截时，前卫编队和"坎贝尔敦"号已经深入卢瓦尔河，并越过了两岸重炮的封锁线，但是后续的快艇就没有这么幸运了，它们必须硬闯德军的防御火网，向码头逼近。现在，岸上的德军火炮已经完全从睡梦中苏醒，向河面上任何移动的物体疯狂扫射，十几部大小探照灯展开拉网式搜索，来回移动的光柱和纷飞的弹道构成一张不断变换形状的大网，笼罩在河面上，而飞驰的快艇在网下暴露无遗，顿时陷入交叉火力的打击中。MGB314搭载着莱德和纽曼，在"坎贝尔敦"号撞击船闸后，该艇就和前卫编队中的另两艘鱼雷艇ML270、ML160在搁浅的驱逐舰周围徘徊，为突击队员上岸提供火力掩护，跟在"坎贝尔敦"号后方的两列快艇纵队也顶着炮火向各自的登陆点接近。

计划在旧入口登陆的右纵队由斯蒂芬斯少校的ML192领头，该艇在"坎贝尔敦"号撞上船闸之前就被一枚大口径炮弹击中，引擎舱被撕开一道大裂口，损伤严重，立即失去控制，向左偏离航线，从左纵队行列中穿过，一头撞上码头的高大石堤，更多的炮弹命中这艘不幸的小艇，甲板上燃起大火，所有幸存者意识到这艘船没救了，斯蒂芬斯下令弃舰，但幸存者无法翻越眼前的石堤上岸，当残骸向下游漂移时，伤员们被送上救生筏，其他人只能游泳逃生。ML192上仅有5名突击队员和4名舰员幸存，艇上突击小组组长迈克尔·伯恩上尉虽然失去了大部分部下，仍然设法登上码头，继续完成自己的任务，最后他成功地抵达了计划夺取的一座高炮炮塔，却发现那里是空的。

从另一个角度拍摄撞上船坞闸门的“坎贝尔敦”号

ML262是右纵队的二号艇，由伯特(Burt)中尉指挥，运载着伍德科克(Woodcock)中尉的爆破小组，他们的目标是炸毁旧入口船闸，并在撤退时炸毁跨越旧入口的桥梁。伯特中尉看到失控的ML192横穿自己的航线，而且被探照灯晃花了眼，急忙做出规避动作，结果冲到了旧入口的另一侧，错过了预定登陆点。当他意识到这个错误时已经冲出几百米的距离。在ML262身后，比尔特(Beart)中尉的ML267也犯了同样的错误。两艘快艇急忙掉头，努力前往指定的登陆点。

右纵队四号艇ML268由蒂利(Tillie)中尉指挥，他看到前面两艘艇都冲过了头，于是自行寻找前往登陆点的正确航向。当ML268从河道中央转向旧入口时，他的快艇被近距离的精准炮火连续击中，油箱被引燃，整条快艇瞬间变成燃烧的地狱，不久发生了大爆炸，附近的河面都被泄漏的燃料点燃了，火光熊熊。蒂利中尉和半数舰员从火海中幸存，但运载的18名突击队员中仅有2人生还。

右纵队五号艇是芬顿(Fenton)中尉指挥的ML156，它在到达港区之前就连吃数弹，而且一发炮弹直接击中舰桥，打伤了艇长和突击队指挥官胡珀(Hooper)上尉。不过芬顿还是继续控制着快艇，在接近旧入口时因为实施规避动作而错过了登陆点。芬顿操纵快艇绕了一个大弯，尝试再次进入旧入口，终因伤势过重而无法支撑，将指挥权移交梅钦

(Machin)少尉。然而，来自河岸如瓢泼般的火力很快让梅钦少尉也挂了彩，快艇的转向机构和左引擎也被毁坏。艇上 3 名军官全部身负重伤，无法继续执行任务，仅剩一台引擎还能工作，依靠手动操舵，在如此困境下，ML156 选择了顺流而下，撤出战斗。

右纵队的最后一艘快艇是 ML177，该艇在罗迪尔(Rodier)中尉的指挥下成功避开了友舰的残骸，驶入旧入口，一路上满眼是燃烧的船只，呛人的汽油味扑鼻而来，受伤士兵的哀号撞击着鼓膜。虽然在逆流而行的过程中不断被击中，罗迪尔还是保持着高速冲向目标，但稍微冲过了头，他很快意识到这一点，并迅速转向将快艇停靠在旧入口南侧的台阶旁，此时距离"坎贝尔敦"号撞击船闸已经过去了 6 分钟。ML177 上搭载的由海恩斯(Haines)军士长指挥的突击小组在快艇靠岸后迫不及待地登上陆地，井然有序地进入附近如迷宫般的建筑群，原计划他们要与胡珀上尉的小组会合，共同消灭旧防波堤和旧入口之间的德军火力点，但后者永远都不会上岸了，正随着瘫痪的 ML156 沿河流撤退。

指挥艇 MGB314 在完成掩护"坎贝尔敦"号的任务后，离开河道进入旧入口，在南侧台阶上将纽曼中校和他的指挥部送上岸。莱德中校还用话筒命令 ML177 前往"坎贝尔敦"号的舰尾，撤下伤员和幸存的舰员。此时错过登陆点的两艘快艇正尝试重新登陆，ML262 驶进旧入口，并让搭载的突击小组在北码头上岸，伍德科克中尉的突击小组和摩根(Morgan)中尉的掩护小组在登陆后立即开始执行任务。与此同时，船坞附近的升降机房传来巨大的爆炸声，斯莫利中尉的爆破小组成功摧毁了目标。一艘停靠在潜艇洞库附近的港口警戒艇从近距离向进入旧入口的英军快艇猛烈开火，增添了更多的嘈杂和混乱。小口径炮弹和机枪子弹向 ML262 的舰员和分散的突击队员横扫而来，ML262 立即还以颜色，用枪炮全力还击。

伯特中尉操纵 ML262 倒行，撤离码头，但意外地发现伍德科克中尉的队伍正跑回码头，于是重新靠岸让突击队员登艇。摩根中尉告诉伯特，他看见了命令所有部队撤退的信号弹，但事实并非如此，可能是天空中交织着各种颜色的曳光弹混淆了他的视线而产生了误判。伯特再次离开码头准备撤退时看到完成任务的斯莫利小组正沿着码头跑过来，大声要求登艇，于是 ML262 第三次靠岸接人，此时这艘小艇已经人满为患了。就在伯特准备掉头驶向开阔水域时，一排炮弹击中了 ML262，引燃了部分甲板，并打坏了艇上的所有武器，包括斯莫利中尉在内的很多人当场阵亡。所幸快艇的引擎和舵机还能使用，伯特立即开足马力向下游撤退。

ML267 紧跟着 ML262 进入旧入口，上面搭载着纽曼的预备队，由莫斯(Moss)军士长领导的小组。艇长比尔特中尉努力将快艇开到入口南侧，试图让突击队在码头台阶附近的沙滩登陆，但并没有成功，仅有少数人上岸，但几乎立刻被召回，因为 ML267 遭到密集火力袭击，被迫从海岸撤退。德军的火力极其凶猛，甲板上四处蹿起火苗，火势很快扩散开来，将整艘快艇都点燃了，无助地漂浮于河道中央。比尔特中尉下令弃舰，还能行动的人爬上了救生筏或自行游向岸边，莫斯和他的很多部下在水中被机枪打死，其他人或者被烧死，或者被淹死，最后比尔特中尉及其10名舰员，还有8名突击队员都丢掉了性命。

最后进入旧入口的是MTB74，在逆流而上途中，快艇的5台引擎中有一台中弹失效，艇长温中尉操艇驶向莱德的MGB314旁边接受命令，因为现在“坎贝尔敦”号正好骑在南部船闸上，MTB74已经不需要按照计划对船闸底部发射鱼雷，如果“坎贝尔敦”号撞击的部位不合适或撞击失败，莱德可能命令MTB74实施补充攻击，以破坏船闸。

船坞大破坏

当右纵队的快艇在旧入口登陆点奋力拼搏时，“坎贝尔敦”号上的突击队员也按计划对诺曼底船坞实施破坏行动。在“坎贝尔敦”号撞上船闸后，比蒂舰长的任务已经完成了，他现在要做的是让舰员们撤离，并彻底破坏这艘驱逐舰，一旦舰上的炸药没有在合适的时间爆炸，也能让军舰牢牢地陷在卢瓦尔河的淤泥中，成为一艘堵塞船，挡住船坞入口。此时，驱逐舰成为德军持续倾泻火力的死靶子，“坎贝尔敦”号的两舷被各种炮弹子弹反复击中，导致大量突击队员和舰员伤亡，德军布置在附近建筑房顶上的轻型火炮和机枪居高临下，向军舰暴露的甲板喷吐火焰，在河对面，位于勒普安托的75毫米岸炮与部署在米登角的40毫米机关炮一起向驱逐舰实施集火攻击。

在“坎贝尔敦”号刚撞上船闸时，纽曼的副手科普兰少校就催促突击队员们穿过油料燃烧产生的浓烟，跳上沉箱执行破坏任务。罗德里克（Roderick）中尉的小组很快从右舷跳下，径直冲向第一个目标——附近一座用沙袋垒成的炮位。突击队员一边冲锋，一边用汤姆森冲锋枪和布伦轻机枪猛烈射击，德军炮手来不及做出反应就连同火炮一起被干掉了。突击队立即转向下一个目标——一座顶部配置有37毫米机关炮的水泥碉堡，这门火炮及其炮手被投掷准确的手雷解决了，碉堡里的其他德军试图逃跑，均被击毙。附近的第三门火炮在受到突击队攻击前就被河中的炮艇端掉了。罗德里克小组的最后一个目标是引燃地下燃料罐，突击队员们丢下燃烧弹，令人失望的是油罐并没有被点燃。此时，罗德里克已经损失了4名部下，他现在要建立防御阵地，派人掩护侧翼，防止德军从船坞东面进行反攻。中尉很快完成了防御部署，同时留意天空中是否出现他期待已久的撤退信号。

从驱逐舰左舷出击的第一个突击小组由罗伊（Roy）中尉指挥，其首要目标是消灭泵房顶部的两门火炮，但是德国人在突击队员抵达前就沿着泵房外侧的楼梯逃跑了，当罗伊和手下从楼梯冲上房顶时，发现火炮已经被放弃了，于是迅速布置了炸药，沿楼梯撤出。罗伊的下一个目标也是他最重要的任务——夺取并坚守通往旧入口地区的桥梁，直到爆破小组完成任务后由此向旧防波堤撤退，最后由伍德科克中尉的小组炸毁这座桥。然而，伍德科克小组已经在ML262上蒙受惨重伤亡，正在撤出战斗。罗伊带领部下穿过棚屋间的狭窄通道冲到桥上，发现无人把守，他命令手下迅速建立防御阵地，掩护其他小组行动，全然不顾自己正身处敌人的猛烈火力之中。

跟随罗伊小组上岸的是钱特中尉和4名军士组成的爆破小组，其任务在重要性上仅次于破坏船闸本身，他们要破坏泵房及其内部机器，尤其是用于船坞排水的叶轮泵机组，这些设备位于水下12米，与船坞底部齐平，一旦遭到破坏，即使船闸未能被摧毁，船坞也无法排干海水，从事舰船的维修作业，而且修复这些桨叶要花费数月甚至一年的时间。钱特中尉和张伯伦(Chamberlain)中士在突入卢瓦尔河的过程中腿部已经受伤，移动困难，他仍然机智地指挥部下登岸并冲向目标，但泵房大门紧锁，突击队员们小心地布置好炸药，炸开大门冲了进去。泵房内的机器布置就和他们在南安普敦的演练中见过无数次的模型一样，电动机的线路、变压器、开关面板、成排的仪表，都是如此熟悉。

伤势较重的张伯伦中士越来越虚弱，于是钱特命令他留在升降机房守卫，其他人跟他进入水泵所在的地下室。中尉的腿伤剧烈疼痛，他只能在部下搀扶下沿着“之”字形楼梯下到泵房底部，每个人都携带了27千克炸

■ 诺曼底船坞内景，在“坎贝尔敦”号成功撞击后，突击队员按计划登岸展开破坏行动

药。周围没有灯光，突击队员们只能摸黑沿着楼梯前进，泵房的楼梯设计与南安普敦的训练设施不太一样，中间的平台四通八达，差点让钱特中尉等人迷路，但他们最终抵达了泵房底部，在淡蓝色的手电筒灯光下，他们看清了泵房的布局，与英王乔治五世干船坞的泵房非常相似。对于安放炸药的位置和流程他们已经反复练习多时，即使蒙上眼睛也能准确完成。在安静的地下室中，突击队员们开始在叶轮泵的关键部位放置炸药并连接起爆线。这里一共有 4 台并排的大型叶轮泵，每台都由其上方 12 米的电动机通过一根粗大的金属传动轴带动，所有叶轮泵上都布置了特别成形并用防水材料包裹的炸药，所有爆破点都是普里查德上尉事先选定好的，能够起到最大的破坏作用。所有突击队员各自布好炸药和起爆线，然后将它们与一个中央起爆装置连接，由双雷管和缓燃安全引信构成，通过手动起爆器启动，这是一个双重起爆系统，无论是雷管还是引信哪个先起作用，都能同时引爆所有炸药。

爆破手们陆续完成工作并向钱特报告准备就绪，在所有炸药安放完毕后，钱特确认起爆装置已经连接妥当，剩下要做的事就是启动延时 90 秒的引信并撤出泵房。钱特的伤势越来越重，他知道从楼梯爬回地面很困难，而且他必须亲自控制起爆，于是让两名中士金(King)和巴特勒(Butler)先行撤退，将留守在上面的张伯伦带出泵房，并破坏上层设备，他自己和多克林(Dockerill)中士完成最关键的爆破。钱特在黑暗中等待上面传来清理完毕的信号，然后和多克林一起装好雷管，启动引信，在中士的帮助下一步步跳上楼梯，开始漫长的攀登，在回到地面后他们尽快离开泵房并寻找隐蔽，几乎与此同时，一声巨大的爆炸响彻整个港口，身后的泵房喷出一股浓烟，迅速弥漫开来。超过 100 千克炸药在狭小空间内爆炸，其威力是毁灭性的。当钱特等人回到爆炸现场查看时，发现泵房的大部分地板塌陷了，两台电机直接掉进泵室内，另外两台也脱离基座彻底报废了，没有必要进行其他破坏了，于是他们心满意足地点燃了从受损变压器中泄漏的油，让泵房的废墟被火焰吞没。在火光中，钱特看到了负责破坏船坞周边设施的蒙哥马利上尉，并向他报告任务已经完成，随后被告知可以通过罗伊小组控制的桥梁前往旧防波堤，准备撤退。

在钱特小组摧毁泵房之前，圣纳泽尔的夜空中已经充斥着此起彼伏的爆炸声，斯莫利小组引爆了距离“坎贝尔敦”号 50 米的升降机房，他们是紧跟钱特小组跳出驱逐舰舷外的，沿着有水的渠道从船闸抵达升降机房。这座低矮的单层建筑中有巨大的马达和转轮，用于控制沉箱的运动，是个容易摧毁的目标。斯莫利和部下很快完成了爆破准备，在短短几分钟内升降机房就变成了一堆残垣断壁。在向蒙哥马利上尉报告后，斯莫利小组奉命撤退，如前所述，他们没有按计划前往旧防波堤登船，而是利用机会登上了正好在旧入口南部台阶附近的 ML262，不幸的是快艇很快中弹起火，斯莫利和部分突击队员牺牲。

■ 一幅诺曼底船坞南部船闸的近景照片，“X”处即“坎贝尔敦”号的撞击位置，背景中的建筑物即泵房

在钱特和斯莫利两个小组登岸之后，埃切斯(Etches)中尉的爆破小组也展开行动，他们的目标是诺曼底船坞的北部船闸及其升降机。埃切斯小组分为两队行动，第一队由珀登中尉和4名下士负责炸毁北面的升降机房，第二队是布雷特中尉和8名军士负责破坏北部船闸，而丹尼森(Denison)中尉率4名全副武装的突击队员负责掩护上述两队完成任务。此外，布雷特小队还临时得到了伯滕肖小组的支援。按照计划，如果“坎贝尔敦”号未能撞上船闸，将由伯滕肖小组炸毁南部船闸，但是比蒂出色的航海技术让伯滕肖小组只能另行寻找目标了，于是加入对北部船闸的攻击。

在驱逐舰成功撞击船闸之后，埃切斯、珀登、布雷特、伯滕肖等人就带着各自的部下登岸奔向目标，丹尼森的掩护小组中有两位队员因腿部受伤被迫留在甲板上等待撤离，这样只有3个人掩护爆破小组的行动。埃切斯中尉在奔跑过程中不幸多处中弹，几乎难以动弹，显然不能带领部队前往船坞北端，只能让各小组各自行动。船坞长达350米，突击队员们必须在黑暗中寻找合适的前进路线，尽量远离探照灯照射，躲避敌军火力。丹尼森和两名队员冲在最前面，很快遇到猛烈和精准的阻拦射击，德军埋伏在码头一侧的战壕中向突击队开火。按照战前制定并反复训练的战术，丹尼森快速移动，转移德军的火力，另外两人准确地投出手雷，将战壕里的德国兵全都送去见上帝了。然后，丹尼森越过北部船闸和升降机房，命令部下展开防御线，保护爆破小组，以免他们受到从北侧前来的敌人的攻击。

珀登小组以最快的速度到达升降机房，同时布雷特和伯滕肖的小组也抵达横穿船闸的道路。珀登小组的任务和船坞另一端的斯莫利小组一样，他们迅速在升降机的马达和转轮上安放炸药并布好引线，但是要等待布雷特和伯滕肖摧毁船闸后才能引爆。珀登派出一名军士前去告知两位同僚已经准备就绪，但他遇到猛烈的轻武器射击而受伤。此时船闸附近的形势非常危急，爆破小组吸引了附近多处隐蔽地点的德军火力，子弹在马路和船闸上四处反弹溅射。这里的地形也和南安普敦的船坞不同，增加了行动难度。爆破小组计划使用两种炸药摧毁北部船闸，一种重8千克的水下炸药，共有12块，布置在船闸面向佩赫特港区的沉箱壁上；另一种是圆盘形炸药，安放在船闸内部的空心隔舱内。然而，当突击队员试图打开道路中间通往船闸内室的检查门时，意外地发现沉箱顶部被铺上了木板，并用沥青密封，增加了安放炸药的难度。

布雷特在到达船闸位置不久就被击中，两个小组均有多人伤亡，敌方火力密不透风地封锁了毫无遮掩的路面，突击队员一个个中弹倒地，但是凭借顽强的毅力和无比的决心，水下炸药成功地布置在船闸外侧，并与起爆装置连接。但是，在船闸内部安放炸药的行动在多次尝试后都宣告失败，伯滕肖试图炸开船闸顶部的天窗，但没有成功，爆炸声引来了德军更加凶猛的火力压制，停泊在

诺曼底船坞的航拍照片，“双轮马车”行动的主要目标就是破坏这处大型船坞

佩赫特港区内的德军舰艇上以及船坞内停放的两艘油船上都有机枪向突击队猛烈开火，密集的弹雨从四面八方倾泻而下，不断蚕食着突击队的力量，伤亡持续增加，几乎每分钟都有人牺牲，其中包括伯滕肖中尉。在两位指挥官先后伤亡的情况下，由卡尔(Carr)中士负责指挥行动，他意识到无法在船闸内部安放炸药，决定放弃这部分计划，直接引爆水中炸药。随着一声沉闷的爆炸，一股高大的水柱在船闸外侧升起，当卡尔从船闸附近返回隐蔽处时，他听到河水从破洞涌入船闸的声音，就像瀑布落入洞穴产生的回响。船闸可能没有被彻底摧毁，但这样的破损也够德国人修上一阵了。

破坏北部船闸的任务已经尽最大努力完成了，受伤的布雷特中尉命令部下向旧防波堤撤退，留下伯滕肖和其他6名战友的遗体，他们都是在船闸上执行任务时中弹牺牲的，而能够撤退的人大多有伤在身。珀登小组也接到了引爆信号，北部升降机房也在升腾的火焰中被彻底破坏，爆炸声让筋疲力尽的突击队员们感到少许振奋，他们必须尽快离开船坞，经由罗伊小组守卫的桥梁撤退。

在第3突击群的突击队员们有条不紊地完成爆破任务时，纽曼中校也从MGB314上登岸，在罗伊小组所在的桥梁南面建立了指挥部，巧合的是那里原本就是一座德国人的码头指挥部。纽曼中校身边只有7个人，而且很快就遭到来自潜艇船坞方向的火力袭击。原计划莫斯军士长带领的预备队将赶来会合，现在却不见人影，纽曼并不知道，莫斯小组已经随着ML267的毁灭全军覆没了。不过，在指挥部建立不久，纽曼欣喜地看到由海恩斯军士长带领的突击队员前来报到，他们原本的任务是摧毁旧入口和旧防波堤之间的德军炮位，但那些炮位实际上空无一物，于是海恩斯小组转而前往纽曼的指挥部，准备接受新的命令。纽曼将这个突击小组作为掩护力量部署在指挥部附近，并且焦急地等待其他小组的消息。

浴血防波堤

在船坞和旧入口登陆只是全部计划的一部分，左纵队搭载的第1突击群要在旧入口南面的旧防波堤登陆，并控制旧城。左纵队的先头艇是ML447，由派亚特(Piatt)中尉指挥，搭载着伯尼上尉和14名突击队员，他们受命攻击旧防波堤，消灭上面的两座碉堡。然而，和右纵队领头的ML192一样，ML447在靠近旧防波堤时遭到敌方火力的毁灭性打击，艇上的20毫米机关炮被摧毁，炮手和很多突击队员壮烈捐躯。德军从高高的石堤上方用轻武器连续射击，并投下手榴弹。派亚特努力操纵快艇靠近登陆点，但在敌方火力干扰下还是错过了，于是掉头重新尝试，此时一枚大口径炮弹击穿了艇壳在引擎舱内爆炸，失去动力的快艇很快燃起大火，慢慢从码头漂走了。派亚特下令弃舰，所有能动的人都跳入水中，有人被河水冲走或淹死，还有人被打死在河里，只有少数人到达岸边。不久，博伊德(Boyd)中尉指挥的ML160赶来救援，接走了幸存者。

跟在 ML447 后面的 ML457 要成功得多，艇长科利尔（Collier）中尉操纵快艇直接靠上旧防波堤的登陆台阶，艇上的三组突击队员顺利上岸，包括爆破专家普里查德上尉指挥的四人指挥组、沃尔顿（Walton）中尉的爆破小组和沃森（Watson）中尉的掩护小组。当快艇靠近防波堤时，突击队指挥官看到一群德军高举双手沿着石堤奔跑，以为是守卫碉堡的德军士兵投降了，于是迅速率领部下登岸执行任务。随着突击队登上旧防波堤，科利尔也指挥 ML457 离开岸边，回到河流中央，等待突击队完成任务后召唤它接应撤离。

左纵队的三号艇是沃利斯（Wallis）中尉的 ML307，搭载着布拉德利（Bradley）上尉的爆破小组，他们的目标是南侧新入口的中央船闸。当沃利斯驾驶快艇开向旧防波堤时，他听到 ML447 艇长派亚特的大声警告："不要过去，那里不可能登陆！"但是沃利斯已经来不及改变航向，而且对登陆地点也判断错误，德国守军从快艇上方的石堤上用轻机枪不断扫射，丢下的手榴弹在甲板上爆炸。沃利斯操纵快艇倒退并再次尝试登陆，却被水下障碍物卡住而一度搁浅。德军的密集火力造成多数突击队员伤亡，布拉德利意识到以现有的人手不可能完成任务，在与沃利斯沟通后决定放弃登陆。ML307 撤退到河流另一侧，再度被德军探照灯锁定并受到攻击。

ML307 身后是霍洛克（Horlock）中尉指挥的 ML443，他被探照灯的强光弄得眼花缭乱，结果错过了旧防波堤。他掉转船头再次试图靠岸，但河面上的混乱和德军的强大火力迫使他撤退，紧跟其后的由亨德森（Henderson）中尉指挥的 ML306 也遇到同样情况被迫撤出。左纵队最末尾是福尔克纳中尉的 ML446，在布利奥特的 ML341 因引擎故障返航后，原本作为掩护艇的 ML446 成为突击队搭载艇，它也和前两艘艇一样冲过了防波堤，并落入岸上德军的火力陷阱，艇上的火炮全部被毁，炮手死伤殆尽，突击队指挥官霍奇森（Hodgson）中尉殉职，两名突击队员受伤。面对如此严重的损失，福尔克纳认为再次尝试登陆毫无意义，于是决定撤退。

与 MTB74 一起殿后的 ML298 由鲍勃·诺克（Bob Nock）中尉指挥，艇上没有搭载突击队员，它现在的任务是从远离岸边的河面上攻击德国守军，并等待时机撤走部队。诺克驾艇穿过旧防波堤附近燃烧的沉船向诺曼底船坞航行，沿途寻找可以攻击的目标。ML298 也没有逃过德国人的视线，和其他快艇一样遭到炮火袭击，有所伤亡。

相比第 2、第 3 突击群的行动，第 1 突击群在旧防波堤的登陆近乎失败，原计划靠岸的 6 艘快艇中仅有 1 艘取得成功，左纵队搭载的 70 名突击队员仅有 20 名上岸，他们迅速前往内陆展开行动，但负责夺取旧防波堤的伯尼小组还未上陆就被消灭在河里，德国人依旧控制着防波堤，以现有兵力根本无法夺取这一目标。在河面上，被击毁的快艇正在燃烧，其余快艇也经受着岸上炮火的蹂躏。登陆旧防波堤失利意味着突击队失去了撤退路线和登船地点，但纽曼此时对此并不知情，他收到了诺曼底船坞被成功破坏的好消息，在他看来，行动到目前为止进展相当顺利。

孤身战旧城

在“坎贝尔敦”号撞击船闸15分钟后，卢瓦尔河已经变成一座混乱喧嚣、水火煎熬的人间地狱：被毁的快艇正在下沉，河面上到处是燃烧的残骸，泄漏的汽油流淌在河水中，被点燃后火光灿灿，宛如跃动的魔影。伤员们在河水里无助地挣扎、呼救，有的人则静静地等待死神的降临。自从辨明入侵者的身份后，两岸德军的火力就没有丝毫减弱，不给突击部队任何喘息的机会，即使那些早已伤痕累累的快艇也遭到反复攻击，伤员不断增加，死者难以计数，在暴露的河面上找不到任何隐蔽，能够还击的枪炮也损失殆尽，此时河面上还活着的人只要还有理智都明白突袭行动该结束了。一些幸存的快艇开始掉头沿卢瓦尔河顺流而下，驶向大海，他们的指挥官意识到继续留在圣纳泽尔致命的河面上必死无疑。

在离旧防波堤不远的内陆，左纵队中唯一成功登陆的突击队正准备完成预定的任务。沃森中尉的掩护小组冲在前面，他们误认为伯尼小组已经夺取了旧防波堤，未查明身后的情况就向目标前进，后面跟着沃尔顿小组和普里查德小组。作为突击部队的首席爆破专家，普里查德的任务是爆破指挥，在训练各个小组如何完成任务后，他要亲自到场确保行动顺利进行，所以他自己没有指定的目标。沃尔顿小组被指派破坏跨越港口南部入口的吊桥，将圣纳泽尔旧城与城市其他地区隔离开来，防止德军从那里发起反击。当他们执行任务时，沃森中尉和他的4名部下将提供掩护。

沃森小组和沃尔顿小组在靠近旧城广场时失散了，这片开阔地带被德军的交叉火力封锁，难以立足，突击小组寸步难行。沃森尝试从西侧迂回，但立刻遇到了麻烦，不得不隐蔽起来。沃尔顿想从广场另一侧前往吊桥，同样遭到火力突袭，他在部下眼前中弹倒地，剩下的人只能寻找隐蔽，无法移动，有人在卧倒的地方被击中，沃森也受伤了，几乎到处都隐藏着敌人，子弹从不同的方向朝着暴露的突击队员袭来。

普里查德上尉和他的四人小组通过另外一条路线避开了旧城广场的火力地带，抵达了在突击计划中标注为D号目标的吊桥，但发现这座桥已经荒废良久，桥头周围非常开阔，桥头左侧的一座小屋是唯一可以提供隐蔽的地方，而在船闸另一侧一个德军火力点正不停地向他们开火。5个人蜷伏在小屋后面等待沃尔顿小组的到来，但过了好一会儿都不见人影。普里查德看到两艘船停在不远处的潜艇船坞里，于是决定消灭它们。在麦克拉根(Maclagan)下士的掩护下，他冲过60米宽的开阔路面，到达船只系泊的码头旁，它们是法国拖船“冠军”号和“波尔尼克”号。两人爬上第一艘船，在两船之间布设了炸药，启动引信后又冲回小屋隐蔽起来。普里查德不想继续等待沃尔顿小组，决定带上麦克拉根下士去南面查看负责破坏其他桥梁和南入口船闸的小组进展如何，同时命令余下 3 名部下前去破坏 D 桥。在他们离开隐蔽处的同时，安放在拖船上的炸药也爆炸了，发出一声闷响。

普里查德和麦克拉根一路向南快步前进，希望遇到其他 3 个爆破小组的成员，奇怪的是他没有发现任何一名突击队员的身影。实际上，除了沃尔顿小组外，再没有其他爆破小组上岸。普里查德决定返回 D 桥和部下会合，两人沿着旧城狭窄弯曲的街道悄悄前进，不巧在一处拐角遇到一名德国兵，在惊愕间一柄刺刀捅进了上尉的腹部，鲜血汩汩流出，他颓然倒地。麦克拉根急忙冲上前用冲锋枪结果了那个受惊的德国兵，但普里查德表情痛苦，生命垂危，他命令麦克拉根独自返回与其他人会合。麦克拉根不想丢下长官，决定找些人帮他带走上尉。当他来到吊桥附近的水泥小屋时失望地发现，除了沃尔顿中尉的尸体什么都没有，他只好前往纽曼的指挥部找人帮忙。战斗结束后，德国人在吊桥上发现了未引爆的炸药，不知道是沃尔顿在临死前安放的，还是由普里查德小组的成员安放的。此时，在旧城广场，沃森再次尝试接近目标，但依旧掉进德军的火力口袋中，其他突击队员也被敌军打散了，沃森决定前去纽曼的指挥部报告旧防波堤方向的危急情况。

河面上的战斗

在纽曼指挥部的另一边，靠近旧入口的河面上，莱德中校仔细检查了“坎贝尔敦”号，确认舰上已经没有任何人后，他高兴地听到舰尾炸药爆炸的闷响和舰体进水的响声，目睹这艘旧驱逐舰开始坐沉在卢瓦尔河底，比蒂少校及其部下的最终任务也完成了，现在该寻找回家的交通工具了。

因为“坎贝尔敦”号完美地卡在船闸上，莱德决定让 MTB74 采取行动，用特制鱼雷攻击潜艇船坞的船闸。温中尉已经等候多时，他的鱼雷艇已寄托了太多人的期望，而此时此地正是发挥它特殊功用的最佳时机。伴随一声咆哮，MTB74 马力全开，在转了一个大圈后高速穿过旧入口冲向紧闭的潜艇船坞闸门，在接近到足够距离时，两枚鱼雷从发射管中一跃而出，一头撞上钢铁闸门，发出沉重的声响，看着鱼雷缓缓沉入船闸底部，MTB74 掉头离开，剩下只有等待延时引信触发炸药的激动时刻。完成任务的温中尉驾驶快艇返回“坎贝尔敦”号尾部，接走剩下的舰员和受伤的突击队员，然后顺流而下驶向外海。

MTB74 在 5 台引擎驱动下可以达到 40 节的高速，对于在河口两岸翘首以待英军返航的德军岸炮来说是一个难以攻击的目标，以如此高速航行只需 10 分钟就能到达外海。温中尉下令全速前进，小艇立刻飞奔起来，艇首激起高大的浪花。5 分钟后，温发现一艘救生筏漂浮在河道中央，上面有两个人，尽管他得到命令不允许停船救助幸存者，但他还是觉得不能见死不救，于是减速停船慢慢靠近随波起伏的救生筏。在水面静止不动使 MTB74 失去了最大的防身法宝，更糟糕的是它正好停在埃韦角德军 170 毫米岸炮的炮口下，突然间两枚重磅炮弹砸在小艇身上，将艇壳击得粉碎，温中尉为他的仁慈和热心付出了代价，只能下令弃舰，所有能动的人都迅速跳到河里。

在突击队登陆的同时，负责掩护的 3 艘鱼雷艇 ML160、ML270 和 ML298 也在远离旧入口的地方与德军火炮激烈交火。欧文(Irwin)中尉的 ML270 很快舰尾中弹，转向机受损，无法操纵，被迫切换成手动操舵。由于难以操纵，该艇不可能继续参加突击行动，艇上也没有搭载突击队员，于是 ML270 驶向河道中央并向河口返航。

博伊德中尉的 ML160 在交战中也被击中数次，一台引擎损坏。由于旧入口和旧防波堤方向形势非常混乱，博伊德决定前去帮助正在石堤下燃烧的 ML447，他驾驶快艇靠近严重受损的友舰，将幸存者接上甲板。在所有人都登艇后，博伊德意识到残骸燃烧的火光使 ML160 成为一个显眼的目标，于是立即发动引擎离开。在顺流而下一小段后，博伊德再次停船从水中救起 3 个人，这时埃韦角的大口径岸炮向他们开火，炮弹落在快艇两舷，形成了跨射，十分惊险，炮弹破片在艇身上留下了更多的伤痕，造成了更多的流血，但 ML160 运气不错，没有被炮弹击中，很快重新上路，虽然仅有一台引擎驱动，航速缓慢，但该艇最终还是回到了海上，并修好损坏的引擎，以全速踏上归途。

诺克中尉的 ML298 也和其他友舰一样被敌军火力重创，多次中弹，诺克最后决定返航。他操纵快艇靠近旧入口和旧防波堤，寻找想要登船撤离的突击队员，但一个人都没有找到，而水中燃烧的汽油点燃了艇尾，火势越来越大，在沿河而下的航程中就像一个为岸上德军指明目标的火把。当 ML298 接近里斯・莫里斯灯塔时，厄运终于降临了，几发大口径炮弹准确击中了这艘快艇，多数舰员死亡或受伤，诺克下令弃舰，幸存者登上两艘救生艇。

伯特的 ML262 在搭上斯莫利小组后顺流而下，遇到了刚离开旧防波堤的 ML457。作为唯一在旧防波堤成功登陆的快艇，ML457 现在却情况不妙，中弹起火，随波逐流。ML262 毫不犹豫地前往救助，小心地靠在燃烧的友舰舷边，突然几束德军探照灯的光柱锁定了近乎静止的两艘快艇，一阵弹雨接踵而至，ML262 的舰桥、引擎舱和舰尾都被大口径炮弹击中，彻底摧毁了这艘快艇。弃舰命令下达后，所有活着的人都跳入昏暗的水中，但只有少数人得以幸存。

罗迪尔中尉指挥 ML177 在旧入口成功地将突击队员送上岸后，就奉命撤走“坎贝尔敦”号上的舰员和伤员，最后满载着 50 多人回到河流中央，跟在仅有一台引擎推进，且手动操舵的 ML156 身后，两艇结伴开始返航。然而，在 ML177 即将抵达外海时，不幸被勒普安托的德军 75 毫米岸炮击中并下沉，罗迪尔和蒂比茨中尉一同阵亡，但比蒂少校活了下来，他紧紧抓住一块残骸漂浮在海上，直到被德军救起被俘。

在目睹了友舰一艘接一艘地毁于敌军炮

■ MGB314 上坚持战斗直至最后牺牲的一等水兵威廉·萨维奇，他被追授维多利亚十字勋章，右图是他的墓碑

火，其余快艇的指挥官们均认为无法抵达预定泊位让突击队员登陆或接应撤退，在左纵队后部的 4 艘快艇既无法靠近旧防波堤，也难以有效打击岸上的德军炮位，于是陆续选择离开炮火横飞的圣纳泽尔，包括 ML307、ML443、ML306 和 ML446，它们闯过港口附近小口径速射炮的密集火网，躲避了河口两岸大口径舰炮的致命炮弹，成功抵达外海，踏上归途。

现在，港口内唯一还能作战的英军舰艇只剩下莱德中校乘坐的指挥艇 MGB314，他看到“坎贝尔敦”号已经下沉，MTB74 也向船闸发射了鱼雷，因此对今晚的行动非常满意，于是命令转舵前往旧入口查看战况进展，河面上的惨况使他非常沮丧，到处是破损沉没的快艇和泄漏燃烧的汽油，河水里漂浮着成片的尸体和扭曲变形的残骸。卢瓦尔河两岸的德军火炮很快就发现了这艘孤单的炮艇，小口径炮弹在艇身上打出一排排弹孔，并且激起层层水花，在前方，位于旧防波堤上的德军碉堡也在近距离向 MGB314 猛烈开火，命中率很高。此时，已经负伤的一等水兵威廉·萨维奇（William Savage）立即操纵艇上唯一还能使用的艇首 2 磅炮迅速还击，竟然让碉堡里的德军火炮短暂沉默了，但对方很快重新开火。萨维奇临危不惧，坚守在炮位上继续射击，毫不顾忌如同冰雹般迎面而来的炮弹，直到生命的最后一刻。鉴于萨维奇的英勇行为、忠于职守的精神以及在面对难以抗拒的困难时表现出的无畏，英国方面为他追授了维多利亚十字勋章。

在艇上最后一门火炮被摧毁后，莱德中校意识到已经没有任何可能完成撤退计划了，即使多停留一刻也不会给幸存者带来更多的希望，只是徒增伤亡，于是怀着沉重的心情命令柯蒂斯中尉驾艇顺流而下，撤离战场。

突围

在纽曼中校完全了解了快艇部队的惨痛遭遇后，其指挥部内的气氛降至冰点，麦克拉根下士和沃森中尉带来了更多的坏消息，旧防波堤还在德军手中，很多突击小组未能登陆。此时，科普兰少校带着完成任务的小组从诺曼底船坞赶来会合，越来越多的突击队员集合到指挥部，各小组指挥官向纽曼报告时个个血迹斑斑。纽曼和科普兰开了个碰头会，很明显已经无法从海上撤退了，他们前面只有两种选择，要么战斗到底，要么举手投降。

纽曼直截了当地问他的副手："我们就这样收工吗?"科普兰少校干脆地回答："当然不是了，中校！我们一定能杀出去!"纽曼的脸上浮现出笑容，这正是他期待的答案。当他向部下说明了实际情况的严峻后，突围的决定得到了所有人的支持。最后，所有幸存的突击队员集中到指挥部接受命令，他们被分为大约20个小组，各自寻找道路离开港口，穿过圣纳泽尔城区前往广阔的乡村，然后设法向南越过法国和西班牙边界，前往直布罗陀。纽曼向突击队员们下达了最后三条命令："竭尽所能回到英国！除非弹药耗尽决不投降！只要我们还能得到帮助就决不投降!"

从集结地离开码头最快捷的路线是穿过旧城，再通过D桥进入新城，但是开阔的旧城广场和横扫鹅卵石路面的德军压制火力使选择这条路线非常冒险，在突围开始后，突击队员们被迫迂回行动，穿过路边成排的棚屋来到潜艇船坞附近，德军的枪弹从船坞对面呼啸而至，更多的人在零星火力下伤亡。虽然只是很短的距离，但很多伤员掉队了，他们很清楚以自己虚弱的状态根本不可能冲出港区，更不用说抵达西班牙了，无论是在港内还是港外，被俘是不可避免的。还有一些人决定寻找隐蔽地点暂时躲藏起来，希望等到混乱状态平息后再采取下一步行动。

■ 胸前挎着一挺布伦式轻机枪的英军突击队员，突击队为了强化夜间巷战中的火力强度，配备了较多的布伦式轻机枪

在潜艇船坞最南端，成排的小屋一直延伸到旧城广场，在突击队员右前方60米就是吊桥和码头出口，每个希望奔向自由的人要在这片开阔地带试试运气，即便他们能够活着穿过广场，通过桥梁，但是还要突破吊桥另一端的封锁线，德军士兵正匍匐在船坞对面的一座碉堡周围用轻武器射击，碉堡内的机枪也来回扫射桥面，毫无停歇的迹象。面对危险，突击队员一度停滞不前，但很快鼓起勇气重新发动疯狂的冲锋，海恩斯军士长架起一挺布伦轻机枪提供掩护，纽曼下达了冲锋命令："伙计们！你们能冲多远，他们就得逃多远！"

穿着胶底军靴的突击队员们突然从隐蔽处冲出来，一路狂奔穿过广场，扑向桥头，一边前进，一边向面前试图阻挡的德军开火。他们的出现让德国人大为震惊，桥头守军难以抵挡突如其来的冲击，拔腿就跑，桥头另一端的守军则有所准备，开始密集射击，但很多武器因为需要调整射界，射击冲到眼前的突击队员而打偏或打高了。不过仍然有些突击队员中弹受伤或阵亡，其余的人稍作停顿后继续前进，同时用冲锋枪甚至手枪与德军激烈对射，子弹在路面和吊桥的钢梁上反弹溅射，四处闪烁着火花。几乎在转眼间，冲在最前面的突击队员已经穿过吊桥，杀入敌阵，德国人显然被这四五十名意志坚定的突击队员吓破了胆，四散逃离，纽曼中校率领突围的小组迅速穿越德军防线，消失在圣纳泽尔的街道里。

在冲出码头后，各小组因为各自寻找出路而彼此失去联系。城里的情况比船坞码头更糟，德军第333师第679团的增援部队已经赶到，将圣纳泽尔城围得水泄不通，整个晚上掉队的突击队员都受困于路障和巡逻队，或沦为俘虏，或试图逃跑时被枪杀，后来估计在突围的突击队员中有3/4受伤或阵亡。纽曼中校和15名部下在一处酒窖里躲藏到28日傍晚，最后还是被发现了。德国人在全城展开有计划的大搜捕，分散在城里的突击队员大多被俘。

■ 在突袭行动后被德军俘获的英军突击队员，幸存者中仅有寥寥数人逃回英国

虽然德军的搜捕还将持续一段时间，但在28日黎明时分，突袭行动已经完全结束了。随着天色渐明，"双轮马车"行动的战果也显露出来，英军突击队对港口造成的破坏是惊人的，在诺曼底船坞及其周边到处弥漫着火焰和硝烟，被炸毁的建筑物、沉没在水中的船只和大街小巷里横七竖八的尸体，无不显示昨夜战斗的血腥和激烈。

天亮后，德军部队在整个港口进行彻底的搜查，受伤的突击队员被从藏身之处揪出来聚集到一处。德国人被夜间的突袭搞得风声鹤唳、草木皆兵，感觉每个角落都潜伏着全副武装的突击队员，甚至被火焰映衬下的人影所惊吓。更让他们神经紧张的是，部分法国人以为突袭行动是盟军反攻的开始，也壮起胆子从背后偷袭那些落单的德国兵。在卢瓦尔河上，不断有尸体被冲上河岸或漂流到下游，沉没船只的幸存者蜷缩在救生筏上，或死死抱住任何能够漂浮的东西，直到德国人前来搭救并逮捕他们。

并非所有生还的突击队员都身陷囹圄，令人吃惊和鼓舞的是居然有5名突击队员果真逃出了圣纳泽尔，完成了前往西班牙的自由之旅。下士道格拉斯（Douglas）、豪沃思（Howarth）、惠勒（Wheeler）、西姆斯（Sims）和列兵哈丁（Harding）躲过了德军覆盖全城的拉网式排查，逃到法国乡间隐蔽起来，之后他们分成三组行动，豪沃思独自踏上归途，其余两人一组行动，在他们向法国南部边境跋涉的途中，得到了法国人冒着生命危险提供的无私帮助。道格拉斯和哈丁通过两个法国家庭的接力才坐上前往马赛（Marseilles）的火车，在那里他们得到一个抵抗组织的帮助得以脱离险境。豪沃思在途中与一名法国教师交上了朋友，并由后者亲自乘火车将他护送到波尔多，但他后来被维希政府的法国警察逮捕，在蹲了8个月监狱后才逃出边境，抵达西班牙。惠勒和西姆斯的逃亡之旅大多靠步行完成的，沿途遇到很多热心的法国人为其提供食宿，在一座横跨克勒兹河（Creuse River）的桥上，两位漂亮的法国姑娘主动和德国守卫搭讪，以掩护两人游过河进入维希法国控制区。最终，5名突击队员都成功地返回了英国，并参加了“二战”中后续的战斗。

坎坷归途

在岸上的突击队员尝试突出重围时，成功撤离港口的摩托快艇正穿过河口，前往预定地点与两艘护航驱逐舰会合。按计划，“泰恩戴尔”号和“阿瑟斯顿”号在距离港口20海里的海上等待撤退的快艇，并引领它们返航。莱德中校所在的MGB314在撤退途中遇到了ML270，两艇结伴于4时30分抵达会合点，却没有看到驱逐舰的身影，莱德深知天亮后德军飞机就会搜索海面，决定不在原地等待，立即返航。当晨光驱散了夜色，莱德又发现了ML156和ML446，与此同时，“阿瑟斯顿”号和“泰恩戴尔”号也出现了。两艘驱逐舰在凌晨与5艘在河口巡逻的德军鱼雷艇遭遇而离开会合点，在11000米距离上交火约10分钟后，德舰释放烟雾撤退。在会合后，莱德命令返航，9时，“克利夫兰”号和“布罗克尔斯比”号也赶到了。就在此时，一架德军He115侦察机发现了英军舰队，一架试图发起攻击的Ju88轰炸机被及时出现的英军“英俊战士”战斗机击落，虽然更多的德军飞机出现在天际，但均被护航战斗机驱散。莱德的快艇多有损伤，在海况不断恶化的海上航行十分困难，鉴于很多伤员急需救治，以及来自德国空军的威胁，莱德决定让所有人都转移到驱逐舰上，加速返航，而4艘遍体鳞伤的快艇就地自沉。

另外4艘从港口逃生的快艇中，ML160、ML307和ML443都到达了会合点，但没有看到驱逐舰和其他快艇，反而被德军飞机逮到。一架Ju88从低空接近快艇以确定其身份，结果却被机枪火力打中座舱，当场坠海，不久另一架发起攻击的德军水上飞机也被击伤。为了躲避德国空军的攻击，3艘快艇加速向大洋深处驶去，最后自行返回英国。最不幸的是亨德森中尉指挥的ML306，与正在返回圣纳泽尔的5艘德国鱼雷艇狭路相逢，随即爆发了一场实力对比悬殊的海上战斗。

ML306是在距离港口约40海里处遇险的，当亨德森发现5艘德舰正迎面驶来时，他命令关闭引擎，并尽量将快艇隐藏在黑暗中，希望能够从德国人眼皮底下溜过去，前面4艘德舰从距离ML306不到100米处驶过，没有任何反应，就在亨德森以为成功在即时，最后一艘德舰上的哨兵发现有异，立即打开探照灯照亮了ML306，各就各位的口令立即传遍整个德军舰队，5艘鱼雷艇随即将孤单的快艇包围起来。为了迫使英国人投降，德军只用轻武器射击，而亨德森也用艇上还能使用的全部武器进行还击，包括一门20毫米机关炮、两挺布伦轻机枪和一座双联装刘易斯机枪。一艘德舰试图撞击ML306，但被灵活的摩托快艇在最后时刻避开了，两者船舷紧贴，擦肩而过，德国人从近距离向快艇倾泻火力，亨德森的部下也全力反击。

■ 德国海军“美洲虎”号鱼雷艇，1929年服役，排水量932吨，航速34节，装备105毫米炮3门，20毫米炮5门，533毫米鱼雷发射管6具

面对宁死不降的ML306，失去耐心的德舰痛施杀手，用105毫米炮向快艇开火，炮弹击中了ML306的舰桥，亨德森艇长当场阵亡，其他军官也身负重伤。此时快艇上已是一片狼藉，甲板上到处是凌乱的尸体。德舰"美洲虎"号(Jaguar)靠近奄奄一息的快艇，舰员用蹩脚的英语要求幸存的英国兵投降。德国人的喊话得到的回答是一串充满怒火的子弹，来自第1突击队的工兵托马斯·达兰特(Thomas Durrant)中士尽管已经身受重伤，依然操纵刘易斯机枪对德军的劝降做出回应。"美洲虎"号再度向快艇舷侧靠拢，舰长保罗海军(Paul)上尉又一次喊话，达兰特再次用子弹给出了答案，打得德舰舰桥木屑横飞，碎片从保罗脸边飞过。惊讶于英国人的顽强，保罗下令后退并重新开火，但是两者相距很近，德舰主炮即使将炮口降到最低也打不到快艇。"美洲虎"号继续远离快艇，直到火炮能够重新瞄准目标。很快，那挺刘易斯机枪的怒吼完全淹没在炮弹爆炸声和子弹的尖啸中，达兰特的双手、双腿、胸腹和头部多处中弹，瘫倒在甲板上，悲壮地死去了。

此时，ML306上的28人中有20人受伤或阵亡，唯一还活着的军官斯维恩(Swayne)中尉也有伤在身。鉴于绝望的处境，中尉决定放弃抵抗，向德军喊话表示愿意投降，但保罗上尉疑心有诈，下令一通乱射并高喊："别再玩这种鬼把戏了！"直到斯维恩以军官的名誉发誓没有诈降，德舰才停止射击并向快艇靠近，ML306最后的非凡战斗也宣告终结。保罗上尉亲自登上快艇接受英军的投降，他高度赞扬了斯维恩及其部下的英勇战斗和不屈精神，尤其是达兰特的无畏。一周后，保罗上尉造访了位于雷恩(Rennes)的战俘营，会见了纽曼中校并提及了这次海上战斗，他建议授予达兰特中士最高军事荣誉。最后，英国方面接受了这位德国军官的建议，追授达兰特中士维多利亚十字勋章。

"坎贝尔敦"号的葬礼

当圣纳泽尔港的枪炮声渐渐稀疏、沉寂，德军开始清扫战场，检查损失情况，而深深卡在船闸上的"坎贝尔敦"号引起了他们最大的兴趣，这艘驱逐舰舰首仰起，舰尾深陷在淤泥中，浑身上下布满弹痕。天亮后，在"坎贝尔敦"号周围聚集了一大群围观者，最先登舰查看的是德国海军人员和专家，他们对驱逐舰进行了技术性检查，发现这是一艘完全报废的老爷舰，他们认为撞击船闸只是想缩短其使用寿命，没有料到"坎贝尔敦"号可能装有炸药。即使他们想到了也很难在检查前部船舱时发现端倪，装载炸药的钢罐被厚厚的水泥封住，德国人会认为这些水泥块只是为了增加舰首重量，以提高撞击威力，殊不知水泥背后潜藏着最致命的货物，德国人甚至嘲笑英国人竟然认为一艘轻型驱逐舰能够破坏巨大的船坞船闸。

在海军人员心满意足地离开后，"坎贝尔敦"号迎来了更多的参观者，当地德国驻军的大小官员带着他们的法国情妇都来到码头欣赏"英国人愚蠢冒险的见证"，在整个上午船

在袭击行动后，圣纳泽尔当地驻军的德国军官纷纷登上“坎贝尔敦”号的残骸参观，却不知脚下有数吨炸药即将炸响

坞周围人头攒动，非常热闹。蒂比茨中尉设定的起爆装置最迟应在9时引爆炸药，但是到了那一时刻，“坎贝尔敦”号安静地躺在原地，三月的灿烂阳光洒在它残破的船舷上。时间又过了1小时，依然没有任何事情发生，直到10时35分，精心设置的笔式延迟引信终于发挥作用，引爆了重达4吨的炸药，一声惊天动地的巨响传遍了整个城市，爆炸威力极为震撼，地面剧烈摇晃，似乎经历了一场小型地震。“坎贝尔敦”号以特殊的方式结束了自己的生命，舰体前部被炸得粉碎，完全解体，后部舰体被震出了水面，又重重地砸进河里，激起滔天巨波。舰体下方的船闸自然无法幸免，在爆炸中支离破碎，不成模样。数不清的残骸被抛向天空，撒向河面，停在船坞里的两艘德国油轮首先被殃及，在爆炸激起的巨浪中与船坞壁猛烈碰撞而受损。如雨点般从空中坠落的碎片砸坏了很多房屋的屋顶，巨大的冲击波震碎了无数窗户玻璃，船坞近处的棚屋被直接夷平。数以百计的德国人为“坎贝尔敦”号陪葬，在爆炸后船坞周边随处可见残缺不全的尸体，断臂残肢挂满了港内的起重机和舰船桅杆，十分恐怖。幸存的突击队员在听到爆炸声后兴奋不已，他们的伤痛终于得到了回报，“双轮马车”行动达成了最主要的目的。

“坎贝尔敦”号的爆炸引发了新一轮恐慌，迅速在德国人当中传播，他们认为英国人已经渗透城市的每个角落，警报声传遍了整个港口，神经过敏的德国兵会向任何可疑的人开枪，造成不少无辜的法国人丧命，还出现了误伤友军的情况。28日一整天，关于法国人进行破坏和隐藏的英军实施爆破的虚假警报不断涌进德军司令部，狂乱的德军士兵被一次次集结起来去搜查可疑地点。为了确保安全，他们往往先开枪再检查。3月30日16时30分，MTB74发射的2枚鱼雷在潜艇船坞船闸底部爆炸，凄厉的警报再次响起，正在附近进行维修、清理工作的托特组织工人惊慌地逃向港外，可悲的是他们的卡其色工作服被德军守卫误认为是英军制服，把他们当成突击队员而开火射击，一些工人不幸成了冤死鬼。这次迟来的爆炸使德国人认为城里的法国人在实施破坏行动并计划暴动，于是又展开了一轮疯狂的搜捕和报复，直到一周后由“双轮马车”行动引起的骚动才最终平息下来。

伟大的突袭

当硝烟散尽，一架英军侦察机掠过圣纳泽尔上空，拍下了诺曼底船坞经历血火洗礼后的身影。通过航空照片的判读，联合作战司令部确认，“双轮马车”行动取得了完全的成功，这座船坞已经彻底瘫痪，再也无法为德军所用。在受到“坎贝尔敦”号的撞击和数吨炸药爆炸的双重打击下，船坞南部闸门被完全摧毁，突击队的一系列爆破行动摧毁了泵房、升降机房，部分破坏了船坞北部闸门，导致在战争的余下时间里德军将这处船坞及其附属设施弃之不用，直到战后的1947年才被修复。希特勒对于圣纳泽尔突袭事件极为震怒，将西线德军总参谋长卡尔·希尔珀特(Carl Hilpert)大将免职并转入预备役，同时对大西洋沿岸的防御给予高度关注，命令加速大西洋壁垒的建设，尤其强调对重要港口的防备，要求杜绝此类突袭行动的再度发生。1942年6月，在圣纳泽尔周边开始兴建永备海岸炮台，其建筑标准与潜艇洞库等同，异常坚固。同年8月，希特勒再次指示军备部长施佩尔(Speer)必须在1943年5月前在从挪威到西班牙的漫长海岸线上修建15000座岸防堡垒。至于令英军忧心不已的“提尔皮茨”号终其一生也没有踏足大西洋，于1944年11月被英军轰炸机炸沉于挪威海岸。

尽管行动取得了成功，但圣纳泽尔突袭的代价极为高昂，实际上这也是英军突击队在“二战”中损失最为惨重的突袭行动。在全部参战的622名陆海军官兵中，有611人抵达港口并实施突击，但只有228人撤回英国，另有5人经直布罗陀返回，而在战斗中有169人阵亡(海军105人，突击队64人)，215人被俘(海军106人，突击队109人)，人员损失大半，其中很多是训练有素的突击队员。参战的海军舰艇也同样悲催，除了“坎贝尔敦”号外，18艘摩托快艇中1艘因故障折返，14艘被击沉或自沉，仅有3艘返航，皇家空军损失了2架轰炸机。被俘的英军官兵起初被关押在拉波勒，后来转移到位于雷恩的第133号战俘营，他们当中很多人活到了战后，向世人讲述1942年3月28日夜间发生在那座港口的激烈战斗。德国方面也蒙受了相当的人员损失，据信超过360人死于此次突袭，其中大多源于“坎贝尔敦”号的爆炸，另有2

圣纳泽尔解放后，纽曼(左)和莱德(右)带领突袭行动的幸存老兵列队通过吊桥

艘拖船和2艘油轮受损，2架飞机被击落。

对于陆海军将士们在“双轮马车”行动中表现出的无畏精神和付出的巨大牺牲，英国政府和军方给予了毫不吝惜的褒奖，认为此次行动是“英国突击队在‘二战’中最伟大的突袭”！为了表彰有功人员和纪念壮烈捐躯的勇士，英军颁发了89枚各级勋章，其中包括5枚最高级别的维多利亚十字勋章，分别授予纽曼中校、莱德中校、比蒂少校及牺牲的萨维奇一等水兵和达兰特中士。此外还有4枚杰出服役勋章、17枚杰出服役十字勋章、11枚军事十字勋章、4枚杰出勇敢奖章、5枚杰出表现奖章、24枚杰出服役奖章和15枚军事奖章，有51人受到全军通报嘉奖，还有4人被法国政府授予战功勋章。

今日的圣纳泽尔依旧是一座繁荣而重要的造船中心，诺曼底船坞也继续发挥着当初设计时的功用，当年被英军突击队炸毁的设施战后都被重建，不过还有很多地方保持了昔日突袭发生时的原貌，比如旧防波堤和潜艇洞库，法国政府将这里开辟为战争遗迹，并向公众开放，以缅怀那些为自由而牺牲的战士。最能勾起回忆的地点是突击队员突围时经过的吊桥，在经历了几十年岁月磨砺后，它还是当年的模样，被突袭行动的幸存者们称为记忆之桥，战后每逢老兵们重聚圣纳泽尔，他们总要骄傲地列队从桥上走过。大部分牺牲者安葬在距城市1.6千米的军人公墓中，而在港口南入口附近的沙滩上人们树立了一座简朴的花岗岩纪念碑，基座上铭刻着牺牲者的姓名，而在纪念碑旁边陈列着“坎贝尔敦”号的遗物——舰首甲板上的 12 磅速射炮。在突击编队出发的法尔茅斯港，也有一座同样风格的纪念碑。1987 年 10 月 7 日，皇家海军将一艘全新的 22 型护卫舰重新命名为“坎贝尔敦”号，还从大洋彼岸的美国宾夕法尼亚州坎贝尔敦城迎回了当年老“坎贝尔敦”号的船钟，希望昔日海军官兵和突击队员在圣纳泽尔突袭中表现出的勇敢精神永远传承下去！

沙恩之死：1943 年 12 月北角海战始末

在“二战”中的大西洋战场上，除了昙花一现的“俾斯麦”号外，最令英国皇家海军痛恨的德国大型水面舰艇无疑是“沙恩霍斯特”号战列巡洋舰及其姊妹舰“格奈森诺”号。作为德国海军“巡洋作战”的主力，这两艘战舰都拥有 9 门 283 毫米重炮，足以应付敌方巡洋舰以下舰艇，而 31 节的高航速比英国皇家海军任何一艘战列舰都快，使它们每每从对手的围捕中逃脱。正是凭借这样的特性，“沙恩”双舰如一对狂鲨，在战争的最初几年中给英国海军留下了一段段难堪的记忆：1939 年 11 月 23 日，英国辅助巡洋舰“拉瓦尔品第”

■ 德国海军“沙恩霍斯特”号战列舰，它和它的姊妹舰“格奈森瑙”号是“二战”时期最让英国人头疼不已的德军主力舰

号成为沙恩霍斯特级的第一个牺牲品；1940年4月至6月的挪威战役，英国“光荣”号航空母舰也成为它们的炮下亡魂；在1941年1月至3月的“柏林”行动中，“沙恩”双舰联手吞噬了22艘盟国商船，总吨位达11万吨；1942年2月12日，“沙恩霍斯特”号、“格奈森诺”号和“欧根亲王”号重巡洋舰实施了“瑟布鲁斯”行动，在光天化日之下穿越英吉利海峡，返回德国本土，令英国海军蒙受了巨大的羞辱。在1943年的大部分时间中，“沙恩霍斯特”号龟缩在挪威的峡湾中，即使如此，它的存在依旧令英国海军如鲠在喉，欲除之而后快。1943年圣诞夜，英国本土舰队司令布鲁斯·弗雷泽(Bruce Fraser)海军上将在收到“沙恩霍斯特”号出动的情报后，他清楚地意识到这是一个难得的战机，他手下有一支足够强大的舰队，有性能优越的雷达和完善的情报网络，有斗志昂扬的官兵和勇往直前的海军传统，他只需要一点运气去抓住狡猾的对手，便可赢得英国皇家海军数百年历史上的又一次胜利……

冰海角逐

1941年6月苏德战争爆发后，从德国兵临城下的重压中解脱的英国首相丘吉尔立刻在议会发表了一篇滴得下蜜糖的演讲，衷心支持苏联的战斗，并许诺给予全力支援。然而，甜言蜜语不能帮助苏联红军抵挡德军闪电般的进攻，斯大林要求获得切实的援助，从坦克、飞机到油料、罐头，一切的一切。当时英美援助物资进入苏联的路线有三条，其中穿过远东太平洋海域的海上路线和从伊朗通往苏联的陆路通道由于地理和政治上的原因，使用价值不大，因此北极航线就成为最主要的援助通道。这条航线从苏格兰、冰岛启航，沿挪威海北上，穿越巴伦支海，抵达苏联北部港口摩尔曼斯克和阿尔汉格尔斯克，全程1800~2000海里，需要航行10~14个昼夜。1941年8月下旬，第一支援苏护航船队PQ-1(开往苏联的船队代号为PQ，回航代号为QP，1942年12月后相应改为JW和RA)就沿着这条航线前往苏联，由英国海军全程护航，在接近苏联海岸时将得到苏联海军的协助。

德国人自然不会坐视英美对苏联的输血行动，自1942年12月PQ-6船队首次遭到德国海军袭击开始，一场艰苦卓绝的北极护航战就拉开了序幕。德国在挪威沿海部署了潜艇及空军部队，对北极护航船队展开截杀。在1941年5月“俾斯麦”号战沉后，德国海军剩余的大型水面舰艇也陆续被部署到挪威，加大对北极航线的打击力度。即使没有德军舰艇、飞机的威胁，北极航线也被商船水手们视为畏途，高纬度海区的恶劣海况、呵气成冰的酷寒和行踪不定的浮冰，所有这一切都让北极航线成为战争中最危险的海上交通线之一，每一份运到苏联的援助物资都凝聚着盟国船员和水兵的勇气和鲜血。盟国在北极护航战中付出了高昂的代价，在整个战争期间共有85艘商船和16艘军舰被击沉，其中最严重的挫折是1942年6月PQ-17护航船队的劫难，36 艘商船中有 23 艘被德国潜艇、飞机击沉，足以装备一个集团军的物资沉入海底。造成这一悲剧的一个重要原因就是英国海军部慑于德国“提尔皮茨”号战列舰的威力而错误地解散了护航船队，由此可见德国大型水面舰艇的威慑力。

自“俾斯麦”号沉没后，希特勒对德国海军大型水面舰艇的战斗力就缺乏信任，他下令禁止大型舰艇进入大西洋展开“巡洋作战”，接着又不顾德国海军总司令埃里希・雷德尔海军元帅的反对，将“沙恩霍斯特”号等 3 艘大舰从法国沿海调往挪威，用于切断北极航线，但它们的作战行动又常常受到来自柏林总理府的掣肘，鲜有建树。然而，在 1942 年 12 月 31 日的巴伦支海海战中，占据优势的德国舰队却被较弱的英国护航舰艇击退，颜面尽失，最终导致了希特勒和雷德尔的最后摊牌。自战争伊始，两人就海军作战问题一直争吵不断。1943 年 1 月 6 日，希特勒召见雷德尔，在 90 分钟的咆哮中将德国海军的战斗精神和传统贬得一文不值，并扬言要把所有大型舰艇统统拆毁，将舰炮安置到陆上使用，将水兵变成步兵投入陆战！对于这样的羞辱，66 岁的雷德尔最后选择了辞职，将自己执掌了 14 年的海军最高指挥权很不情愿地移交给潜艇部队司令卡尔・邓尼茨海军上将。其实，雷德尔更中意北方战区总司令罗尔夫・卡尔斯海军大将，因为卡尔斯在作战思想上与雷德尔持有相似的观点。雷德尔认为邓尼茨虽然在潜艇作战方面很出色，但对于海军整体作战问题还缺乏全面的把握能力。不过，由于 U 艇部队在战争中的赫赫战功，邓尼茨享有一个重要的优势，那就是希特勒的信任。

在卸任之际，雷德尔写了一份备忘录，为他钟爱的大型战舰做最后的辩护。他将水面舰艇部队的失利归咎于缺乏航空支援和过多的政治束缚，同时他相信只要利用有利的气象条件，大型水面舰艇在挪威海域仍然有取得胜利的希望，如果将大型舰艇拆毁，英国人必将像庆祝战争胜利一样欢呼雀跃。他在向邓尼茨移交工作时尤其强调了水面舰艇的重要性，并说：“为了维护他们的声誉，不可冒险使他们蒙受损失。”邓尼茨认为雷德尔的观点是令人信服的，并改变了反对继续使用大型舰艇的初衷。事实证明，邓尼茨在应对希特勒的专横方面远比他的前任更加圆滑。

1942 年至 1943 年，驻泊挪威的“沙恩霍斯特”号战列舰

他虽然按照希特勒的意愿将“希佩尔”号重巡洋舰、“莱比锡”号、“科隆”号轻巡洋舰和两艘旧式战列舰除役，但仍然保留了“提尔皮茨”号战列舰、“沙恩霍斯特”号战列巡洋舰、“欧根亲王”号、“吕佐夫”号、“舍尔”号重巡洋舰等大型舰艇，这让希特勒感到不快，但邓尼茨以拆毁舰船将占用船厂本已紧张的资源说服了他，至少将这些大舰部署在挪威还可以多少防备盟军在该地区可能的反攻，最后希特勒勉强接受了这个方案。

1943 年 3 月，邓尼茨终于在挪威组织起一支强大的水面舰艇战斗群，包括“提尔皮茨号”、“沙恩霍斯特”号和“吕佐夫”号，他相信只要抓住有利战机，任何一支护航船队都无法从这些巨舰的重炮下逃生，只可惜在 1943 年中他一直都没有得到这样的机会。鉴于 1942 年北极航线上的惨重损失和德国大型水面舰艇在挪威的存在，英国在 1943 年初暂时中止了北极航运。在此期间，德国舰队的唯一一次出击是在 1943 年 9 月 6 日，“提尔皮茨”号和“沙恩霍斯特”号在 9 艘驱逐舰的护航下炮击了斯匹茨卑尔根群岛上的盟军气象站。直到 1943 年 11 月，迫于苏联方面的压力，英国才重新开通了北极航线，这在很大程度上也缘于德国舰队的削弱：“提尔皮茨”号在 9 月 22 日被英国袖珍潜艇重创，至少需要维修 5 个月，而“吕佐夫”号也在这个月返回德国进行大修。这样，德国海军在挪威唯一能够出动的大型战舰只剩下“沙恩霍斯特”号。尽管如此，英国人对于这艘让他们头痛不已的军舰依然不敢掉以轻心。

1943 年初接替雷德尔担任海军总司令的邓尼茨在研究海图，他顶住希特勒的压力，保留了多艘大型水面舰艇

新的对弈

自 1943 年 3 月 14 日 RA-53 护航船队抵达目的地后，北极航线已经中断了 8 个月之久，直到 1943 年 11 月 1 日从苏联科拉半岛启航的 RA-54A 护航船队才宣告航线的重新开通。同月 15 日，复航后第一支驶向苏联的护航船队 JW-54A 也从英国利物浦启航。与一年前相比，英国海军在北极航线的护航体制已经发生了改变。由于 1942 年 PQ-17、PQ-18 船队都蒙受了严重的损失，自 1942 年 12 月起，援苏护航船队不再采用 30~40 艘船组成的大型船队，而是分为两个规模较小的船队分别出航。在护航兵力配置上也更具有

层次，所有从英国或冰岛港口启航的船队除了自身配属的全程护航队外，还会得到一支本土护航队的保护。这支由一些航程较短的轻型舰艇组成的护航队将在船队进入危险海域前，由一支舰队驱逐舰护航队接替。舰队驱逐舰护航队主要由较新型的舰队驱逐舰组成，具有较强的火力，既能够协助全程护航队中的驱潜艇实施反潜作战，也可以独立应对德国水面舰艇的攻击，是船队近距护航的中坚力量。此外，英国本土舰队还将出动一支巡洋舰编队担负船队的中距支援任务，而以战列舰为核心的主力编队则为船队提供远程支援，以便和德国大型战舰交战。这套远近结合的护航体制自 1942 年 12 月启用，并在巴伦支海海战中体现了效果。

除了护航体制的改革外，坐镇斯卡帕湾统揽全局的英军主帅也已换人。1943 年 6 月，布鲁斯 · 弗雷泽海军上将接替约翰 · 托维(John Tovey)海军上将担任英国本土舰队司令。作为英国皇家海军历史上最受爱戴和敬重的军官之一，弗雷泽自 1904 年加入皇家海军以来，就一直是同辈海军军人中的佼佼者。弗雷泽是炮术军官出身，按照皇家海军的惯例，炮术军官通常更容易获得晋升，再加上弗雷泽个人的杰出才能和努力，他的职业生涯注定十分耀眼。弗雷泽在战前一路高升至地中海舰队参谋长，当战争爆发时担任海军部第三海务大臣和军需署署长。1941 年 5 月，弗雷泽返回舰队任职，担任本土舰队副司令。长年的海上服役经历使弗雷泽成为一位出色的战术家，他身边还有一个皇家海军中最具效率的参谋团队。随着意大利的投降，英国海军在地中海的压力得以减轻，而本土舰队的力量则获得了增强，强大的英王乔治五世级战列舰被重新部署在斯卡帕湾，四年的艰苦作战已经将皇家海军锤炼为一支经验丰富、

■ 一艘英国海军轻巡洋舰在北极航线上执行护航任务时，舰员们在清除甲板上的冰雪

实力雄厚的海上战斗力量，皇家海军卓有成效的训练计划和在战斗中结成的同志情谊都极大地提高了舰队的战斗效率。此外，英国人还享有情报方面的优势——在伦敦郊外的布莱切利庄园，那个时代最顶尖的密码破译专家们夜以继日地破解德国最高级别的无线电密码，由此获得德军行动的核心秘密。从这座庄园里传出的情报被称为“超级机密”，只有战时内阁的几位决策人物和少数军方高级将领能够获知“超级机密”，并且只对前线最高指挥官传达，而后者对于情报来源也是一无所知。“超级机密”无疑是“二战”期间盟军最高的机密，得到最为严密的保护，甚至不能以任何书面形式出现在战场上，以防被德军缴获而泄密。“超级机密”的关键作用在战争初期的几次重大军事行动中已经获得了验证。

弗雷泽就任本土舰队司令后面临的主要任务就是为北极航线提供护航，并伺机消灭德国部署在挪威的海军舰队。如果把北极护航战看作一场牌局，那弗雷泽正握有一手好牌，他的德国对手不仅王牌寥寥无几，而且底牌都被洞悉了。尽管如此，弗雷泽出牌还是要小心谨慎。在占有优势的情况下，英国人也并不是每次都能得分，难免疏漏。比如在1943年9月，德军“吕佐夫”号重巡洋舰就避开了英军的监视，成功地从挪威溜回了德国。虽然德国水面舰艇部队在德国武装力量中的地位实际上已经微不足道，但“沙恩霍斯特”号的战斗力依旧是英国海军必须正视的。过去的战争经历证明，“沙恩霍斯特”号是一艘既幸运又成功的战舰，9门283毫米舰炮的威力和在恶劣天气下的高速航行能力使它在与优势对手的战斗中获得反击和全身而退的

英军超级机密所在地：布莱切利庄园，在“二战”期间密码专家在此破译了大量德军电信

机会。

调兵遣将

自11月初北极航线复航后，英国已经派出3支前往苏联的护航船队，还有两支护航船队从科拉湾出航返回英国，这5支船队都安全地抵达了目的地，其间只受到几艘潜艇的攻击。邓尼茨相信多支护航船队未受到大规模攻击，将使英国产生一种错误的安全感而降低警惕性，从而为德军的袭击提供有利的条件。12月20日，他决定派“沙恩霍斯特”号攻击下一支护航船队。与邓尼茨的预料正相反，弗雷泽并没有放松警惕，直觉告诉他“沙恩霍斯特”号不可能在整个12月中一直忍受住诱惑，一定会在不久的将来主动出击，他的舰队必须时刻准备与之交战。12月12日，弗雷泽亲率“约克公爵”号战列舰全程掩护JW55A护航船队前往摩尔曼斯克，接着又马不停蹄地于18日从科拉湾启航前往冰岛，准备为下一支护航船队提供支援。就在他于23日到达冰岛阿克雷里港之前，收到了来自海军部的“超级机密”情报：“沙恩霍斯特”号很可能攻击JW55B护航船队。当时，JW55B已经从苏格兰的艾维湾启航两天了。

英国海军“约克公爵”号战列舰，摄于1942年驻泊罗赛斯港，该舰属于英王乔治五世级，1943年成为英国本土舰队司令弗雷泽上将的旗舰

JW55B护航船队由19艘商船组成，其本土护航队最初包括驱逐舰“弯刀”号，但不久被两艘驱潜艇“琉璃苣”号和“桂足香”号取代，此外还有两艘扫雷舰“猎犬”号和“九头蛇”号。全程护航队由扫雷舰“拾穗人”号、护航驱逐舰“怀特霍尔”号和“摔跤手”号、驱潜艇“金银花”号和“樱草”号组成。舰队驱逐舰护航队包括巴伦支海海战的老兵“昂斯洛”号和“奥韦尔”号，以及“蹂躏”号、“突击”号、“冲击”号，还有3艘加拿大海军的部族级驱逐舰“易洛魁人”号、“海达人”号和“休伦人”号，共计8艘驱逐舰。为JW55B提供中距支援的巡洋舰编队由重巡洋舰“诺福克”号、轻巡洋舰“贝尔法斯特”号和“谢菲尔德”号组成，由罗伯特·伯内特(Robert Burnett)海军少将指挥，他的旗舰是“贝尔法斯特”号。在一年前的巴伦支海海战中，正是伯内特少将指挥两艘轻巡洋舰及时赶到战场，击退了前来攻击的德国舰队。巡洋舰编队的代号为第一支援分队，它不仅要为JW55B提供

掩护，还要同时护卫从科拉湾返航的 RA55A 护航船队的安全。后者由 22 艘商船组成，近距护航力量包括 8 艘驱逐舰和 1 艘扫雷舰等。弗雷泽坐镇的“约克公爵”号战列舰将在“牙买加”号轻巡洋舰、驱逐舰“野人”号、“索马里兹”号、“蝎子”号和“斯托尔德”号(属于挪威海军)的护卫下构成第二支援分队，为上述两支船队提供远程支援。这样，英国海军为两支船队部署了以 16 艘驱逐舰为主的近距护航力量，而支援力量包括 1 艘战列舰、1 艘重巡洋舰、3 艘轻巡洋舰和 4 艘驱逐舰。由此不难看出，德国海军部署在挪威的大型战舰牵制了盟军相当大的海上兵力。

当 1943 年北极航线上的最后一次护航行动开始时，盟国方面的舰船实际上分为 5 个不同的编队，按不同的时间顺序，从不同的地点依次启航：JW55B 在 12 月 21 日 8 时从苏格兰的艾维湾启航(原定于 19 日启航，但因为天气恶劣而推迟两日)；当天 23 时 45 分，舰队驱逐舰护航队将从冰岛的斯卡加峡湾启航，前往预定海域和 JW55B 会合；RA55A 在 12 月 22 日驶离科拉，第一支援分队则在 12 月 23 日从同一港口出发，同日晚些时候，第二支援分队从冰岛的阿克雷里港启航。可见这是一个极为复杂的海上行动计划，对各舰队的海上协同能力和指挥官的应变能力都是很大的考验。弗雷泽计划率领第二支援分队前往熊岛周边海域巡航，该岛距离挪威最北端的北角约 430 千米。两支相向航行的船队将在熊岛附近相遇，那里也是距

■ 英国海军“贝尔法斯特”号轻巡洋舰，属于爱丁堡级，担任贝内特少将的旗舰

离德国驻挪威海军基地最近的地方，因此是整个北极航线中最危险的一段航程。弗雷泽判断“沙恩霍斯特”号如果出击，必定在船队经过熊岛海域时发起攻击，届时他将指挥两个支援分队东西夹击，将其歼灭，他还派出一艘潜艇前往“沙恩霍斯特”号可能经过的海域进行警戒。弗雷泽能够获得的空中支援很有限，因为熊岛海域距离冰岛的机场过于遥远，却处在德国驻挪威空军基地的航程内。

行踪暴露

JW55B 在 12 月 21 日 8 时离开艾维湾，19 艘商船排成 3 个纵队向北航行，护航舰只在船队周围构成警戒幕。当天晚上，船队发生了一点小意外，两艘商船没有收到转向信号，在黑暗中脱离了编队，船队指挥官麦科伊(McCoy)派出“怀特霍尔”号前去寻找，并引导它们重新与船队会合。在失散船只返回前，整个船队只能保持 8.5 节的低速。JW55B 的隐蔽航行只维持了一天时间，在 12 月 22 日 10 时 59 分，“拾穗人”号发现一架飞机从船尾方向飞过，这明显不是负责为护航船队提供反潜掩护的“桑德兰”水上飞机，而是一架进行气象侦察飞行的德国空军道尼尔 Do-217 轰炸机。这架飞机的飞行员发出一份有些夸张的侦察报告：发现 40 艘运输船和巡洋舰，船队中可能有一艘航母。德军指挥部最初以为这可能是盟军在挪威海岸发起登陆行动的前兆，于是命令在熊岛周围海域巡逻的“埃森巴尔特”艇群的 7 艘潜艇前往挪威西北部韦斯特峡湾附近海域警戒，而驻泊在阿尔塔峡湾的“沙恩霍斯特”号及其护航舰艇也做好了 3 小时内出航的准备，不过德国人随后就意识到这只是一支例行的护航船队。对英国人来说，船队这么早被发现是不走运的，但在随后两天德军并没有发起预想中的攻击。12 月 22 日 15 时，在“桑德兰”水上飞机的引导下，舰队驱逐舰护航队与 JW55B 成功会合，本土护航队则离开船队向冰岛返航。

12 月 23 日，形势变得更加糟糕，在当天 11 时 40 分，2 架 Do-217 再次发现了护航船队，并在船队后方尾随。为了摆脱德军飞机的跟踪，船队改变了航线，直到 23 时 05 分才回到预定航线上。但是，12 月 24 日船队依然处在德国人的监视下，一架德军侦察机整个早上像影子一样盘旋在船队上空。天气也越来越坏，风大浪高，一架进行反潜警戒的“卡塔琳娜”水上飞机因为天气恶劣与船队失去了接触，还有部分船只被大浪冲散，这使船队不得不减速到 7 节，以便重新整队。另一架德军侦察机于 12 时 25 分出现，此时护航船队距离阿尔塔峡湾的德国海军基地约 740 千米。虽然此前德国舰队从不冒险向西出击太远，但在“约克公爵”号上的弗雷泽明白，一场屠杀可能正在迫近。目前第一和第二支援分队距离护航船队都太远，无法给予有效支援，船队的防御只能依靠驱逐舰，而他们在面对德军重型舰艇时胜算不大。因此，弗雷泽在 13 时 25 分打破无线电静默，命令 JW55B 反向航行 3 小时直到 17 时，同时将第二支援分队的航速提高到 19 节，将所有行动都推迟，直至他的战列舰和巡洋舰赶到能够保护船队的位置。

无论如何，JW55B的处境十分不妙，就像一只待宰的羔羊，其航速低于9节的规定航速，并且偏离预定位置以西37千米。在风浪大作的挪威海上，不要说保持编队队列整齐，就是保持船只彼此之间的距离都十分困难，而船队转向就更加难上加难。此外，船队内部传达转向命令需要使用彩色信号灯，这就可能将船队的位置暴露给潜伏的德国潜艇。不过后面这条顾虑已经没有必要了，因为船队早被德军飞机发现了。海上的巨大风浪使JW55B的航行充满了困难，船队指挥官只能将航速降低到8节，这进一步拖延了行程。实际上，船队所处的位置正是弗雷泽要求他们反向航行所要到达的位置。为了召集和指挥散布在广阔海域内的多支编队，弗雷泽多次打破无线电静默，以协调各编队的行动，这个举动从战术上说无疑是具有重要意义的。从保护船队安全的角度说，由于船队位置已经暴露，他的做法是完全正当的，但是从引诱"沙恩霍斯特"号出击这一战术目的来说，却是非常冒险的，很可能导致行动失败，因为德军会通过监听无线电通信察觉英军战列舰的位置。根据一般常识和德军过去的行动规律，如果怀疑作战海域附近存在一支战列舰编队，"沙恩霍斯特"号是不会出动的，避免与敌人优势兵力交战长久以来一直是套在德军大型水面舰艇头上的紧箍。实际上，德国人的确截获了弗雷泽的一部分电文。不过幸运的是，这些电文没有被正确地破译，这是促使"沙恩霍斯特"号走向毁灭之路的第一个重要因素，也可能是最重要的因素。英德双方在情报工作上的差距从这场交锋之初就已经影响了胜利天平的平衡。

在1943年圣诞节的凌晨，弗雷泽已经意识到由于JW55B行动迟缓，它不可能按计划在熊岛附近海面与RA55A会合。直到此时，RA55A还没有被德军发现，因此弗雷泽命令该船队驶向北方，选择隐蔽的航线，尽量避免暴露，同时从RA55A的护航队中抽调4艘驱逐舰前往支援JW55B。当天2时，由驱逐舰"步枪手"号、"无比"号、"凑巧"号和"泼妇"号组成的第36驱逐舰分队离开RA55A，

■ 德国空军Do217轰炸机，作为一种优秀的中型轰炸机，该机在战争中承担了多种任务，也包括远程侦察

赶往 JW55B 所在的海域。此时，JW55B 面临的局势依旧非常严峻，船队在 25 日 9 时 01 分被 U-603 潜艇发现，接着在 11 时 15 分又被一架 Do18 侦察机盯上了，而在 11 时 35 分，护航舰艇的声呐发现了水下接触，显然是一艘潜伏的德国潜艇。祸不单行的是大海也变得愈加狂暴，风浪已经达到 7 级，天空中下起了冰雨，所有舰船上都很快结上了一层冰壳。为了减轻船体负荷，保持稳定性，船员和水兵们顶风冒雪，动用各种工具奋力除冰。另外，弗雷泽不断从伦敦海军部获得“超级机密”传来的情报。虽然为了避免被德军察觉，“超级机密”发送的信息很有限，但弗雷泽仍然掌握了许多关于德军行动的关键情报，他甚至比德军指挥官更早地获知德军飞机和潜艇的侦察报告，他也知道以“沙恩霍斯特”号为核心的德国水面舰队已经进入 3 小时出航准备状态。25 日 12 时 55 分，第 36 分队的 4 艘驱逐舰加入了 JW55B，为正与狂风巨浪搏斗的船员们带来了一些安慰，但也让他们产生了一种即将有事发生的不祥预感。在船队周围不断发现德国潜艇的活动，两艘驱逐舰在声呐引导下对舰队左舷 16 千米外的 U-601 展开追击，而另一个方向发现的声呐信号又使其他驱逐舰离开编队前去攻击。

在圣诞夜出击

从 12 月 22 日德国空军发现 JW55B 之后，关于船队的情报就不断传到位于柏林的德国海军总司令部，虽然到 12 月 25 日下午，由于天气恶劣无法继续进行空中侦察，但德军

■ 1943 年底停泊在挪威阿尔塔峡湾内的“沙恩霍斯特”号，随着“吕佐夫”号的离去及“提尔皮茨”号的受伤，该舰已经是德国海军在挪威唯一能出动的大型战舰了

潜艇依旧保持着与船队的接触。随着船队越来越接近挪威海岸，位于阿尔塔峡湾的德国舰队进入了高度戒备状态。25日12时15分，德国海军北挪威舰队指挥官奥托·克吕贝尔(Otto Klueber)海军少将命令“沙恩霍斯特”号及其护航驱逐舰做好1小时后出击的准备。“沙恩霍斯特”号的舰员们最初都认为这不过是参谋军官们为了破坏他们的圣诞休假而策划的一次训练，显得闷闷不乐，但当他们被召集到甲板上，指挥官向他们宣布舰队将前去攻击一支护航船队时，所有人都欣喜若狂，疯狂的欢呼声几乎淹没了指挥官的声音。在经过长时间平淡无趣的驻泊后，德国水兵们迫不及待地希望进行一次真正的战斗，士气异常高涨，那一刻似乎没有人考虑到他们将踏上一条不归途。

根据JW55B的航向和航速，邓尼茨的参谋人员判断船队将在25日午夜至26日凌晨接近挪威海岸，邓尼茨最后在14时15分下达了出击命令，行动代号为“东线”，出击兵力包括“沙恩霍斯特”号和第4驱逐舰支队的5艘驱逐舰：Z29、Z30、Z33、Z34和Z38。上述舰只编为北方战斗群，由埃里希·贝海军少将指挥，第4驱逐舰支队司令为鲁尔夫·约翰内松(Rolf Johannesson)海军上校。邓尼茨在关于“东线”行动的指示电报中强调：成功截击JW55B船队将极大地支援东线陆军部队的作战；要巧妙、大胆地充分利用

■ 奉命执行“东线”行动的两位德军指挥官：埃里希·贝少将(左)和鲁尔夫·约翰内松上校(右)

战术情况，乘胜追击，不可半途而废；要发挥“沙恩霍斯特”号的火炮优势；只有在敌方重型兵力出现时才能停止攻击。邓尼茨尤其强调舰队的进攻精神，显然他内心非常渴望用一次胜利向希特勒证明，他在年初保留大型战舰的决定是正确的，他们并没有“待在挪威峡湾中无所事事”。位于基尔的德国海军舰队司令部很快根据邓尼茨的指示下达了作战命令，不过要相对谨慎得多，要求北方战斗群只有在作战条件相当有利的情况下才可实施集中突击，如果“沙恩霍斯特”号无有利战机，则由驱逐舰单独发起攻击，“沙恩霍斯特”号可留在安全水域待机，攻击时间大约在26日10时。

尽管邓尼茨踌躇满志，但德军的行动仍然受到很多问题的困扰，其中最重要的是敌情不明。虽然德国人掌握了JW55B的航行情况，但至今仍没有发现英军中远程掩护部队的踪影，由于天气恶劣，德国空军也无法继续进行空中侦察。在12月25日中午由前方潜艇发回的天气预报显示，当时挪威海上正狂风肆虐，风力达到7级，而且雨雪交加，能见度仅有2海里(约3.7千米)。失去空中侦察意味着德国人无法及时发现可能存在的英国战列舰，而判明对方是否出动了重型舰只是“沙恩霍斯特”号出击之前必须考虑的根本先决条件。另外，“沙恩霍斯特”号的护航兵力也显得太过单薄，而且不断恶化的海况给驱逐舰的航行和作战都带来了很大困难。正是基于上述原因，从挪威前线指挥部，到基尔的舰队司令部都对“沙恩霍斯特”号的出击提出了异议。舰队总司令奥托·施尼温德(Otto Schniewind)海军上将不顾路途遥远，从基尔赶到柏林，向邓尼茨当面力陈要害，建议推迟行动，但遭到拒绝。施尼温德又根据北方战斗群指挥官贝少将的意见，提出一个谨慎的作战计划：让驱逐舰去对抗护航船队，而“沙恩霍斯特”号则保持一段距离提供支援。邓尼茨同样不予采纳，他坚信运用迅速打击、快速脱离的战术，可以对护航船队造成更大的伤害。他心目中最完美的战术是：3艘驱逐舰尾随船队，另两艘伴随“沙恩霍斯特”号，整支舰队将在12月26日上午能见度改善后从护航船队中扫过；如果敌重型护航力量出现，驱逐舰则进行一次后卫作战行动，掩护“沙恩霍斯特”号发挥速度优势撤离战场。他还明确要求各舰拿出坚忍顽强的进攻精神，避免重蹈巴伦支海海战的覆辙。很明显，邓尼茨对战况的设想和现实有很大偏差，因为在晦暗不明、波涛汹涌的大海上，无论是发现护航船队，还是察觉敌重型战舰的逼近，都是非常困难的，特别是在对手拥有更为先进的雷达设备的情况下，德国人是占不到多大便宜的。

正是带着对未来的重重忧虑，贝海军少将登上了“沙恩霍斯特”号宽阔的甲板。时年45岁的贝自1916年加入德皇海军后就一直在驱逐舰部队服役，当战争爆发时任第4驱逐舰支队司令，由于在1940年4月纳尔维克海战中的出色表现而获得骑士十字勋章，并且升任驱逐舰部队司令。贝在1943年11月接替因为健康原因回国休养的奥斯卡·库梅茨

(Oskar Kummetz)海军上将担任驻挪威战列舰部队的指挥官，此前他从未指挥过大型战舰，这让他在仰望“沙恩霍斯特”号高大的舰桥时心中感到一丝不自在。在接到出击命令后，贝首先将他的参谋部从“提尔皮茨”号转移到“沙恩霍斯特”号上，随后和“沙恩霍斯特”号舰长弗里茨·欣策(Fritz Hintze)海军上校就即将开始的任务进行了交流。当时正值北极极夜，一天中白昼时间只有 45 分钟，而微明时间也不过 6 小时，贝希望能够利用全天能见度最好的短暂时间完成攻击，迅速撤退。虽然面临许多未知的因素，欣策舰长仍然意气风发，对自己的战舰充满信心。自 1942 年 10 月接任舰长以来，他还是第一次能够和敌军舰船做面对面的战斗，他希望用一场酣畅淋漓的胜利证明自己的能力，也为“沙恩霍斯特”号赢得新的荣誉。

“东线”行动的预定出发时间是 25 日 17 时，虽然指挥部在中午就下达了出航准备命令，但到了预定时间舰队并没有准备就绪，护航驱逐舰直到 16 时 37 分才赶到与战列舰会合，而港口人员还在忙于移开防鱼雷网，清理航道，因此出击时间只能推迟 2 小时。19 时整，伴随几声长长的汽笛，“沙恩霍斯特”号的 3 只巨大螺旋桨搅动起冰冷的海水，将 3 万余吨的钢铁躯体缓缓推离泊位，整个舰队在 3 艘小型扫雷艇的引导下沿着狭长的峡湾向外海驶去。当时“沙恩霍斯特”号上共

1943 年 7 月“沙恩霍斯特”号部分舰员在甲板上合影，在最后出击时舰上有 1968 名官兵

有1968名官兵，包括45名军官、379名士官和1438名水兵，此外，还有34名司令部人员、67名后备军官和5名士官生。由于正值圣诞节，舰上有的官兵已经上岸休假，因此从其他舰艇上抽调了部分人员接替。为了提高炮战水平，贝还特意将“提尔皮茨”号的副枪炮长调来随舰出海。天气依然很坏，风急浪高，德舰的通信设备在恶劣天气下显得很脆弱，常常失灵。一位扫雷艇艇长尽最大努力尝试向“沙恩霍斯特”号发报，但后者直到扫雷艇奉命返航都没有收到一条信息。与之形成鲜明对比的是，英国舰队的通信系统经受住了恶劣气候的考验，无论是远程通信，还是舰队之间的协同交流，都保持良好的畅通状态。

步入陷阱

德国海军北方战斗群驶出峡湾后，在23时04分取12°航向，向北方护航船队的推测位置冲去。尽管海上风力已经达到8级，但德军舰队仍然保持着25节的高速破浪前进，“沙恩霍斯特”号的艏一次次劈开浪峰、跃出波谷，显得强劲有力，但伴随的驱逐舰就不那么乐观了，它们单薄的船身在惊涛骇浪中有些弱不禁风，其中3艘驱逐舰上的150毫米舰炮在如此恶劣的海况下已经无法使用，舵机的效用也大为下降，航行困难。作为一名前驱逐舰部队指挥官，贝少将对随行驱逐舰的安危给予了特别的关心，可能正是出于这种不合时宜的担忧，他在23时55分打破无线电静默，向基地发送了如下电文：“预测作战海区内有西南风6~8级，严重影响驱逐舰使用武器，航行受限。”(英军资料认为这份电报是在21时16分发出的，此处以邓尼茨回忆录记载的时间为准)由于德军无线电通信的延误，邓尼茨直到很晚才收到这份电报，他后来在回忆录中认为这是一个不可思议的

德国海军Z 29号驱逐舰在挪威的留影，该舰属于1936A型，装备4门150毫米舰炮

错误，因为这个举动很可能暴露舰队的位置。

德国舰队出航后，邓尼茨和舰队指挥官们之间的争论还没有结束，施尼温德认为天气不佳，不利于作战，建议停止行动，至少也应该将驱逐舰撤回来。邓尼茨以只有前线指挥官才能对战区天气做出判断为由，拒绝中止作战。舰队司令部在26日0时02分发出一份电报，指示“如果驱逐舰不能经受剧烈风浪，则由‘沙恩霍斯特’号以巡洋作战模式执行任务”。贝在1时37分接到这份电报后，与驱逐舰部队指挥官约翰内松上校进行了沟通，后者表示驱逐舰能够坚持战斗。直到此时，贝仍然对英军支援舰队的情况一无所知，他认为自己需要对付的不过是由几艘驱逐舰护航的薄皮商船罢了。JW55B的航速只有8节，而德舰的航速是其3倍，只要目标进入目视范围，那就插翅难逃了。他唯一担心的是英军驱逐舰的鱼雷攻击。整个德国舰队都洋溢着一种乐观情绪，然而，事实上一步步靠近死亡的正是德国人自己。

与邓尼茨事后的推测有所不同，即使贝没有打破无线电静默，德国舰队的行踪也逃不过英国人的掌握。实际上，通过“超级机密”，弗雷泽可以从邓尼茨与下属的电讯往来中获知足够的信息，英国方面的情报来源还包括潜伏在阿尔塔峡湾的挪威抵抗组织成员的报告。12月26日02时16分，弗雷泽接到一则“超级机密”：“沙恩霍斯特”号可能于前夜启航了。1小时后，伦敦海军部在3时19分发出一份电报，明确告知弗雷泽：猎物已经在海上了。这份电报是在3时39分被舰队接收的，其实这是给护航船队指挥官的警戒信号，因为后者没有资格获知“超级机密”，只能以海军部的名义发出警报。既然猎物已经出洞，那么猎人就要开始撒网了，到26日4时，英国舰队的作战部署已经基本完成。当时，JW55B位于熊岛以南92千米，以6~8节航速向东北方向航行，依然保持着完整的编队；RA55A大约在熊岛以西370千米处，已经远离了危险海区；第一支援分队(巡洋舰编队)在JW55B以东270千米，正向西南偏西行驶；弗雷泽亲自指挥的第二支援分队(战列舰编队)在护航船队东南390千米，并提速至24节，向东北偏东航行。在各编队中，第二支援分队受恶劣天气影响距离预定位置最远，“约克公爵”号还没有换装大西洋艏，因此在恶劣海况下的适航性下降，舰首常常被巨浪淹没，一些暴露的通风管道和轻型防空武器被海浪从舰首甲板上硬生生地扯下来，抛到海中，海水还从敞开的锚孔、通风口灌进舰体。4时01分，弗雷泽再次冒险打破无线电静默，命令JW55B将航线向北方偏转，并要求伯内特报告第一支援分队的位置，接着又命令伯内特向护航船队靠拢。

贝对于自己正陷入对手东西夹击的态势毫无察觉，仍然率舰队一路向北急进，寻找JW55B的踪影。虽然德国空军已经无法提供有效的侦察报告，但U艇还在密切追踪船队的动向。3时27分，U-716遭遇了JW55B的护航舰只，并被迫下潜。该艇随后将船队位置向基地报告，并转发给“沙恩霍斯特”号，这些电讯都被英国人截获。贝在4时23分将

■ 英国海军本土舰队司令布鲁斯·弗雷泽上将，他通过“超级机密”掌握了德军行动

编队航向转至30°，随后又在5时转向4°。大约在7时，德军舰队达到推测的盟军船队所在位置，但没有发现目标。贝判断己方编队航速过快，盟军船队尚未到达。此时，德军舰队位于熊岛东南130千米处，贝命令将航向变为250°，5艘驱逐舰在“沙恩霍斯特”号前方9~18千米处一线排开，彼此间隔约9千米，形成一条警戒线，以12节航速向西南方向搜索。在7时55分，德军编队又转向至230°，凭借运气和判断力，贝已经使自己占据一个截击盟军船队的极佳位置，如果他按照这一航线前进，1小时后他将距离JW55B仅有55千米。

但是，贝犯了一个严重的错误，他将驱逐舰部署在“沙恩霍斯特”号前方18千米，这个距离实际上已经超出了灯光信号的识别距离，使他非常容易与驱逐舰失去联系或做出错误的判断。当时海面上有8~9级的西南风，瞬时风速超过11级，能见度仅有5~7千米，偶尔能达到18千米，加上德军无线电设备性能不佳，联系中断的危险性很大。贝的意图是让驱逐舰单独行动，而将“沙恩霍斯特”号隐蔽在后方，待盟军船队完全暴露后，再根据先前的命令，让战列舰和驱逐舰一起发起攻击。如果“沙恩霍斯特”号没有在8时20分突然转向北方，贝的作战构想也许还有成功的希望。这次转向的原因并不清楚，可能是一次意外的雷达接触，也可能是在8时14分收到来自U-716的报告后做出的航向调整，但无论什么原因，德国驱逐舰没有接到任何有关“沙恩霍斯特”号转向的消息，他们依旧保持航线向西南方向搜索，与旗舰的距离进一步拉大。尽管“沙恩霍斯特”号在8时50分左右重新调头向南航行，但贝再也没有追上他的驱逐舰群。座乘Z29的约翰内松曾在8时55分与贝取得了联系，报告说发现一艘不明船只并准备开火射击，但经过确认那是偏航的Z38！在贝能够召回他的护航舰只之前，“沙恩霍斯特”号已经被英军雷达捕捉到，并很快就陷入了战斗。关于这两次转向的细节已经无从得知，因为航海日志已经随“沙恩霍斯特”号沉入海底，很难弄清贝少将当时的想法。

伯内特的奇袭

犯错的并不只是德国人，英国人的行动也不是完美无缺。尽管弗雷泽多次通过无线电通报各舰队的位置，以减少协同作战中难免的困惑和混乱，但伯内特和他的第一支援分队仍然弄错了JW55B的位置，以至于向西南方向走得过远，到达距离船队以东约90千米的地方。伯内特直到7时50分才意识到这个错误，转向西北方与护航船队靠近。此时，“沙恩霍斯特”号实际上已经处在第一支援分队和护航船队之间的有利位置。如果不是德国雷达性能不佳，贝可能早就发现了护航船队，或察觉到正在逼近的英国巡洋舰。现在，伯内特需要做的就是赶在德国人动手前找到“沙恩霍斯特”号，并阻止它对护航船队展开攻击。

8时34分，“诺福克”号的水面搜索雷达发现一个不明回波信号，方位280°，距离29700米。随后，“贝尔法斯特”号的雷达在8时40分发现目标，方位295°，距离31500米，而“谢菲尔德”号的雷达接触报告是在8时50分发出的，方位278°，距离27450米。伯内特判断这个回波就是“沙恩霍斯特”号，并发出了警报。JW55B在接到德舰接近的警报后，护航驱逐舰立刻在船队前方11千米处展开，各舰间隔1800米。在9时左右，伯内特的巡洋舰还发现一个雷达回波，方位299°，距离21600米，那可能是一艘掉队的商船，或向北偏航的德国驱逐舰Z38。无论怎样，伯内特都没有被这个接触报告迷惑，他非常正确地认定先前发现的目标就是“沙恩霍斯特”号。此时，这艘德国战列舰已经转向南航行，对身边的危险毫无察觉。9时04分，伯内特命令自己的3艘巡洋舰一起转向，排成一列横队，以占据“沙恩霍斯特”号和护航船队之间的阵位，在风浪很大、能见度不良的情况下，进行这样的机动是要冒着相撞的危险，但英国海军的优良训练体现出了效果，所有舰只都顺利地完成了机动。现在“沙恩霍斯特”号处在英舰西南方，其雷达回波从英舰左舷方向传来，在雷达显示器上不停地跳动着，与“沙恩霍斯特”号的距离在不断缩短。

■ 指挥巡洋舰编队的罗伯特·伯内特少将，他准确判断了“沙恩霍斯特”号的动向

9时21分，英舰与“沙恩霍斯特”号建立了目视接触，“谢菲尔德”号的瞭望手在左舷前方约11700米处发现了一个模糊的舰影。9时24分，“贝尔法斯特”号向“沙恩霍斯特”号上空打出了照明弹，但是没有照亮目标。尽管如此，这些在昏暗的天空中突然绽放的耀眼星辰还是让德国人大吃一惊，在此之前他们一直都在寻找可能出现在右舷前方的护航船队，却不想在左舷后方突然出现了对手。“沙恩霍斯特”号的前后主炮射击指挥仪上方各安装了一部FuMO27水面搜索雷达，但探测距离短、抗干扰性差，欣策舰长可能担心雷达发出的电波会暴露自己的位置而没有让

雷达开机。"沙恩霍斯特"号受到了彻底的奇袭！9 时 27 分，"诺福克"号也打出一排照明弹，但依旧没有照亮"沙恩霍斯特"号，此时德舰已经向左舷转向 30°，航向 150°。9 时 30 分，伯内特认为时机已经成熟，下令"诺福克"号在 8800 米的距离上开火，他的主要目的是掩护两艘轻巡洋舰开火，后者的 152 毫米主炮使用了炮口火焰不明显的无烟火药。"诺福克"号的首轮齐射偏离目标约 500 米，经过修正后以 8 门 203 毫米主炮连续进行了五轮舷侧齐射，随后为了给位于其右舷的"贝尔法斯特"号让出射界而稍稍退后。"诺福克"号的炮火既快又准，在第二和第三轮齐射中各命中一弹，其中一发命中左舷中部 150 毫米副炮炮塔和鱼雷发射管之间的上甲板，并穿透甲板打进军官食堂，但没有爆炸，只引起一场小火灾，很快就被扑灭了。另一发炮弹要致命得多，它摧毁了左舷前部与舰桥并排的高射炮射击指挥仪，更重要的是爆炸的冲击波和破片将位于前桅楼顶端的大型雷达天线也一并报销了，这意味着"沙恩霍斯特"号的前部搜索雷达已经失去作用，无法在 360°范围内进行搜索。虽然德舰的后部雷达还可以使用，但安装位置较低，搜索距离更短，且受前部上层建筑影响，存在 80°的前部盲区。实际上，在随后的战斗中，"沙恩霍斯特"号只能更多地依靠传统的光学观瞄器材，这在正处于极夜的北极海域是致命的缺陷。

一连串的突然打击让"沙恩霍斯特"号的舰桥军官们十分慌乱，他们忙于掌握破损情况和下达各种命令，或者举着望远镜徒劳地在晦暗的海面上寻找敌舰位置。枪炮长瓦尔

■ 德国海军的 FuMO 27 水面搜索雷达，性能不及英制雷达，在"沙恩霍斯特"号的最后一战中没有发挥作用

特·布雷登布罗伊克(Walter Bredenbreuker)海军少校不断地向雷达操作手和测距仪手询问目标方位，但没有人能够告诉他准确答案。无奈之下，布雷登布罗伊克少校只能命令后部“凯撒”(Caesar，以下简称C炮塔)主炮塔向着英舰炮口闪光方向实施齐射，作为回击。贝少将从英舰的炮弹落点水柱判断对方实力较强，因此下令提速到30节，以150°航向向东南高速撤退。然而，伯内特却没有对德舰的转向逃脱做出及时的反应，直到“沙恩霍斯特”号向左舷转向十几分钟后，他才命令舰队转向跟随。此外，他以横队队形开火的做法事后也受到了指责，这样做存在后面舰艇的射界被前面舰艇阻挡的弊端。由于伯内特反应迟钝，加上德舰的速度优势，双方的距离很快就拉开了。当时海上正刮着8~9级的西南风，英国巡洋舰在顶风航行时航速只能达到24节，而动力强劲的“沙恩霍斯特”号却能够保持30节的高速。到9时40分，双方之间的距离已达20000米，彼此都停止了炮击，但英舰的雷达仍然密切地监视着目标。然而，伯内特并没有一直跟在“沙恩霍斯特”号后面，他在10时14分下令转向西与德舰脱离接触，接着取325°航向前进，与北方的护航船队会合。10时25分，德舰的回波信号从英舰的雷达显示器上消失了，当时“沙恩霍斯特”号已转向东北方航行。

关于伯内特的转向脱离，后来遭到不少诟病，有人认为他在敌前撤退的行为违背了皇家海军大胆接敌、勇于进攻的传统，但实际上他的行动是明智的。伯内特怀疑“沙恩霍斯特”号是在引诱他向南远离护航船队，然后转向北方再次尝试攻击护航船队。凭借6节的速度优势和恶劣天气的掩护，德舰很容易摆脱巡洋舰的跟踪，并再次接近护航船队。伯内特认为保护船队是他的主要责任，如果“沙恩霍斯特”号真的掉头向北再次接近，那等着德国人自己送上门是最可靠的选择。随后的战斗表明，伯内特还真押中了宝！

扑朔迷离

当贝和伯内特进行第一轮交锋时，双方的后援——弗雷泽和约翰内松又在做什么呢？在“沙恩霍斯特”号被英舰雷达发现后，弗雷泽命令JW55B向北规避，同时抽调第36分队的4艘驱逐舰前去支援伯内特编队，他们在10时24分与第一支援分队会合。在9时30分，弗雷泽命令第二支援分队转向265°，接着又在9时38分转向105°，意在从南面切断“沙恩霍斯特”号返回挪威基地的退路，与伯内特的巡洋舰一起实施夹击。然而，伯内特在10时35分向弗雷泽发报：“与北进的敌舰失去接触，我正靠近护航船队。”这个消息对于弗雷泽来说是一个沉重的打击，并使他陷入困境。他的驱逐舰已经燃料不足，他必须尽快决定是继续追击，还是就此收兵。如果“沙恩霍斯特”号已经返航，那么自然没有必要继续前进，因为伯内特的巡洋舰位于德舰以西很远的地方，无法实施拦截；如果德舰再次尝试进攻船队，那么他就必须保持当前航线向东直进。还有一种让弗雷泽深感恐惧的可能性就是，“沙恩霍斯特”号根本不打算攻击 JW55B，而是借机向西突入北大西洋，展开新的巡洋作战。如果那样，“约克公爵”号正在向错误的方向前进。最后的结果是，弗雷泽和英国海军部都将落入一个巨大的海上骗局，北大西洋的海运线将再次面临德国大型战舰的威胁。因此，弗雷泽现在急于知道“沙恩霍斯特”号到底在哪里？他在 10 时 58 分向伯内特发报：“除非有人重新获得接触，否则我们没有机会消灭敌人！”

贝的处境并不比弗雷泽好多少，英国巡洋舰的突然袭击使他意识到自己身边缺乏护航警戒兵力，并开始寻找己方驱逐舰的下落。他在 9 时 45 分向约翰内松发报，要求驱逐舰部队报告他们的状况。实际上，约翰内松已经看到“沙恩霍斯特”号和英军巡洋舰交火的火光，但不知是疏忽大意，还是缺乏主动精神，他并没有率队回援，而是保持 230°航向继续向西南方搜索。10 时 27 分，贝命令驱逐舰调头与“沙恩霍斯特”号会合，第 4 驱逐舰支队才转向 70°，以 25 节速度回航。然而，U-277 在 10 时左右再度发现了 JW55B，并发出侦察报告。11 时 58 分，贝命令驱逐舰向 U-277 报告的船队位置前进，并且自己也将前往那里。但是，他再也没能将部队汇聚在一起，实际上德国驱逐舰在和己方旗舰分离后就已经从这场冰海大戏中提前退场了。

事后看来，贝应该尝试干掉那些挡在面前的英国巡洋舰，再抓住护航船队。“沙恩霍斯特”号拥有航速和火力优势，但是贝没有那样做的勇气。其实在整个战争中没有一个德国海军指挥官敢于那样做，因为德国海军的作战原则要求他们不能拿极其珍贵的大型军舰去冒险，更何况“沙恩霍斯特”号是当时德国唯一能用的大舰了。然而，对于德国人来说，无论是贝的谨慎，还是约翰内松的消极，都不是最不幸的事情。在 10 时 12 分，德国空军一架 BV138 水上飞机在挪威北角西北方发现 5 艘不明军舰，距离“沙恩霍斯特”号约 280 千米，并在 11 时 35 分向舰队司令部做了汇报。邓尼茨在回忆录中称，这架飞机只报告说发现 5 艘不明舰只，机长删掉了“其中一艘可能是重型舰只”这一重要的补充信息，因为他不想报告估计的情况。这使舰队司令部最初认为这是第 4 驱逐舰支队的 5 艘驱逐舰，可能是贝根据先前允许“沙恩霍斯特”号单独完成任务的电报而下命令让它们返航的，但实际上这 5 艘舰正是包括“约克公爵”号在内的第二支援分队。由于通信的延误，“沙恩霍斯特”号在很晚才收到这份侦察报告，贝也许估计到这是英国舰队，因为根据幸存水兵的回忆，他们在当天 15 时得到通知，有一支英军战斗群在“沙恩霍斯特”号西面，向东航行。然而，直到“约克公爵”号向他开炮前，贝都不知道自己面对的对手实力到底有多强！

不过，一些西方资料对于这次重要的侦察行动却另有说法，那架德军侦察机明确报告发现一艘大型舰只。另外，从挪威近海罗弗敦群岛起飞的侦察机也报告说发现“重型舰只”。但是，上述报告都是基于机载雷达的搜索结果而做出的，德国人对己方雷达性能的怀疑导致这些重要信息被人为地忽略了。笔

■ 德国空军 BV 138 水上侦察机驾驶舱内景，德军的航空侦察已经发现了英军主力舰队，但关键情报未能及时传递给“沙恩霍斯特”号

者甚至怀疑是德国舰队司令部的人删掉了发现重型舰只的信息，这可能是出于对雷达的不信任，也可能是对德国空军的不信任。邓尼茨在回忆录中掩饰了这一点，并且将责任推卸到一位德国空军机长的头上。此外，德国无线电监听部门发现整个上午有大量信号从一个未经确认的海上编队发出，虽然没有充分理由确定这是一支能够阻断“沙恩霍斯特”号退路的重型编队，但竟然没有人将这一可疑情况通报给贝，使之提高警惕。总之，德国海军在情报收集和战场通信联络方面的弊端给“沙恩霍斯特”号的行动带来了极大的困扰，其危害甚至大于英国人造成的伤害。

攻击与退却

在和伯内特进行了短暂的交火后，贝意识到自己的位置已经暴露了，并且还失去了一部雷达，他很清楚这意味着什么：在漫长的极夜中，他的军舰将像盲人一样无法察觉身边的危险。在发挥速度优势甩掉英军巡洋舰后，贝也许应该选择返航，当时无论是伯内特，还是弗雷泽都离他很远，无法加以阻止。但是，邓尼茨在出击前反复强调进攻不能以僵局结束，必须发挥进攻精神，联想到一年前巴伦支海海战的恶劣后果，贝还是决定冒险再次尝试进攻。“沙恩霍斯特”号在进行了几次机动后转向北方，贝计划赶到护航船队前方，再转向西南。如果他够幸运，“沙恩霍斯特”号将和 JW55B 迎面相遇。贝希望凭借佯动和速度优势绕过英国巡洋舰的拦截，但是伯内特并没有上当。

12 时 05 分，“沙恩霍斯特”号转向 240° 航向，向 U-277 通报的船队位置驶去。几乎与此同时，“谢菲尔德”号的 273 型雷达在 19200 米距离上发现了一个不明回波，伯内特立刻判定那是绕回来的“沙恩霍斯特”号，随即发出战斗警报。当时第一支援分队正以 45°航向前进，3 艘巡洋舰仍旧排成一列横队，“贝尔法斯特”号在最北面，而“谢菲尔德”和“诺福克”号并排在“贝尔法斯特”号南面，第 36 分队的 4 艘驱逐舰则在巡洋舰编队右前方 3.7 千米处。实际上，“沙恩霍斯特”号的航向几乎准确地指向英军巡洋舰和驱逐舰之间，双方以 40 节的相对速度迅速接近。这次伯内特决定带领他的部队堂堂正正地拦截“沙恩霍斯特”号，将其阻挡在护航船队之外。伯内特首先命令转到 90°，随后又转到 100°，同时 JW55B 也向东南方向转向规避。

12 时 21 分，双方距离接近到 10000 米，

■ 英国海军“诺福克”号重巡洋舰，属于诺福克级重巡洋舰，装备8门203毫米舰炮，参加了多次重大海战

伯内特下令开火。“贝尔法斯特”号首先打出照明弹，随即用主炮开始射击，“诺福克”号和“谢菲尔德”号也跟着开炮。伯内特还命令第36分队靠近“沙恩霍斯特”号并实施鱼雷攻击，但是4艘驱逐舰当时所处的位置和队形都很难对准“沙恩霍斯特”号的前进方向发射鱼雷，而且“步枪手”号的报务员在收到攻击命令后并没有传达给舰桥，其中的原因可能是疲惫——这4艘驱逐舰从苏联的科拉与RA55A一同出发，在4天时间里穿过巴伦支海，先后加入了3支编队，疲劳程度可想而知。在战斗结束后，由于燃料不足，它们又回到了科拉，成为整个行动中唯一没有到达目的地的单位。最后只有位置靠前的“步枪手”号和“泼妇”号用主炮对“沙恩霍斯特”号奋力开火。

与上午的第一次交火不同，这次遭遇时德国人已经有所准备。虽然当时正在下雪，但正值一天中最亮的时刻，德舰的瞭望手还是看到了3艘巡洋舰的影子，“沙恩霍斯特”号很快做好了射击准备，在英舰开火后不久，就用2座前部主炮塔：“安东”（Anton，以下简称A炮塔）和“布鲁诺”（Bruno，以下简称B炮塔），开始还击。随着距离的接近，前部150毫米副炮也投入了射击。尽管受到3艘巡洋舰和2艘驱逐舰的集中攻击，“沙恩霍斯特”号还是表现得非常镇定、从容，借助优良的光学器材对英舰实施迅速而准确的射击，最初2次齐射就对“谢菲尔德”号形成了跨射，近失弹的弹片在这艘轻巡洋舰的舰体上留下

■“沙恩霍斯特”号战列舰的前主炮群，在光线条件良好的情况下其火力相当有威胁

了不少伤痕。随后，德舰集中火力攻击了“诺福克”号，因为该舰主炮没有使用无烟火药，明亮的炮口焰使它成为一个显眼的目标。“沙恩霍斯特”号在第三和第四轮齐射中分别命中“诺福克”号2枚283毫米穿甲弹。大约在12时27分，一枚炮弹击中了英舰后部X炮塔基座，一道高大的红色火柱从炮塔底部腾空而起，交战双方都观察到这次命中。X炮塔立刻丧失了战斗力，并且弹药库被紧急注水以防止殉爆。另一枚炮弹命中了舰体中部上层建筑，导致全舰雷达失效。有1名军官和6名军士在两次中弹时牺牲，另有5人重伤，所幸“诺福克”号的航速没有受到影响。相比之下，英舰的射击要逊色得多。由于能见度不良，在战斗的最初几分钟内英军巡洋舰只能以雷达引导射击，但效果不佳。以“谢菲尔德”号为例，由于难以观测弹着点，该舰仅用152毫米主炮进行了7分钟舷侧齐射，发射炮弹96发，无一命中。“步枪手”号设法对德舰进行了52次齐射，而“泼妇”号只打了6次齐射，都未能命中。在第二次交火中，“沙恩霍斯特”号几乎躲过了英国人的所有炮弹。英国方面坚持认为击中了目标，但实际上只有一发炮弹命中了德舰左舷某处，但没有爆炸，“沙恩霍斯特”号的战斗力没有受到任何影响。

尽管在炮战中“沙恩霍斯特”号占据了优势，但贝并不想和英国巡洋舰、驱逐舰做更多的纠缠，他的主要目标是JW55B。在战斗最初阶段，“沙恩霍斯特”号曾向西略微偏转，看起来像是要进行一场正面战斗，但是在12时25分，交战距离缩短到3700米时，贝命令转到135°航向，规避炮战，并向东南机动，再次凭借高航速将距离拉开。12时41分，所有英军巡洋舰都停止了射击，而“泼妇”号在12时47分的最后一次射击为英德双方的第二次交火画上了句号。两度寻找船队未果，两度遭到英舰拦截，贝终于丧失了最后一丝进攻精神，在他心中谨慎再度占了上风。虽然“沙恩霍斯特”号拥有更强的火力和航速，但是面对英方3艘巡洋舰和4艘驱逐舰，胜算并不大，而5艘德国驱逐舰在旗舰需要援助时却仍然按照贝在11时58分发出的命令向西北方向搜索船队。贝还十分担心英国人的鱼雷攻击，在1940年6月攻击“光荣”号航母时，“沙恩霍斯特”号就吃过英国鱼雷的苦头。短暂的白昼很快就要结束了，天色再次暗淡下来，要不了多久德舰的光学测距仪就会变成废物，而装备雷达的英舰在黑暗中就能大显身手。总之，继续作战的风险是贝无法承受的，他在犹豫片刻后于13时终于做出了中止行动返航的决定，他很清楚这样做可能面临撤职查办的命运，但为德国海军保留最后一艘能够作战的大型战舰显然是最重要的。“沙恩霍斯特”号随即转向155°航向，以28节航速向440千米外的挪威海岸驶去，按这个速度它将在午夜前后回到基地。贝在13时43分向第4驱逐舰支队发报，命令它们中止行动。约翰内松在14时20分率队调头奉命向南返航，在此之前Z33因为轮机故障已经先行踏上归途。事后得知，德国驱逐舰距离护航船队最近时只有16~18千米，但是无论怎样，它们在这次海战中都扮演了一个毫无意义的角色。

贝选择了一条东南偏南的返航航线，对此邓尼茨在回忆录中感到非常困惑，他认为

■ 英国海军驱逐舰“步枪手”号，属于M级驱逐舰，装备6门120毫米舰炮

“沙恩霍斯特”号应该选择西南方向返航，利用顶风航行的速度优势摆脱英国巡洋舰。贝的选择很可能基于那份来自空军的侦察报告，他担心一条偏西的航线会与那 5 艘不明舰只相遇，但实际上他所走的航线恰恰能够被弗雷泽的第二支援分队完美地拦截。可悲的是，德国空军侦察机一直保持与第二支援分队的接触直到 14 时，但是由于德军通信系统的延误，这些能够最后挽救“沙恩霍斯特”号的信息没有及时交到贝的手中。伯内特率领第一支援分队与“沙恩霍斯特”号保持 14 千米的距离，远远地跟在德舰后面，用雷达密切监视，并不断向第二支援分队通报位置。他根本不想扰乱“沙恩霍斯特”号向南逃跑，就好像猎人看着猎物自行走向陷阱。其实贝应该从中感到古怪：为什么 3 艘英国巡洋舰会满足于平静地跟在他后面，而没有开火或派出驱逐舰加以拦截？或许他太疲惫了，无法思考。16 时 03 分，“诺福克”号的一个轮机舱起火，导致航速下降。16 时 10 分，“谢菲尔德”号的左舷推进轴发生故障，航速降为 8 节，这样跟踪“沙恩霍斯特”号的英舰只剩 1 艘轻巡洋舰和 4 艘驱逐舰。也许贝应该反戈一击，但回家心切的“沙恩霍斯特”号依旧埋头赶路。很可能贝对于上述情况一无所知，因为仅有的后部雷达为了隐蔽而没有开机——FuMO27 雷达能够发现 25 千米范围内的水面舰艇——这个徒劳的举动使“沙恩霍斯特”号陷入空前的被动。

暗夜决斗

当伯内特在 12 时 05 分再度发现“沙恩霍斯特”号时，“约克公爵”号上的弗雷泽无疑松了一口气，至少没让这个煞星跑到大西洋去。不过他还是有一点担心，因为雷达扫描显示，第二支援分队已经被德军侦察机跟踪了，德军指挥部也许会向“沙恩霍斯特”号报警，并做出规避行动。但是，从伯内特后来的报告看，“沙恩霍斯特”号似乎并不清楚英军战列舰的所在，而是沿着一条对英国人来说非常理想的航线向挪威撤退。“约克公爵”号的航海军官根据第一支援分队的报告在海图上标绘出“沙恩霍斯特”号的完整航迹，经

■ 1943 年时的“约克公爵”号战列舰，该舰拥有当时最好的雷达系统

过推算得出结论：第二支援分队完全可以在德舰接近挪威海岸前截住它。弗雷泽对此非常满意，并命令雷达严密注意海面情况。

在1943年底，“约克公爵”号拥有皇家海军最好的雷达系统，该舰的273型对海搜索雷达于16时17分在20°方位发现一个回波信号，距离约42000米，那正是自北面而来的“沙恩霍斯特”号，“约克公爵”号从西边赶来，两者航线相交。弗雷泽不打算进行远距离炮战，因为他很清楚德舰的最大优势是速度，他计划在近距离开始交战，争取在战斗的最初阶段就给对手造成沉重打击，以防止目标逃跑。16时32分，“约克公爵”号的284型火控雷达捕捉到“沙恩霍斯特”号。火控雷达拥有比搜索雷达更窄的波束和更高的精度，不断将目标航向、航速传送到射击指挥所。16时36分，双方距离已经缩短到24000米。16时37分，弗雷泽命令“野人”号和“索马里兹”号前往左舷，“蝎子”号和“斯托尔德”号前往右舷：“占据最有利的鱼雷发射位置，听到命令再开火！”这个命令在随后的行动中将造成一些不利结果。与此同时，“贝尔法斯特”号的雷达也发现了“约克公爵”号：英国的两个舰队终于会合了，一张大网开始在“沙恩霍斯特”号周围悄悄收拢。

16时40分，双方距离进一步缩短到约18000米，“约克公爵”号舰长盖伊·拉塞尔（Guy Russell）海军上校激动地在罗经舰桥上

■“约克公爵”号的前部主炮群。在战斗中，“约克公爵”号共进行了80次齐射，但由于火炮故障，实际发射炮弹数量仅为理论数值的一半

向弗雷泽报告：“随时可以开火!”但弗雷泽仍然继续等待。16时42分，“沙恩霍斯特”号向左舷略微转向，“约克公爵”号相应向右舷转向，同时弗雷泽命令“贝尔法斯特”号发射照明弹。16时44分，距离“沙恩霍斯特”号仅有11000米了，如果再接近不仅德舰的光学器材将能够观测到英舰，而且283毫米穿甲弹也能够对“约克公爵”号的装甲造成威胁。16时47分，“贝尔法斯特”号发射的照明弹在黑夜中点亮，但没有照亮目标。“约克公爵”号左舷的133毫米副炮急忙补射了4发照明弹，这一次“沙恩霍斯特”号巨大、修长的银灰色躯体完全暴露在数十万烛光的光亮下。

“约克公爵”号的枪炮长查福特海军少校在前部主炮射击指挥所内通过测距仪清楚地看到了目标，凭着职业敏感，他发现德舰首尾主炮塔还处在零方位，这说明德国人毫无防备！射击指挥仪立即开始运作起来，解算出射击诸元。“约克公爵”号略向右转，使全部主炮都能指向位于左舷的德舰。10门356毫米主炮缓缓仰起粗大的炮口，在射击指挥所内，炮塔备便灯一一点亮。16时50分，“约克公爵”号首先开火，用全部主炮进行了第一次舷侧齐射，巨大的后坐力使庞大的舰体顿时向右侧倾斜。查福特少校的眼睛紧紧跟着炮弹尾部曳光管划出的明亮弹道，直到20秒后在“沙恩霍斯特”号周围腾起高大的水柱。“夹中!”查福特兴奋地报告，同时他也观察到德舰前部出现一团绿色烟云，这表明首轮齐射就取得了命中！“约克公爵”号上顿时一片欢呼。查福特立刻高声下令：“穿甲弹！全装药！装填，装填，快装填!”英国战列舰随即转入狂热的射击。16时52分，“牙买加”号也开始射击，并在第三次齐射也获得命中。

“沙恩霍斯特”号完全被打了个措手不及，当英舰的第一轮炮弹落下时，德军舰员们还在凄厉的战斗警报声中向各自的战位狂奔。“约克公爵”号的首轮齐射非常幸运地击中了“沙恩霍斯特”号A主炮塔右舷侧壁，将回转俯仰机构击毁，使这座炮塔还没有投入战斗就失去了作用。更严重的是A炮塔弹药库起火，并蔓延到B炮塔，结果“沙恩霍斯特”号在几分钟内就失去了2/3的火力。德国水兵拼命抢救，向前部弹药库注水，并在扑灭火灾后抽出B炮塔弹药库的积水，使火炮重新恢复射击。但是，“沙恩霍斯特”号的噩梦才刚刚开始，它在16时55分向北转向规避，“约克公爵”号则转向到60°，让出射界以便驱逐舰发射鱼雷。16时56分，贝向德军指挥部发报：“遭遇敌重型战舰，我正受到攻击!”16时57分，“贝尔法斯特”号和“诺福克”号也开火了，不过“谢菲尔德”号还落在后面。

尽管遭到突然袭击，“沙恩霍斯特”号的战斗力依旧是令人望而生畏的，在英舰开火约5分钟后开始还击，用尚能开炮的B主炮塔、C主炮塔实施齐射，最初弹着点偏近，但在重新校正目标距离后，立刻对“约克公爵”号形成了跨射，并险些命中了“牙买加”号。“诺福克”号的主炮和“约克公爵”号的

133毫米副炮都没有使用无烟火药，使得二者成为很好的瞄准点。此外，“野人”号和“索马里兹”号冲到离“沙恩霍斯特”号很近的地方，结果也被“约克公爵”号的照明弹照亮，遭到德舰副炮猛烈而精准的射击，被迫放弃了极好的鱼雷发射阵位，转向远离德舰，从而浪费了一次实施鱼雷攻击的好机会，在之后一个半小时的激战中，英军驱逐舰再也没有获得这样的机会。贝很清楚自己势单力薄，不是弗雷泽的对手，他唯一的希望是利用“沙恩霍斯特”号的高航速逃出英舰的火力范围，再择路返航。17时08分，“沙恩霍斯特”号已经提速至30节，并转向111°，与“约克公爵”号的距离拉大到13000米。“沙恩霍斯特”号用C炮塔全力向追兵射击，并不时转过身用两座主炮塔实施六炮齐射。贝不奢望将英舰击沉击伤，只要能够迫使“约克公爵”号转向规避，为自己逃生争取时间就足够了。

欣策舰长竭尽全力操作战舰进行机动规避，但是仍然不能避免英舰的连连命中。17时08分，“约克公爵”号的一发炮弹击中了C炮塔附近的后部上层建筑，将飞机库炸毁，并造成严重损坏，泄露的航空汽油引起了一场火灾，但10分钟后被扑灭。许多暴露在战位上的防空炮手被四溅的破片杀死，欣策命令幸存的防空炮手离开战位寻找隐蔽，但是105毫米高射炮炮组成员的撤离造成了德舰反驱逐舰火力的削弱，给随后的战斗造成了消极影响，一些德军生还人员认为这是导致最后失败的重要原因。17时13分，弗雷泽再次命令4艘驱逐舰靠近“沙恩霍斯特”号并发射鱼雷，但双方距离已经进一步拉大，需要很长时间才能重新占据发射阵位。17时30分，一发356毫米穿甲弹摧毁了“沙恩霍斯特”号右舷前部的双联装150毫米副炮，并穿透了甲板，在舰体侧面炸出一个半米宽的洞，离水线只有0.6米。到17时42分，双方主力舰的交战距离已经增加到16500米，“牙买加”号由于距离过远只能在打出19次齐射后停止射击。4艘驱逐舰则在距德舰11000米的地方奋力追赶，很难指望它们能取得什么进展。至于第一支援分队的巡洋舰则被甩在北面更远的地方，鞭长莫及，现在只剩下两艘战列舰进行一对一的重量级对决了。

无论是在火炮口径上，还是在火炮数量上，“约克公爵”号都占有优势：10门356毫米舰炮对阵6门283毫米舰炮。“约克公爵”号一次齐射抛射的弹丸重量达7吨，而“沙恩霍斯特”号只有2吨。英舰的装甲防护也更加坚厚，更能经受打击。到18时，双方距离为18000米，“约克公爵”号的炮火依旧准确和猛烈，两发炮弹先后命中“沙恩霍斯特”号舰首，切断了锚链，使德舰的前主锚和右主锚掉入海中。18时15分，“沙恩霍斯特”号B炮塔的通风排烟装置被英舰炮弹击毁，导致火炮发射后产生的大量有毒废气弥漫整个炮塔，迫使炮手们撤出战位，从而宣告了B炮塔的寿终正寝。这样，“沙恩霍斯特”号只能用唯一的C炮塔继续抵抗。德舰水兵们奉命结成人链，从前部弹药库向后部弹药库搬运炮弹。尽管处于劣势，“沙恩霍斯特”号的炮火仍然给对手造成了一定的威胁，两发 283 毫米炮弹击中了“约克公爵”号的主桅，摧毁了 281 型对空搜索雷达的天线，并使 273 型水面搜索雷达暂时失效。随着距离的增大，“约克公爵”号舰尾主炮塔已经转到前射界的极限，尽管如此还是偏离目标约 4°，很难进行准确的射击。此外，英军战列舰主炮塔在战斗中暴露出可靠性差的弱点，多门主炮无法持续射击，只能发挥全部火力的 75%。18 时 24 分，由于“约克公爵”号主炮齐射的剧烈晃动，英舰 284 型火控雷达也发生故障。来自皇家海军志愿预备队的贝（Bates）茨海军上尉勇敢地爬上桅杆，连接破损的雷达线路，雷达兵则迅速修理调试设备。不过，由于雷达失效，“约克公爵”号不得不在打出第 52 次齐射后停止射击，此时两舰相距约 19500 米，而德舰早在 18 时 20 分就已经停火了。

在长达一个半小时的炮战中，“约克公爵”号的主炮进行了 52 次齐射，有 31 次对德舰形成跨射，其中 16 次近失弹距“沙恩霍斯特”号不足 200 米，直接命中 13 发，摧毁了对手的两座主炮塔和多座副炮，对德舰上层建筑造成较大破坏。但是，“沙恩霍斯特”号的水下舰体和动力系统仍然完好无损，以 26 节航速沿 110°航向高速向东撤退。凭借比英舰高出约 3 节的速度优势，“沙恩霍斯特”号似乎将再次虎口逃生。弗雷泽无计可施，只能命令驱逐舰向“沙恩霍斯特”号实施鱼雷攻击，减缓德舰航速。但是，驱逐舰在剧烈的风浪中东摇西晃，保持航向都很困难，无奈

“约克公爵”号战列舰进行主炮射击的场面，在北角海战中凭借优良的火控系统，对“沙恩霍斯特”号进行了精准猛烈的打击

地看着德舰渐渐远去。

宿命难逃

18 时 30 分，弗雷泽陷入极度的失望，虽然这一天中他已经足够幸运，不仅有效保护了 JW55B 的安全，而且在茫茫大海上逮到了“沙恩霍斯特”号，并且给予重击。然而，到头来还是让德国人溜掉了。他的巡洋舰和驱逐舰已经奔波多日，疲惫不堪。也许过不了多久“沙恩霍斯特”号就会躲到挪威的峡湾中舔舐伤口，等待着对下一支护航船队下手，这意味着皇家海军又要耗费大量的兵力与精力和它周旋。18 时 40 分，近乎绝望的弗雷泽向伯内特发报：“在我看来，几乎没有希望抓住‘沙恩霍斯特’了，我将向护航船队靠拢！”然而，几乎与此同时，从海图室传来一份令弗雷泽难以置信、喜出望外的报告：273 型对海搜索雷达发现“沙恩霍斯特”号减速了！

原来，在“约克公爵”号于 18 时 24 分进行的最后一次齐射中，有一发炮弹在近 20000 米的距离上幸运地命中了“沙恩霍斯特”号右舷中部甲板。这发近乎垂直下落的炮弹在冲过几道隔壁后，击穿了 80 毫米的主水平装甲，最后在一号锅炉舱内爆炸，切断了几根重要的蒸汽管道，导致蒸汽轮机减速，“沙恩霍斯特”号的航速从 26 节下降到 10 节。轮机长奥托·柯希尼(Otto Koenig)海军中校立刻指挥部下进行了一次堪称卓越的损管修理，首先关闭蒸汽阀门，待中弹区域温度降低后，由损管队员对受损的管道进行紧急维修，使航速恢复到 22 节，但是这个速度已经不足以

■ 英国海军“索马里兹”号驱逐舰，属于 S 级，装备 4 门 120 毫米舰炮和 8 具鱼雷发射管，该舰在北角海战中向“沙恩霍斯特”号发起鱼雷攻击

使“沙恩霍斯特”号逃脱英舰的追杀，它在最后一道栅栏前绊倒了，失去了生死攸关的速度优势。弗雷泽对这个柳暗花明的变化感到兴奋异常，立刻在那条语气沮丧的电报后追加了一份迥然不同的电报：“我已决定转向挪威海岸，希望敌人也会如此转向，这样驱逐舰就有机会发起攻击。‘沙恩霍斯特’现已减速，我正朝它进发！”

在“沙恩霍斯特”号减速的这段时间里，4艘英国驱逐舰已经从左右两翼包抄过来。在18时40分，“野人”号和“索马里兹”号在德舰左后方，从西北面逼近，而“蝎子”号和“斯托尔德”号则在德舰右舷约9000米处从东南方隐蔽接近，两队驱逐舰进行了熟练的战术配合。首先“野人”号和“索马里兹”号在6400米处向“沙恩霍斯特”号开火，吸引德舰火力，而“蝎子”号和“斯托尔德”号则保持沉默继续接近。德舰迅速向“野人”号和“索马里兹”号开炮，但由于先前要求防空炮手隐蔽的命令并没有取消，那些对付驱逐舰非常有效的105毫米高射炮在关键时刻保持沉默，以至于“沙恩霍斯特”号的反驱逐舰火力不再像战斗之初那样猛烈和有效。4艘驱逐舰上的舰员们都觉得他们靠得太近，似乎一抬脚就可以登上“沙恩霍斯特”号了。18时49分，“沙恩霍斯特”号转向东南，突然发现了逼近的“蝎子”号和“斯托尔德”号，其舰首直指两艘驱逐舰，对于后者来说这是一个难以瞄准的位置，因为鱼雷的航迹可能和目标航迹平行，很难命中。然而，德舰并没有向着驱逐舰直冲过来，而是在下一分钟向右舷猛烈转舵，变为西南航向，欣策舰长大概想发扬左舷舰炮火力驱离驱逐舰，然而这次转向使德舰的整个左舷都暴露在英军驱逐舰面前，后者正处在德舰左舷的正横位置，一个理想的射击位置。机不可失，“蝎子”号和“斯托尔德”号分别在1920米和1650米距离上用120毫米舰炮全力开火，并各齐射了8枚鱼雷，随后迅速转向脱离。当“蝎子”号转向时，一个新兵高喊道：“把铁丝网和挡泥板放到左舷外！”他以为这样能增加一些防御。

■ 德国海军大型战舰装备的双联装105毫米高射炮，该炮射速较快，在防御敌军驱逐舰攻击时也能发挥很大作用

“沙恩霍斯特”号的突然转向也让“野人”号和“索马里兹”号感到惊讶，它们原本正从德舰左舷舰尾后方追上来，现在“沙恩霍斯特”号直接从它们的右舷驶过。“索马里兹”号遇到了麻烦：一发283毫米炮弹从其指挥塔中穿过，虽然没有爆炸，但造成了严重破坏，同时近失弹的弹片扫过甲板，打倒了绝

大多数鱼雷兵，并损坏了右舷发动机，使航速降到 10 节，有 11 人阵亡，11 人受伤。尽管如此，“索马里兹”号于 18 时 53 分在 1650 米距离上发射了 4 枚鱼雷，同时“野人”号也在 3200 米距离上齐射了 8 枚鱼雷。两舰随即转向脱离，并用 120 毫米主炮拼力射击。不久，英国水兵们观察到正在转向规避的“沙恩霍斯特”号舷侧腾起几道水柱，顿时爆发出一片欢呼。

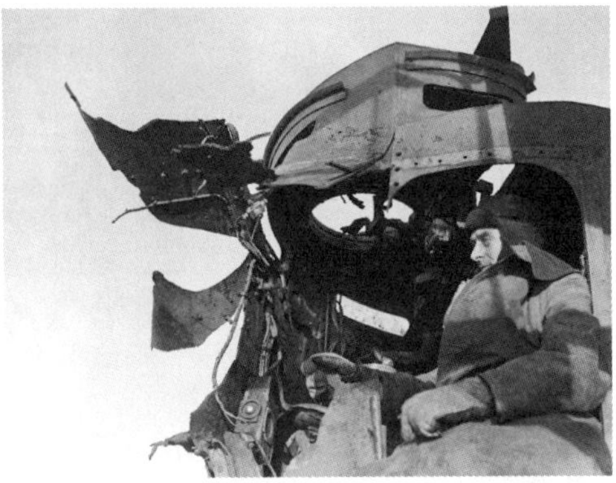

■ 在与“沙恩霍斯特”号的交战中，“索马里兹”号的指挥塔被炮弹击中，遭到破坏

尽管“沙恩霍斯特”号航海长埃德加·兰茨海军少校拼命转舵规避，但在英军驱逐舰的左右夹击下还是顾此失彼。在当时的混乱情况下很难确定各舰鱼雷的准确命中情况，但可以肯定的是，“蝎子”号和“斯托尔德”号发射的鱼雷中至少有一枚击中了德舰左舷 B 炮塔下部舰体，造成弹药库进水，“野人”号和“索马里兹”号发射的鱼雷则有三枚中的，分别命中德舰右舷舰首、中部右锅炉舱侧壁和舰尾，并炸断了右侧推进轴。英国鱼雷 340 千克战斗部的爆炸完全摧毁了“沙恩霍斯特”号的水下防御系统，大量的进水和动力系统的再次受创使它的航速骤减至 12 节，并开始右倾。现在这艘久经沙场的战舰已经无可挽救了，准备迎接它的终结时刻。从北面接近的“诺福克”号向“沙恩霍斯特”号实施了两次齐射，仿佛在宣告它的死亡，不过随后因为雷达回波混乱而停止射击。19 时，贝和欣策都已经明白死亡的结局不可避免，并向德军总部发出诀别电报：“我舰将战至最后一弹。‘沙恩霍斯特’永远向前！”

19 时 01 分，“约克公爵”号和“牙买加”号在 9500 米距离上再度开火，前者的 284 型火控雷达已经修复，它的第一轮齐射就命中了德舰的后部上层建筑，引发了一场 20 分钟后才得到控制的大火。“沙恩霍斯特”号在察觉英军战列舰的靠近后，立刻将火力从驱逐舰转向“约克公爵”号，用唯一的 C 炮塔做最后的抵抗，但已经失去了统一的炮击指挥，只能自行瞄准开火，炮弹要由人力从前部弹药库中搬运过来。弗雷泽从望远镜中看到德舰甲板上忘我搬运炮弹的德国水兵，深为动容。19 时 11 分，贝收到邓尼茨的来电：“该地区所有潜艇、驱逐舰和飞机都将前往救援你舰！”这已经毫无意义。19 时 12 分，“沙恩霍斯特”号只剩 10 节航速并且右倾，但没有下沉。此时，C 炮塔也被击中起火，停止射击，全舰仅剩 2 门 150 毫米舰炮还在做象征性的战斗。“约克公爵”号已经逼近到 2800 米距离，在这个距离上 356 毫米炮弹的弹道几乎是平直的。19 时 15 分，“贝尔法斯特”号也从北面向德舰开火。“沙恩霍斯特”号的最后时刻几乎就是两年半之前“俾斯麦”号的翻版，它的上层建筑已经遭到严重破坏，通信系统全毁，整艘船失去战斗力，只是一具漂浮在海面上、熊熊燃烧的钢铁躯壳，被13艘英国军舰团团包围。

此时，已经有多艘英舰聚集在“沙恩霍斯特”号附近的海面上，为了避免远距离炮击造成误伤，并且尽快击沉目标，弗雷泽在19时19分命令“贝尔法斯特”号发射鱼雷，“牙买加”号也收到了相同的命令。19时25分，“牙买加”号在3200米距离上发射了2枚鱼雷，一枚击中德舰舰尾，但没有爆炸，可能因为能见度不良和燃烧产生的巨大烟云使英舰对目标速度的估算出现错误。19时27分，“贝尔法斯特”号也在5700米距离上发射了3枚鱼雷，并声称命中一枚。此时，“沙恩霍斯特”号还以低于3节的航速缓缓地在海面上打转，舰首已经没入水中，右舷甲板几乎与海面齐平，但仅剩的火炮还在开火。19时29分，“约克公爵”号在完成第80次齐射后，弗雷泽下令停火。19时30分，欣策舰长下令弃舰，但是当“牙买加”号在7分钟后再次准备发射鱼雷时，仍然遭到德舰的射击。19时30分，第36分队的4艘驱逐舰赶到战场，开始轮番对垂死的德舰发射鱼雷。“步枪手”号于19时33分在900米距离发射了4枚鱼雷，击中3枚，在转身离开时差点与“无比”号相撞。“无比”号由于先前在风暴中损坏了鱼雷发射管而无法攻击。“凑巧”号分别在19时31分和19时33分从2300米距离上向“沙恩霍斯特”号右舷发射了8枚鱼雷，命中2枚，“维拉戈”号也在19时34分从2560米距离上发射了7枚鱼雷，命中2枚。“牙买加”号在19时37分发射了3枚鱼雷，命中2枚。

19时38分，“沙恩霍斯特”号的舰首和右舷已经完全被海水淹没，舰上到处都燃起大火，浓厚的黑烟将舰体严严实实地包裹起来，甚至连英舰上的强力探照灯也不能穿透。19时45分，伴随一阵剧烈爆炸，“沙恩霍斯特”号舰首朝下向右舷倾覆沉没，沉没位置在北纬72°16′，东经28°41′。根据近年对残骸的潜水调查，“沙恩霍斯特”号的前部舰身在前主炮塔附近断裂，应该是在翻沉的最后阶段，前部主炮弹药在舰体倾斜时可能从弹架上滑落，并在碰撞中诱发弹药库大爆炸，将舰体炸成两段，导致迅速沉没。当19时48分“贝尔法斯特”号前去进行第二次鱼雷攻击时，“沙恩霍斯特”号已经从海面上消失了。它被无数的炮弹命中，并挨了15枚Mk IX型533毫米鱼雷，才最终葬身大海。当欣策下令弃舰时，有数百名舰员跳入冰冷刺骨的海中。在最后时刻，贝、欣策和副舰长多米尼克(Dominik)都将自己的救生衣让给身边的士官生，随后他们都落入水中。在全舰1968名官兵中仅有36人生还，没有一名军官，多米尼克实际上已经用手抓住了一根绳子，但最后还是滑进海里死了。“无比”号救起了6名落水者，而“蝎子”号救起了30名。20时16分，弗雷泽发出电报：“请确认‘沙恩霍斯特’号已被击沉。”在从“蝎子”号救起的幸存者口中得到肯定的答案后，弗雷泽在20时30

■ “沙恩霍斯特”号幸存者走下“约克公爵”号甲板，在德舰近2000名官兵中，只有36人获救

制下很难获得战果，而给盟军带来巨大压力的德国大型战舰再也没有出现在挪威海上——“提尔皮茨”号战列舰此后遭到英国海空军的连续轰炸，在1944年11月20日被“兰开斯特”轰炸机投掷的“高脚柜”巨型炸弹炸沉前，没有进行过一次战斗行动。自北角海战后，北极航线已经变得相对安全了。

分下令所有英军舰艇停止搜救行动，撤离战场，向科拉返航，此举是出于对德国潜艇的担忧，但也意味着数百名德国水兵在冰水中死去。JW55B在躲过多次潜艇袭击后也毫无损失地在12月30日抵达了阿尔汉格尔斯克。

没有鲜花的坟墓

北角海战是北极护航战中最后一次大规模战斗，也是英德海军大型水面舰艇之间的最后一次交锋。这场海战以德国海军的失败而告终，邓尼茨麾下最后一艘能够作战的大型战舰永远沉睡在冰海中，陪葬的是近2000名德军官兵的生命。“沙恩霍斯特”号的沉没标志着英国海军取得了北极护航战的最终胜利，虽然此后德国潜艇和飞机仍然不时袭击北极护航船队，但在盟军不断完善的护航体

从德国角度讲，“沙恩霍斯特”号以超常的勇气进行了战斗，它在最后时刻的表现赢得了对手的尊重。弗雷泽后来动情地对部下说道：“先生们，我们赢得了这场海战的胜利。如有一天你们能够指挥一艘军舰，参加一场实力如此悬殊的战斗，我希望在场诸君能像‘沙恩霍斯特’那样轰轰烈烈地作战!”在“约克公爵”号向英国返航时，途经“沙恩霍斯特”号沉没的海域，弗雷泽上将亲率全舰军官及仪仗队在甲板上列队，将一个缅怀的花环抛入海中。尽管“沙恩霍斯特”号的英勇战斗值得钦佩，但几乎在它启航前失败的命运就已经注定了。英国“超级机密”的优势和德国海军糟糕的通信系统，加上不可靠的雷达，使它根本无法有效作战。德国空军在那几天的侦察实际上做得非常好，只是德国人没有

相信他们的飞行员，未能将所有重要信息传递给顽强作战的“沙恩霍斯特”号。即使如此，“沙恩霍斯特”号仍然有逃脱的希望，但它的运气实在太差了。“约克公爵”号那次幸运的远距离命中恰好穿透了它装甲防护最薄弱的部分，否则该舰不会受到致命的损坏。如果没有那次命中，“沙恩霍斯特”号还是有机会回到阿尔塔峡湾的。从贝的角度说，他犯了一个错误，那就是和他的驱逐舰分散行动。如果第 4 驱逐舰支队在“沙恩霍斯特”号身边护航，贝可以命令他们向“约克公爵”号发起攻击，迫使其改变航向，那样也许会避免那决定性的一击。但是，面对英国舰队压倒性的优势，派 5 艘驱逐舰反击无疑是一次自杀行动。

对于“沙恩霍斯特”号的沉没，历史学者更多地归咎于贝的经验不足和指挥失误，但一场作战行动的失利仅仅从战场指挥官身上寻找原因是不够的，也要从更高的指挥层面加以考察，从这一点上说，似乎更应该责备邓尼茨。北角海战的失败令邓尼茨非常失望，然而造成失败的根本原因正是他自己的一意孤行。他不顾众多下属的反对坚持命令出击，并在给“沙恩霍斯特”号的命令中要求必须取

■ 在北角海战胜利后，英军各舰指挥官在“约克公爵”号甲板上合影留念，其中左起第一位是“约克公爵”号战列舰舰长盖伊·拉塞尔海军上校，左起第五人就本土舰队司令布鲁斯·弗雷泽海军上将

得战果，强调发挥进攻精神，同时又保留了德国海军指挥官们惯常的谨慎，迫使前线指挥官必须依照他的命令行动。贝既不能选择最有进攻性和危险性的行动直接消灭挡路的英国巡洋舰，也不能选择最保险的行动——在遭遇敌巡洋舰的拦截后掉头返航。作为折中的办法，他设法绕过巡洋舰去尝试进行一次"安全"的攻击，这不过是试图贯彻邓尼茨命令中所要求的进攻精神罢了，而在这段时间里，弗雷泽正在奋力东进去切断"沙恩霍斯特"号的退路。邓尼茨还应该为德国海军通信系统的低效负责，他的U艇部队拥有非常复杂、高效的通信网络，但身为海军总司令的他没有意识到应该改善一下德国水面舰艇部队的通信系统。

对于贝来说，作为驱逐舰部队指挥官而缺少指挥大型战舰的经验，这是事实，但并不是十分重要。许多成功的海军将领是在驱逐舰上完成他们日后指挥大型战舰行动的经验积累，比如英国地中海舰队司令安德鲁·B. 坎宁安（Andrew B. Cunningham）。关键是贝在指挥作战时缺少有效的情报支持和行动指导，一些关键的情报信息不是受到延误，就是根本没有传递给战场指挥官，而下至北挪威舰队指挥部，上至舰队司令部、海军总司令部，都没有在作战行动中起到有效的协调指导作用，他们发出的指令往往令前线指挥官陷入困惑，特别是在战区司令部没有人负责全面领导协调，因为曾经长期指挥驻挪威水面舰艇部队的库梅茨上将回国养病去了。此外，德国水面舰艇部队自战争开始以来就蒙受的挫折和冷落使部队缺乏信心，士气低落，出航时一点表面的兴奋在随后的行动中很快消磨殆尽。

从英国角度来说，弗雷泽赢得了一场光荣的胜利，当然英国方面拥有很多的优势，包括准确及时的情报、通畅的通信网络、性能更好的雷达和较多的舰艇数量，不过也应该看到英国人面临的形势和行动上的复杂性。弗雷泽实际上有两个任务，首先是保护运输船队的安全，其次是消灭"沙恩霍斯特"号。他的舰队被分散在广阔的大海上，为了协调行动，他必须放弃战术上非常重要的无线电静默。从实战看，英国各个舰队之间的协同要比德国人好得多，体现了这个海军强国的经验老到。战场指挥官的作用同样不可忽视，弗雷泽的审时度势和伯内特的准确判断都对战斗结果产生了重要影响，特别是后者在首次和德舰交火后没有一味穷追猛打，而是做好防备德舰再次来袭的准备，可以说是整个战斗中最关键的一个决定。假设贝成功引诱伯内特南下，从而向JW55B发起攻击，那么弗雷泽将不仅因距离太远无法保护船队，而且也不能抓到"沙恩霍斯特"号。

胜利并非处处完美，一个让英国人忧虑的因素是"约克公爵"号的主炮，正像两年半以前"威尔士亲王"号在丹麦海峡对抗"俾斯麦"号时一样，故障频频。在这次海战中，"约克公爵"号共进行了80次齐射，A炮塔三号炮失效了71次，Y炮塔三号炮失效了43次，A炮塔二号炮失效了33次，B炮塔二号炮失效了30次。10门356毫米舰炮80次齐射应该发射 800 发炮弹，但实际上只发射了 446 发，这意味着“约克公爵”号的火力效率只相当于一艘装 5~6 门主炮的战舰。为了击沉“沙恩霍斯特”号，英国海军消耗了大量弹药，除了“约克公爵”号发射了 446 发 356 毫米炮弹和 686 发 133 毫米炮弹外，“诺福克”号发射了 161 发 203 毫米炮弹，“牙买加”号、“谢菲尔德”号和“贝尔法斯特”号合计发射了 874 发 152 毫米炮弹，驱逐舰共消耗了 126 发 120 毫米炮弹，各舰发射鱼雷共计 55 枚，命中 15 枚。人员伤亡方面要轻微得多，仅“诺福克”号和“索马里兹”号上共 18 人阵亡。总之，有效的通信、优良的雷达和幸运的有效一击左右了北角海战的结局，但英国人还是差一点让“沙恩霍斯特”号跑掉了。

在北角海战胜利后，“约克公爵”号的炮手们在主炮前合影留念，其 356 毫米舰炮在海战中暴露出诸多问题

沧海搏鹰：德军 Fw 200 巡逻机 VS 英国护航船队

1939 年至 1945 年的大西洋之战是“二战”中持续时间最长、投入兵力最多、交战范围最广、损失舰船最大的海上战役，在这场以破交和保交为核心内容的长期战斗中，德国海空军运用了从水下到空中的各种手段对英国的海运线进行攻击，试图建立有效的战略封锁，切断英国与海外资源产地和盟国的联系，削弱其战争能力，迫使英国媾和并退出战争。在大西洋之战中，德国海军潜艇、大型战舰和伪装袭击舰所扮演的角色早已为人们所熟知。相比之下，德国空军在远洋破交作战中的行动则较少受到关注。这并不奇怪，因为德国空军用于海上作战的力量非常有限，在 1940 年之前从未认真考虑过对英国海运线发动远程空袭，而且缺少适合执行此类任务的作战飞机。不过，凭借卓越的独创性，德国空军在短时间内将福克-沃尔夫 Fw 200 型“秃鹰”远程客机改装为远程巡逻机，在大西洋深处崭露峥嵘，在 1940 年至 1942 年对防空能力薄弱的英国护航船队的攻击中取得了一些令人印象深刻的成功。尽管 Fw 200 并不是为作战设计的飞机，但它通过出色的战绩为自己赢得了战斗声誉，以至于被丘吉尔称为“大西洋上的灾星”。

与此相对应的是，依据“一战”时期的经验，英国皇家海军在“二战”爆发前耗费了大量时间和资源发展保卫贸易航线的装备和战术。当时认为商船队最主要的威胁来自德国潜艇和水面袭击舰，护航体制、反潜声呐、深水炸弹及专门的护航舰艇都是针对上述威胁而设计和开发的。在应对空中威胁方面，皇家海军认为皇家空军能够为近海航行的商船队提供掩护，使其免受敌军空袭，由于当时几乎没有远程飞机，船队在远海不太可能遇到空袭，所以不必考虑远洋船队的对空防御问题。后来的事实证明，这是一个缺乏预见性的错误判断。当 1940 年德国空军的 Fw 200 向大西洋护航船队发出挑战时，盟国商船几乎没有任何防空能力，德国人在这场较量的初期占据绝对优势。

幸运的是，英国皇家海军表现出令人惊叹的应变能力，在 1941 年至 1942 年采取了一系列反制措施，皇家空军和美国陆军航空队也鼎力相助。这些措施包括为商船加装防空武器和雷达，研发载机商船，设计建造护航航母，使用远程飞机进行巡逻，改进与皇家空军海岸司令部的协同，等等，通过这些努力为护航船队撑起防空保护伞，逐渐消除了 Fw 200 的威胁。在 1942 年之后，Fw 200 已经难以突破船队的防御圈，那些试图攻击船队的“秃鹰”们大部被击落，迫使德国空军暂停此类行动。1943 年以后，德国空军通过引入制导武器试图逆转形势，但由于双方实力差距的不断增大，最终归于失败。本章将以德国空军 Fw 200 型巡逻机在 1940—1943 年的远程空袭行动和英国海军护航船队的防空作战为中心，向读者展示大西洋之战中鲜为人知的海空战斗。

秃鹰狩海——Fw 200 巡逻机的研发、改装和战术

在世界航空史上，利用民用飞机改装军用飞机的例子并不鲜见，特别是在轰炸机、运输机、预警机等大中型作战飞机的研发上有不少实例。在 20 世纪 30 年代，德国航空工业就非常善于运用“民为军用”的手法来规避协约国对德国发展军用飞机的政治限制。诸如亨克尔 He 111、道尼尔 Do 17、容克 Ju 52 等“二战”德国空军的主力轰炸机、运输机型号最初都是以民用客机、货机的面貌问世的。它们在设计时都考虑到未来改为军用飞机的可能，在技术上也多采用军用标准或预留改装空间。福克-沃尔夫公司的 Fw 200 型巡逻机同样是民用改军用的典型。与上述机型有些不同的是，Fw 200 纯粹是商业竞争的产物，完全从民用用途加以设计，其基本结构并不适应军事行动的需要。如果说 He 111、Do 17 是穿着平民服装的军人，那么 Fw 200 完全是被拉的壮丁，就连德国空军起初都不看好 Fw 200 的军事价值。但是，空军海上作战飞机的缺乏和战争局势的发展却让 Fw 200 阴差阳错地成为“二战”中德国空军最出名、战绩最突出的远洋巡逻/轰炸机。

“秃鹰”的身世

当希特勒于 1933 年出任德国总理后，纳粹政权对复兴德国航空工业、扩大飞机生产规模产生了极大兴趣，并通过巧妙地宣传声称这将有助于提升德国的国际声望。新政府利用一切机会在国内外为上述目标进行不遗余力的宣扬鼓吹。作为德国国家航运企业，德意志汉莎航空公司在 20 世纪 30 年代初期充当了孕育未来德国空军的温床，凭借雄厚的资源支持和出色的研发能力发展了一系列新型军民两用技术，为尚处于秘密状态的国防军航空部队进行技术、人员和设施方面的储备。同时，该公司利用在航空技术上的创新成就向全世界展示“德国的超凡实力”，得到了新政府的青睐。正是凭借这种地位和与纳粹党二号人物赫尔曼·戈林（Hermann Göring）的密切关系，前汉莎航空总经理埃哈德·米尔希（Erhard Milch）在 1933 年新成立的帝国航空部中取得了领导地位，成为推进德国航空业高速发展并转入战争轨道的领军

人物，而帝国航空部作为全德国航空事务的最高管理机构，其职能便包括紧密协调军事航空与民用航空部门的合作。

德国政府一贯鼓励并支持汉莎航空在国际航运市场上争取主导地位，到20世纪30年代初期，该公司已成为欧洲规模最大、装备最好的航空公司。1932年，汉莎航空选用容克Ju 52/3m型三发客货两用飞机作为标准客运班机，到1936年时该公司的60架客机中有3/4是这种型号。虽然Ju 52性能可靠、坚固耐用，但航程只能满足直飞西班牙、意大利和斯堪的纳维亚地区的中短程航线，而且缺乏气密客舱，很难满足乘客对舒适性的要求。当美国人在1934年推出DC-2型客机，接着又在1935年开始生产性能更优越的DC-3型客机后，汉莎公司的领导层意识到，如果想在前往美洲、非洲和远东等地的远程航线上参与竞争，必须拥有一种比Ju52性能更为优异的运载工具，简单地说就是一种能够安全飞越大西洋的航空器，甚至早在希特勒上台之前，汉莎航空就已经产生了这种想法。对于德国民用航空而言，这是一个极具吸引力的目标。汉莎航空最初尝试利用“比空气更轻”的飞行器来达到目的，让德国人引以为豪的巨型飞艇“齐柏林伯爵”号和“兴登堡”号赚足了世界的目光，但它们对远程航运技术的

■ 1936年，空军总司令戈林（左二）和航空部国务秘书米尔希（左一）陪同希特勒（右二）参加第134战斗机中队的成立典礼，在希特勒的支持下，戈林和米尔希掌握了德国航空事务的主导权

■ 德国汉莎航空公司的 Ju 52 型客机，在与 DC-3 的竞争中已落下风

实验却以失败告终，其自身的固有弱点和高昂的制造运营成本使之无法成为实用的远程客运工具。

当跨时代的道格拉斯 DC-3 型客机出现后，汉莎航空想要获得一种能够执行洲际飞行任务的新型客机的心情更加迫切，希望以此主宰新兴的远程民航航线。帝国航空部对于研发一种与美国最新客机竞争的远程机型很感兴趣，米尔希本人尤其不希望德国航空技术居于人后。在得到官方的支持后，汉莎航空开始与德国主要的飞机制造商进行接触，寻找合适的设计者和生产者。让人失望的是，当时最具实力的两个候选对象——容克公司和道尼尔公司都将注意力集中于研制轰炸机方面，以获得德国空军的巨额订单，对于这个潜在市场规模较小、研制难度颇大的民用机项目热情不高。虽然容克公司同意利用后来被德国空军否定的 Ju 89 重型轰炸机的原型机重新设计一款编号为 Ju 90 的客机型号，但似乎并不打算全力以赴。在这种情况下，汉莎航空只好退而求其次，与总部位于不莱梅的福克-沃尔夫飞机制造公司进行接洽，探讨研发一型多发远程客机的可能性。这家后来以生产 Fw 190 战斗机而闻名的公司当时还声名不著，与先前的两位航空巨头相比尤其缺乏设计、制造大型全金属飞机的经验。

汉莎航空对福克-沃尔夫公司并不陌生，二者早在 20 世纪 20 年代末就已经建立了密切的合作关系，后者向前者提供了 Fw A17、Fw A32、Fw A33 和 Fw A38 等多种型号的单发客机。虽然福克公司没有设计大型飞机的经验，但他们以极高的积极性和“乐观进取”的态度弥补了这个不足。1936 年 7 月初，汉莎航空技术总监罗尔夫 · 施图泽尔（Rolf Stussel）博士和总经理卡尔-奥古斯特 · 冯 · 戈布伦茨（Carl-August von Gablenz）会见了福克公司技术部门负责人库尔特 · 谭克（Kurt Tank），听取该公司关于新型飞机设计的技术建议。谭克是一位才华横溢的飞机设计师和航空工程师，同时兼任试飞员，他已经为福克公司工作了5年，最近刚刚完成Fw 44型双翼教练机的设计工作。谭克充满热情和创意的介绍使施图泽尔和戈布伦茨相信，福克公司不但可以承担设计、建造新型客机的任务，而且有能力在一年之内制造出原型机并实现首飞。1936年8月，汉莎航空公司与福克-沃尔夫公司正式签署了设计合同，要求研制一款能够运载25名乘客飞行1500千米的远程客机，帝国航空部为其指定的机型编号是Fw 200。

福克-沃尔夫公司的当家设计师谭克晚年与Fw 200的模型合影

无论是福克-沃尔夫公司，还是谭克本人，都希望通过Fw 200项目在德国航空界树立威望，因此全身心地投入其中。由威廉·班泽米尔(Wilhelm Bansemir)博士领导的设计团队迅速完成了这种全金属大型飞机的技术蓝图，谭克则忙于收集各种现成的零备件，为了加快进度，Fw 200的原型机采用了美国普拉特 & 惠特尼公司制造的引擎。福克-沃尔夫公司成功兑现了对汉莎航空的承诺，在12个月内完成了设计工作，并将V1号原型机组装完成，在1937年7月26日进行了首飞。Fw 200型客机能够搭载4名机组成员和26名乘客，采用四发下单翼单垂尾布局，金属机身承力蒙皮结构，近乎圆柱形的机身十分修长匀称，机首圆钝，是典型的客机风格，驾驶舱风挡面积较小，在客舱两侧各有9扇树脂玻璃舷窗，在一对大展弦比梯形下单翼上对称安装4台发动机，主翼内段水平，外段略有上反角。Fw 200V1号原型机的引擎型号是美制惠特尼“大黄蜂”875马力空冷发动机，量产型更换为BMW132型720马力空冷发动机，即特许生产的惠特尼发动机。

早在V1号原型机试飞之前，汉莎航空高层已经对Fw 200留下了深刻印象，并且承诺会订购另外2架原型机和3架量产型。但是，汉莎航空对于新型远程客机的型号选择仍然举棋不定，容克公司的Ju 90客机的原型机在1937年8月28日完成首飞，这种四发客机相比Fw 200体型更大，能够运载40名乘客，似乎更具市场前景。虽然谭克非常热切地希望尽快向全世界展示已经获得“秃鹰”(Condor)绰号的Fw 200，但他仍然不得不用一年的时间对V1号原型机暴露出的技术问题进行改进，进一步完善设计，之后才能做好进行远距离飞行试验的准备。1938年夏季，福克-沃尔夫公司与帝国航空部达成一项共识，利用Fw 200V1号原型机进行一次宣传飞行，以突出展现这种新型飞机的航程和速度。

为此，谭克对 V1 号原型机进行了改装，增加了额外的油箱以延伸航程，使它更符合创纪录飞机的身份。改装后，V1 号机被重新命名为 Fw 200 S-1 号机。

1938 年 6 月，谭克亲自驾机搭载 21 名乘客完成了从柏林至埃及开罗（Cairo）的首次远程飞行，顺利往返，但这只是一次热身运动，更具震撼性的航程是 8 月 10 日至 11 日由柏林直飞美国纽约的跨洋飞行。一个特别挑选的机组驾驶 Fw 200S-1 从柏林起飞，经过 24 小时 36 分的飞行降落在纽约，全程 6371 千米，平均时速 260 千米/时，而 13 日的回程时间缩短为 19 小时 47 分，创造了 330 千米/时的快航纪录。这次洲际飞行轰动一时，并且使 Fw 200 成为史上第一架在柏林和纽约之间完成不着陆飞行的飞机。不过，少数见证这一历史事件的记者注意到，Fw 200的刹车系统存在缺陷并导致起落架损坏。航空部并不满足于此，希望通过Fw 200赚取更多的赞誉，为“新德国”增光添彩。1938 年 11 月 28 日，Fw 200开始了另一次更加雄心勃勃的远征，由柏林出发，经停巴士拉（Basra）、卡拉奇（Karachi）、河内（Hanoi），最后抵达日本东京。全程耗时 46 小时 18 分，飞行距离达 13600 千米。日本天皇裕仁亲自接见了全体机组成员，Fw 200的远航能力让日本人非常赞叹。然而，当Fw 200在回航中途经马尼拉（Manila）时，因机组成员在操作燃油泵时发生错误，导致飞机迫降受损。尽管失去了 V1 号原型机，远程飞行也暴露出这种过于复杂的飞机非常脆弱，但是谭克和他的“秃鹰”已经震惊了全世界。

然而，成功的创纪录飞行能够带来赞叹，却不能创造商业利润，将Fw 200的技术奇迹

■ 1938 年 8 月 11 日，由 Fw 200V1 改装的 Fw 200 S-1 在纽约弗洛伊德·班内特机场降落，创造了由柏林不着陆直飞纽约的历史纪录

转变为一种实用经济的客机还要面临很多困难，远比汉莎航空预想得要大。由于 Fw 200 的采购成本几乎是一架 Ju 52 的 3 倍，汉莎航空在 1938 年只订购了 3 架，在 1939 年又追加了 4 架。Fw 200 最初量产的型号是 Fw 200A 型，在 1939 年 3 月，福克-沃尔夫公司又改进完成了 Fw 200B 型，换装了 850 马力 BMW132D 型引擎，增加了载重能力，作为标准量产型。汉莎航空采购的“秃鹰”在 1939 年被用于前往巴西和西非的测试飞行，以进一步验证其远航能力，但这些飞行仍然更多地被当作宣传噱头，而非检验其商业用途的可行性。为了保持生产线的正常运转，并且希望收回研发成本，福克-沃尔夫公司开始尝试对外出口 Fw 200，向丹麦、芬兰和巴西各出售了 2 架。德国空军也订购了 2 架 Fw 200，分别作为希特勒和其他纳粹高官的专机。此外，大日本航空株式会社在 1939 年初订购了 5 架 Fw 200，但由于战争爆发，未能交货。总的来说，在“二战”之前 Fw 200 的商业业绩只能用惨淡来形容，仅得到 20 架的订单，而其竞争对手 DC-3 在“二战”之后几乎占领了全球的航空运输领域，连同其军用型号 C-47，总产量超过 16000 架。

应征入伍

早在战前，英国情报机构就确信，德国空军正以汉莎航空为掩护研制和发展远程轰炸机，但实际上在“二战”爆发前德国空军高层对于将 Fw 200 改造为军用飞机根本没有兴趣。首先注意到“秃鹰”的军事价值的是来自东方的日本海军，1938 年的长途飞行使日本海军对 Fw 200 的远航能力赞赏有加，于是在 1939 年初委托福克-沃尔夫公司以该机为基础设计一款远程海上巡逻机。谭克非常热心于

■ 战前分别由德国汉莎航空（远）和丹麦航空（近）购买的 2 架 Fw 200 型客机，该机在民用市场的销售十分惨淡

此，他坚信这一军用改型迟早会被德国空军采用。谭克选择了名为“黑森”（Hessen）的 Fw 200 V10 号机作为军用型的改装对象，这架飞机也是 Fw 200B 型的原型机，他为 V10 号机重新设计了油箱，以增加燃料载量，还配备了航空照相器材和自卫机枪，但没有安装炸弹挂架。

在 V10 号的改装工作完成前，“二战”于 1939 年 9 月爆发，这项交易也被迫中止，但 V10 号机后来成为军用型 Fw 200 的最初原型。战争爆发后，汉莎航空也取消了大部分远程国际航班，仅保留少数民用型 Fw 200 用于直飞罗马、马德里和斯德哥尔摩的航线。有 6 架 Fw 200 被移交给德国空军第 105 特别轰炸机联队第 4 中队，作为军用运输机使用。如果不是德国空军缺乏大型远程轰炸机和用于远洋作战行动的飞机，Fw 200 很可能以运输机的身份平淡地度过战争岁月，但正如谭克所坚持的预见，随着战争的进行，德国空军开始对 Fw 200 的作用进行了重新审视。

众所周知，在战前德国空军的重建和扩军过程中，将 He 111、Do 17、Ju 88 等中型轰炸机作为主要攻击机型优先发展，忽视对远程战略轰炸机的开发，尽管在 1936 年启动了 Do 19 和 Ju 89 两种四发重轰炸机的研制项目，但由于力主发展战略空军的空军总参谋长瓦尔特·韦弗尔（Walther Wever）因空难去世，以及上述飞机造价昂贵，德国空军在完成了几架原型机后中止了相关研发工作。同

■ 亨克尔 He 177“狮鹫”重型轰炸机，它是德国空军在“二战”中仅有的重型轰炸机，但研制过程困难重重，直到战争后期才具备作战能力

样作为大型飞机，Fw 200更多地被视为一个宣传工具而非一种潜在的武器，甚至不算成功的Ju 86B型都被德国空军认为具有成为轰炸机的潜力，鼓励汉莎航空订购5架Ju 86客运型。当然，德国空军也没有完全放弃对远程轰炸机的研制，至少保留了一个开发计划，这就是亨克尔公司的He 177“狮鹫”重型轰炸机，帝国航空部在1938年初下达了He 177的设计指令，希望该型机能够担当德国空军远程轰炸的重任。He 177在设计上能够携带1000千克炸弹飞行6695千米，远远超过那些由民用型号改装的轰炸机。但是，He 177的研制过程充满波折，进度缓慢，直到1939年11月才完成首飞，繁多的技术缺陷导致该机迟至1942年才具备实战部署能力，而真正形成战斗力已经是战争后期的事了，正由于He 177的难产，才给Fw 200留出了登上海战舞台的空间。

Fw 200“秃鹰”能够进入军事领域并成为一种进攻型武器，与德国空军追求海上作战能力有密切关系。在两次世界大战之间，德国海军一直希望建立独立的海军航空兵部队，但纳粹上台后，海军的意图被专断的空军总司令戈林破坏了，在希特勒的裁决下，德国海军失去了拥有航空兵的权力，所有航空部队通归德国空军管辖，甚至军舰上的舰载机也不例外，同时德国空军也承诺将在战时配合海军作战，并承担一定的反舰任务。然而，在1939年初之前，德国空军根本没有认真研究过海上作战问题，其海上作战部队也仅限于一支装备水上飞机的小型飞行支队，不具备进攻能力。当英德两国在1938年因慕尼黑危机走到战争边缘时，德国空军才意识到在未来的对英战争中需要在海上执行多种作战任务，并着手建立专门的海上攻击部队，这项任务被交给一位前海军军官汉斯·盖斯勒(Hans Geisler)空军中将。在战争爆发前夕，盖斯勒已经招募到足以组成一个联队的人员，并组建了第26轰炸机联队(KG26)，拥有3个装备He 111和Ju 88的大队，其中一半的机长和指挥官是从海

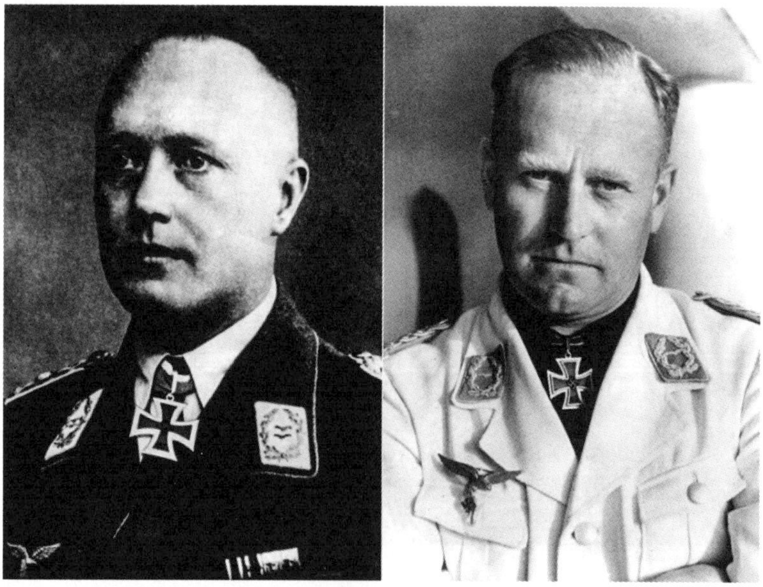

Fw 200“秃鹰”从军路上的两位关键人物汉斯·盖斯勒(左)和埃德加·彼得森(右)

军调来的。KG26 归属新建的第 10 航空师指挥，由盖斯勒出任师长，其主要任务是在北海地区攻击英军战舰和商船。

第 10 航空师装备的中型轰炸机航程有限，盖斯勒希望得到一种能长时间滞空的远程飞机执行海上侦察、巡逻任务，为攻击机群提供支援。然而，在战争爆发时 He 177 尚未首飞，盖斯勒于是命令手下的一位参谋军官埃德加・彼得森(Edgar Petersen)空军上尉对现有的民用客机进行研究，确定其中是否有适合担负海上巡逻任务的机型。彼得森首先考察了容克 Ju 90 客机，但结论令人失望，这种飞机无法在短时间内转为军事用途。1939 年 9 月 5 日，彼得森又拜访了福克-沃尔夫公司，早有准备的谭克再次向来访者展现出热情和信心，大力推荐 Fw 200 的军用型设计，他向彼得森保证，可在 8 周内将原计划销售给日本的 6 架接近完工的 Fw 200B 型改装为武装海上巡逻机，并在随后的几个月内制造更多的同型机。彼得森在结束对福克-沃尔夫公司的参观后撰写了一份备忘录，他建议第 10 航空师采用武装型 Fw 200 执行海上侦察任务并对单独航行的船只发动空袭，这份备忘录勾画出"秃鹰"在未来 3 年内海上作战的基本轮廓。

然而，彼得森的建议在德国空军高层遭到冷遇，空军总参谋长汉斯・耶顺内克(Hans Jeschonnek)空军少将不愿意浪费资源，用一种应急改装的客机组建一支试验性部队。幸运的是，时任第 1 航空队司令的阿尔伯特・凯瑟林(Albert Kesselring)空军上将认为彼得森的想法很有意义，并将相关文件呈报给希特勒审阅，于是这位空军上尉获得了直接向元首本人报告的殊荣，他奉命前往上萨尔茨堡觐见，希特勒听取了他关于 Fw 200 的简报，随即授权他组建一支新部队。有了元首的支持，空军总司令部也不好阻挠，于是在 1939 年 9 月 18 日批准了彼得森的计划，同意采购 6 架原日本订购的 Fw 200B 及 2 架为芬兰生产的 Fw 200B，将它们改为武装型号，并赋予 Fw 200 C-0 型的编号。然而，军方仍然狠狠地坑了福克-沃尔夫公司一把，在双方签订的采购协议中，每架军用型 Fw 200 的价格被压低到 28 万帝国马克，而民用型 Fw 200 的单价都要超过 30 万帝国马克。实际上，在 1939 年福克-沃尔夫公司总共只向德国空军提供了 8 架 Fw 200 和 6 架 Fw 189，相比之下，容克、道尼尔和亨克尔等几家大公司为德国空军完成了数百架飞机的大订单。另外，耶顺内克仍然没有考虑好如何使用 Fw 200C，彼得森最初被要求用"秃鹰"组建一支远程侦察中队，而不是一个反舰攻击单位。

尽管这项亏本的买卖令人不快，谭克还是要履行他的承诺，进行军用型 Fw 200 的设计，虽然在 V10 号机上进行了武装化的尝试，但这架飞机仅配备了防御武器，而第 10 航空师要求获得一款侦察轰炸机，谭克必须为"秃鹰"增加携带和精确投掷炸弹的能力。由于 Fw 200 的基础设计与专门的轰炸机完全不同，即没有预留弹舱的位置，也没有设置容纳投弹手的全透明玻璃机首，所以完成这项工作并不轻松。谭克重新选择了一架标准的

■ 正在福克-沃尔夫工厂生产线上进行装配的 Fw 200C 型，这是 Fw 200 主要的军用型号

Fw 200B 作为新军用型的原型机，命名为 V11 号机，在机腹偏右位置加装了一个狭长的保形吊舱，内部安装一部简易轰炸瞄准具和自卫机枪，在吊舱中部还有一个小型弹舱，此外在机翼和发动机短舱下方设置了 4 处外挂点，可以携带 4 枚 250 千克炸弹，他还强化了自卫武器，在机背上加装了前后两座配有机枪的炮塔。客舱内的全部座椅被拆除后，增设了几个内部油箱，使燃油载量提升了 60%，其作战半径达到 1500 千米。经过上述改装，Fw 200C 的总重量相比民用型号增加了约 2000 千克，由于谭克急于向军方交货，他没有采取措施加强机身结构，也未评估携带沉重载荷后对飞行性能的影响，Fw 200C 的飞行速度明显低于民用型号，机身结构脆弱的问题更显突出，这为"秃鹰"日后的服役生涯埋下了严重隐患。V11 号机的改装在 1939 年 11 月完成，被正式定名为 Fw 200 C-1 型，德国空军最初将军用型 Fw 200 称作"信使"(Kurier)，以区别于民用型，但这个毫无霸气的名字并不符合它们即将履行的危险使命，"秃鹰"之名则更为贴切，也更容易被记住。

在谭克忙着为"秃鹰"增添利爪的同时，新部队的组建工作也同步进行。1939 年 10 月 10 日，彼得森上尉在不莱梅出任新成立的远程侦察中队的指挥官，该中队在 11 月成为第 40 轰炸机联队第 1 中队(1/KG 40)，飞行员们首先在非武装的 Fw 200 运输型上进行训练，熟悉操作和飞机性能，直到 1940 年 2 月

■ 刷上军用涂装的 Fw 200“秃鹰”，从 1940 年开始该机作为远程海上巡逻机加入德国空军作战序列

首批 Fw 200C 送达部队。帝国航空部拖到 1940 年 3 月 4 日才与福克-沃尔夫公司签署了后续生产合同，以每架 27.35 万帝国马克(不含武器)的价格生产 38 架 Fw 200C。此后，福克公司以每月 4 架的产量开始量产 Fw 200，这种低产状态一直持续到 1942 年。

当德国于 1940 年 4 月入侵丹麦、挪威时，彼得森的中队已经拥有一批能够作战的 Fw 200C-0/C-1 型，并在战场上初试锋芒，它们飞往纳尔维克周边地区执行远距离侦察任务，也对挪威沿海的英军舰船实施袭扰。在挪威战役期间，羽翼未丰的“秃鹰”部队只击沉了一艘英国商船，并且暴露出 Fw 200 的不少缺陷，但获得了宝贵的作战经验。大多数早期制造的 Fw 200C 因为谭克急于求成，做工粗糙，强度不足，由于超载导致机身和机翼上出现了裂痕，起落架也十分脆弱，无法承受在简易跑道上降落的颠簸。此外，早期型 Fw 200C 的自卫武器威力太小，缺乏装甲防护和自封油箱，这些缺点使飞机即使只受到轻微损伤也会造成机毁人亡的后果。1940 年 5 月 25 日，一架英军格洛斯特“角斗士”战斗机在挪威上空拦截了一架 Fw 200C-1，英军飞行员惊讶地发现仅仅向目标短促发射了一串 7.7 毫米机枪子弹就把这个大家伙揍翻了。尽管遭遇了挫折，彼得森依然对“秃鹰”的潜力抱有信心，他建议福克-沃尔夫公司尽快研发更为坚固且防御武器更强的 Fw 200 改型，以便对英军海上目标发动强有力的攻击。谭克在此后三年中不断努力升级 Fw 200 的能力，增加其航程、武器和防护力，但始终无法避免这样一个现实，即该机的基本设计很难适应执行作战任务时所要面对的恶劣环境。

大西洋之澜

在 1940 年初的几个月里，穿上军装不久的“秃鹰”们还在努力适应自己的新角色，战争形势的发展已经为它们布置好了另一个更广阔的舞台——大西洋。1940 年 5 月，在征服丹麦、挪威之后，希特勒的钢铁战车又碾碎了英法盟军的防线，6 周就迫使法国举起白旗，使英国远征军丢盔卸甲地逃回本土。西欧战役的胜利使第三帝国的军事成就达到了一个新的辉煌顶点，同时极大地改变了英德之间的战略态势。在战前，英国海军的设想是封锁英吉利海峡和英国北面的航道，将德国海军封闭在北海和挪威海，阻止其进入大西洋中部，对贸易航线造成显著威胁，至于德国空军那些航程有限的轰炸机则不足为惧。然而，随着法国溃败，德国在大西洋沿岸获得了优良的海空军基地，德军潜艇和袭击舰可以畅通无阻地深入大西洋展开破交行动，德国空军的中型轰炸机也能够对英国西南海域甚至爱尔兰海的商船队实施空中打击，德国海空军获得了战前难以想象的优越地位。

击败宿敌法国后，希特勒的主要战略目标是迫使英国媾和并退出战争，以便集中全部力量进攻苏联。对于英国这位独裁者可以采取的军事策略有两种，一是发动一次跨海峡两栖登陆战役，直接进攻并占领英国本土。然而，弱小的德国海军极度缺乏两栖战能力，即使只跨越与大西洋相比形如沟渠的英吉利海峡也是极为困难的，登陆部队将承受巨大的潜在伤亡和失败的风险，希特勒从未打算将代价高昂的两栖入侵行动付诸实施，虽然他下令进行“海狮”行动的相关准备，但他更倾向于第二种策略，即延续“一战”时期的传统战略，通过对海上交通线的打击切断英伦三岛的供给，迫使英国投降，这也正是海军总司令埃里希 · 雷德尔海军元帅所坚持的，他的潜艇和水面袭击舰在战争爆发时就按此战略展开作战。同时，希特勒也认可了帝国元帅戈林的观点，德国空军有能力粉碎英国

1940 年夏季，为了备战“海狮”计划，驻法国的德军部队在进行登陆演习

■ 在海上飞行的早期型 Fw 200C 型，作为德国空军仅有的大型远程飞机，半路出家的“秃鹰”自 1940 年秋季开始担负远洋反舰重任

空军的抵抗，然后利用轰炸和布雷行动封锁英国港口。这个战略似乎为第三帝国提供了一个迫使英国屈服的低成本方法。

1940 年 8 月 17 日，希特勒宣布全面封锁英伦三岛，并命令德国海军和德国空军对英国的海上经济命脉展开攻击。德国的封锁战略由 5 个同时进行但彼此缺乏配合的战役行动构成，分别是对港口发动空袭，在沿海港口实施布雷，以及利用飞机、潜艇和水面舰艇对护航船队进行立体式的打击。如果这些行动能够得到较好的协同，德国有可能扼杀英国的战时经济。然而在整个战争期间，德国武装部队最高统帅部都不能有效协调这 5 项战役行动，而只是任由德国海军和德国空军各自展开作战。正是在这种背景下，Fw 200“秃鹰”在大西洋之战中开始了自己独特的表演。

德国空军起初在执行对英封锁任务时显得力不从心，虽然胡戈·施佩勒（Hugo Sperrle）空军元帅的第 3 航空队在 7 月就派遣 He 111 和 Ju 88 轰炸机攻击航行在爱尔兰海上的英国船队，但这些中型轰炸机对海上目标的有效作战半径只有大约 805 千米，受到航程限制，它们在目标区域上空几乎没有时间用于搜索，而且始终处在英国岸基战斗机的航程范围内，容易遭到拦截，续航距离更短的梅塞施密特 Me 109 战斗机难以提供全程护航，Me 110 远程战斗机的空战能力甚至不能自保。在这种情势下，Fw 200 显现出自己的价值，Fw 200C 的有效作战半径是中型轰炸机的 3 倍，是当时德国空军现役飞机中唯一能够在英国岸基战斗机航程外执行海上侦察和反舰任务的机型。

在 1940 年夏季进驻法国大西洋沿岸各空军基地的德军作战联队中包括当时唯一的“秃鹰”作战部队——第 40 轰炸机联队（KG40），该部在 7 月初以布雷斯特为基地展开行动，8 月 2 日又转移至波尔多的梅尔尼亚克机场，在同年的 6 月 17 日，戴高乐将军正是从这座机场逃往英国的。KG40 联队的全部 Fw 200 都集中在第 1 大队，而核心就是彼得森创建的第 1 中队。到 8 月中旬，已经晋升少校的彼得森麾下已经拥有 9 架 Fw 200C，但这些早期型“秃鹰”中能够执行任务的飞机比例不超过 30%，它们在挪威的行动中经受了战斗洗礼，也暴露出不少问题，多架飞机因为机身裂痕或刹车故障而退出战场。虽然在法国陷落后，帝国航空部向福克-沃尔夫公司订购了更多经过改进的 Fw 200，但该公司的产能不足，在 1940 年下半年仅能够向 KG40 联队第 1 大队交付约 20 架飞机。令人不解的是，在此期间福克公司仍在继续向汉莎航空交付民用型 Fw 200。

最初，德国空军并不知道如何才能最大限度地发挥 Fw 200 的优势。1940 年 7 月，KG40 联队第 1 大队被划归第 3 航空队第 9 航空师指挥，该师决定将“秃鹰”投入空中布雷行动。从 7 月 15 日至 27 日，第 1 大队在英国及爱尔兰水域执行了 12 次夜间布雷任务，行动中损失了 2 架飞机。对于这种代价很大却不能立即见效的“下蛋”行动，彼得森颇为抱怨，认为是滥用作战资源。7 月底，第 1 大队的 Fw 200 开始回归海上侦察的角色，但彼得森不断向上级要求，利用“秃鹰”执行反舰任务。当希特勒下达封锁令后，施佩勒终于允许“秃鹰”们飞往爱尔兰以西的远海捕猎，那些缺乏保护的商船将成为它们良好的猎杀目标。尽管在 1940 年下半年，彼得森手中能够作战的 Fw 200 从未超过 4 架，但第 1 大队开始取得战果并稳步提高，在爱尔兰海上被 Fw 200击沉击伤的盟国商船与日俱增，到这一年结束时，该大队的战绩薄上已经记录了 20 艘货船的沉没。情况很快变得明朗起来，“秃鹰”找到了它在战争中的最佳用武之地。

当“秃鹰”开始在大西洋上展开双翅、伸出利爪时，它主要瞄准了大英帝国 4 条容易受到远程飞机打击的海上航线，即在哈利法克斯和利物浦之间运行的 HX 船队和 SC 船队、在英国南部港口与哈利法克斯之间运行的 OA 船队和 OB 船队、在直布罗陀和利物浦之间运行的 HG 船队和 OG 船队，以及在塞拉

■ 驻扎法国波尔多梅尔尼亚克机场的 Fw 200 机群，属于德国空军 KG 40 轰炸机联队

利昂和利物浦之间运行的 SL 船队。当 8 月 17 日封锁令下达时，上述 4 条航线上航行着 13 支船队，它们由 531 艘商船和 22 艘护航舰组成，不过大多数船队只在靠近英国海岸的 3 天航程里得到强有力的保护，当船队横穿大西洋时护航力量就会下降到最低限度，从而为“秃鹰”的袭击制造机会。受到 Fw 200 威胁最大的区域是距离直布罗陀和利物浦大约 960 千米的海域，那里已经超出英国岸基战斗机的有效作战半径。

尽管 Fw 200 在 1940 年下半年的成功证明了它在反舰作战中的能力，但在 1941 年初，来自最高层的干扰却限制了它更高效地发挥能力。1940 年底，潜艇部队司令卡尔·邓尼茨海军中将向希特勒申诉，潜艇视野狭小，搜索目标困难，强烈要求德国空军提供远程侦察机扩大搜索范围，支援潜艇作战。他声称：“只要让我拥有 20 架 Fw 200 专门用于执行侦察任务，潜艇部队的胜利将唾手可得!”1941 年 1 月，希特勒亲自命令 KG40 联队归属海军指挥。但是，相比配合海军作战，戈林更热衷于维持对空中力量的控制，他向希特勒施压，在 3 月夺回了 KG40 联队的指挥权，并在洛里昂新成立了大西洋航空司令部，由马丁·哈林豪森（Martin Harlinghausen）空军少将担任司令，改善德国空军对海上作战的支援力度。

KG40 联队的 Fw 200 将大量的精力耗费在搜索、跟踪护航船队并引导潜艇进行攻击这类行动上。由于缺乏足够数量的飞机进行交替，KG40 只能对船队保持 3～4 小时的跟踪，而无法维持更长时间的接触，实际上该部队仅有进行断续海上侦察的有限能力，无法达到海军潜艇部队所期望的持续监控效果，即使在状态最好的情况下，KG40 每天也只能出动 6～8 架 Fw 200，远远无法覆盖广阔的作战海域。在战前，戈林极力阻止海军拥有独立的航空部队，而在战时又不愿积极支援海军作战，雷德尔和邓尼茨对戈林的食言极为愤怒。关于如何最有效地使用 Fw 200，德国海军与空军之间一直存在激烈的争论，利用 Fw 200 为潜艇作战提供侦察支援本身并没有错，但是德国空军拥有的“秃鹰”数量太少，难以兼顾侦察、反舰任务的需要，而配合潜艇作战在客观上也限制了“秃鹰”在反舰行动

■ 1941 年 1 月，在法国基地进行维修保养的 Fw 200C

中的主动性。德国海空军之间的龃龉矛盾极大地影响了 Fw 200 的作战运用，也降低了两个军种在实施封锁战略过程中的协同能力。

“秃鹰”族谱

在战前和战争初期，Fw 200 的生产线位于福克-沃尔夫公司在不莱梅的工厂，当英国空军的空袭开始影响到飞机生产时，又在科特布斯开设了新的生产线。Fw 200 的生产从 1939 年一直持续到 1944 年 2 月，由于该机主要用于支援海军作战，帝国航空部一直没有将其列为重点生产的机型，始终维持着很低的生产效率。实际上，1939 年福克-沃尔夫公司仅为德国空军生产了两种产量很低的机型，即 Fw 200 和 Fw 189，直到 1941 年该公司才成功推出谭克的成名之作——Fw 190 战斗机，成为德国空军最主要的装备供应商，同时开始大规模制造 Fw 190，至 1942 年 Fw 200 只是一个延续下来的老项目而已，几乎从未受到重视，声名日隆的谭克也将主要的才华用于研发战斗机，但 Fw 200 的改进一直没有停止，直至停产。Fw 200 的民用型和军用型总共制造了 276 架。

Fw 200 除了 V1、V10 号两架原型机之外，一共产生了 A、B、C 三种主要型号。Fw 200A 型是为汉莎航空公司制造的 6 架预生产型。Fw 200B 是标准的民用量产型，主要提供给汉莎航空和其他国外用户，又分为 B-1 和 B-2 两种亚型，前者安装了 BMW132Dc 型引擎，后者升级为 BMW132H 型引擎。在战争爆发后，大部分 Fw 200B 型被转入德国空军作为军用运输机使用。Fw 200C 系列才是 Fw 200 的军用型，也是产量最多的型号，其定位是远程海上巡逻机/轰炸机。如前所述，由于 Fw 200 的基本设计为民航客机，并不完全适合军事用途，存在很多缺陷，因此其整个服役生涯都在不断地进行改进升级，改型数量达到 8 架，相比其 200 余架的产量，可见改动之频繁。

Fw 200C-0/C-1 型　Fw 200C-0 型是最初的军用预生产型，1939 年 12 月至 1940 年 5 月一共制造了 10 架，起初没有配备机腹吊舱，主要执行侦察任务，但在 1940 年夏增加了吊舱，升级为 C-1 型。Fw 200C-1 型安装 4 台 830 马力 BMW132H-1 型引擎，在吊舱及前后机背炮塔内配置了 3~4 挺 MG15 型 7.92 毫米机枪用于自卫，在机翼挂架上可挂载 4 枚 250 千克炸弹。C-1 型的机组成员有 5 人。

■ Fw 200 机背自卫炮塔特写，在早期型号中配置一挺 MG15 型 7.92 毫米机枪，后来升级为 MG131 型 13 毫米机枪

Fw 200C-2 型　Fw 200 在 1940 年七八月制造了 8 架，大体与 Fw 200C-1 型相似，根

据挪威战役的经验进行了细微改进，比如在外侧发动机短舱下部设有两个半埋式挂点，能够挂载 250 千克炸弹或 300 升副油箱。

Fw 200C-3 型 从 1940 年 9 月开始生产的 Fw 200C-3 型是 Fw 200C 系列最重要的改型，实际上也是第一种专门为作战设计的型号，相比早期型号进行了重大改进。Fw 200C-3 型加强了机身结构，以承受炸弹、油料及其他军用设备带来的沉重负荷，在机身要害部位增加了适量的装甲板，采用自封油箱提高生存性。谭克博士将 Fw 200C-3 型的动力系统升级为 4 台 1200 马力 BMW-Bramo323R-2 型空冷发动机，提高动力性能，机组成员增加至 6 人。Fw 200C-3 型在武器配置上得到明显强化，并且富于变化，至少有 9 种武器搭载方案。Fw 200C-3 型可在机腹吊舱后部、机身后部两侧、机背前后炮塔内安装 5 挺 MG15 型 7.92 毫米机枪，在吊舱前部则设有一个进攻性武器站，内置一门 MG/FF 型 20 毫米机炮，用于扫射舰船，在后期生产的 Fw 200C-3 型上，MG15 型机枪被威力更大的 MG131 型 13 毫米机枪取代，而 MG/FF 型 20 毫米机炮也升级为性能更好的 MG151 型 20 毫米机炮，轰炸瞄准具也得到更新。从理论上讲，Fw 200C-3 型最多能够携带 2900 千克炸弹，但通常情况下只挂载 4 枚 250 千克炸弹和副油箱，在挂载副油箱时其攻击半径可达 1750 千米。截至 1942 年 3 月，Fw 200C-3 型共生产了 52 架。

Fw 200C-4 型 从 1942 年 3 月至 1943 年 5 月，福克-沃尔夫公司生产了 107 架 Fw 200C-4 型，相比 Fw 200C-3 型，Fw 200C-4 的主要变化在自卫武器和机载电子设备方面，机背前部炮塔更换为 FW19 型电动炮塔并配置一门 MG151 型 20 毫米机炮，部分 7.92 毫米机枪被升级为 13 毫米机枪，简陋的雷维式轰炸瞄准具被性能更好的洛特菲 7D 型瞄准具取代。从 Fw 200C-4 型开始，Fw 200 系列开始装备水面搜索雷达，早期 Fw 200C-4 型安装一座“阿特拉斯”型或“罗斯托克”型雷达，后期型升级为 FuG 200 型雷达。上述改进使飞机自重增加了近 1000 千克，导致飞行速度较以前的型号下降了 30 千米/时。有两架 Fw 200C-4 型(机身编号 137 号、138 号)被改为高速运输机，安装了一个缩短的机腹吊舱，取消了吊舱内的弹舱。

Fw 200C-5/C-6 型 1943 年 3 月至 9 月福克公司生产了 22 架 Fw 200C-5 型，从 1942 年 6 月至 1943 年 6 月还制造了 16 架 Fw 200C-6 型。这两个型号都是在 Fw 200C-4 型的基础进行少量改进，机身重量进一步增加，导致飞行性能进一步下降，其中 C-6 型在 1943 年底加装了 FuG 203 型引导控制装置，以便携带并发射 Hs 293 型滑翔制导炸弹。

Fw 200C-8 型 Fw 200C 系列的最后一种改型是 1943 年 8 月投产的 Fw 200C-8 型，但产量仅有 9 架，它是专门开发的滑翔制导炸弹发射平台，安装了 FuG 200 型雷达和改进的 FuG 203b 型引导控制装置，能够在机翼下挂载两枚 Hs 293 型滑翔炸弹。此外，还有 17 架早期型号的 Fw 200C 按照 Fw 200C-8 型的标准进行了升级改装。

Fw 200 作战能力分析

作为海空作战平台，Fw 200“秃鹰”的战斗力主要体现在目标搜索能力、精确打击能力和防御能力上，同时它们的作战效率还要受到任务流程、战术特点及机组成员训练程度、士气等因素的影响。

目标搜索能力 准确地发现目标是进行有效攻击的前提，但在广阔苍茫的大海上搜寻微小的船只是极有难度的，1940 年“秃鹰”初次上阵时其海上搜索能力还十分有限。在一次典型的出击任务中，一架 Fw 200 从波尔多出发，飞行约 1500 千米前往爱尔兰以西海域寻找目标，它在目标海域上空大约有 3 小时用于搜索。通常“秃鹰”的飞行高度很低，一般在海面以上 500~600 米，这让它更容易发现海天线上的船只轮廓，同时避免过早地将自己暴露给敌人。在较低的飞行高度上，Fw 200 可以搜索一片 320 千米×120 千米的海域，数名机组成员负责使用望远镜观察海面，寻找目标。在适宜的天气条件下，机组成员可以在 15~20 千米外发现船队，但这种晴好天气在大西洋上并不多见，浓密的云层会将目视接触距离缩短一半，最多只有 10 千米的程度。

1941 年，经过改进的 Fw 200 拥有更远的航程，在目标海域上空的滞空时间增加到 4 小时，其搜索区域范围也相应地扩大了大约 25%。1942 年 12 月，当 Fw 200 装备 FuG 200 型雷达后，获得了超视距的远程搜索能力，其寻获目标的能力大幅提高，同时续航力也增加了一倍，搜索区域的范围将近是 1940 年的 4 倍！FuG 200 型雷达对水面目标的最大探测距离是 80 千米，在这个距离上雷达波束可以扫描 41 千米宽的海面。尽管如此，由于飞机数量有限，KG40 联队很难沿着已知的航线进行持续监视，这个问题始终困扰着“秃鹰”部队，从未得到解决。在战斗中，“秃鹰”能否发现猎物带有很大的偶然因素，它们错过的船队数量远比发现的数量更多。

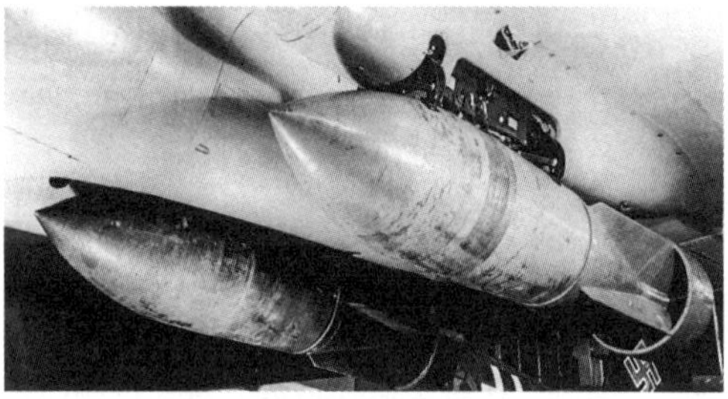

Fw 200 主翼和发动机短舱下挂载的两枚 250 千克炸弹，在执行反舰任务时，“秃鹰”通常携带 4 枚 250 千克炸弹

精确打击能力 作为一款由民用客机改装而成的军用飞机，Fw 200 在搭载武器和轰炸能力上存在先天不足，其封闭的机首结构和狭小的驾驶舱风挡导致前方观察视野不佳，同时缺乏一种合适的轰炸瞄准具，这些都严重限制了“秃鹰”的精确攻击能力。这种情况从一开始就很明显，Fw 200 无法像普通轰炸机那样对目标实施轰炸，它的主要攻击方式是低空轰炸。通常，Fw 200 在实施攻击时会下降到距海面 45 米的高度，以 290 千米/时的速度从目标侧后方接近，在距离目标大约

240 米处投掷 1～2 枚炸弹，这个方法将确保炸弹有较高概率直接命中船身或在靠近舷侧的水面爆炸，从而对船只造成损伤。这一战术被称为“飞镝战术”或者“瑞典芜菁”，是由空军反舰专家马丁·哈林豪森空军少将发明的，并由第 10 航空师加以实战运用。虽然早期型“秃鹰”只能携带 4 枚 250 千克炸弹，但是利用这种战术，它们在每次出击时只要发现目标就非常可能击沉或击伤一艘船只。由于大多数民用货船没有武器，而且缺乏较强的损管能力，即便是中等程度的损伤通常也会造成致命后果。KG40 联队的“秃鹰”机组在 1941 年初时已经非常善于低空轰炸，在攻击时甚至能够做到炸弹 3/4 的命中率。但是，由于引信未能及时引爆，很多时候会出现哑弹，这种情况在低空轰炸时十分常见。在装备洛特菲 7D 型轰炸瞄准具后，Fw 200 具备了高空轰炸能力，将高度提高到 3000 米，此时一枚炸弹攻击海面静止目标的圆概率误差大约为 91 米，这意味着在 3 枚炸弹中至少一枚会落在足以给目标造成一定伤害的位置上。

在进行低空轰炸时，“秃鹰”还会辅以机枪扫射，但在 1940 年时低空扫射战术只能起到恐吓作用，实际效果非常有限。当时，Fw 200 从一艘船只上空掠过时，机组成员只能用机腹吊舱后部的 MG15 型机枪进行 8 秒钟射击，最多打光一个 75 发弹鼓，而且不是每次都有合适的射击机会。7.92 毫米机枪子弹对于船只来说缺乏威力，低空扫射几乎不会造成损害。比如空军中尉伯恩哈德·约佩(Bernhard Jope)在攻击“不列颠女皇”号时曾进行三次扫射，仅击伤了一名船员。后期型 Fw 200 加强了机载武器，在机腹吊舱内安装了 20 毫米机炮和 13 毫米机枪，配备了穿甲弹和高爆弹，这使低空扫射开始显得有效甚至致命。实战表明，商船的上层建筑非常容易被大口径枪弹击毁，暴露在外的防空武器及其操作者也容易受到压制并造成伤亡。然而，当盟国商船普遍配备较多的防空武器后，低空扫射对“秃鹰”来说就变得极为冒险，毫无用处了。

防御能力 对于军用飞机而言，防御能力包括抵御敌方攻击破坏的抗损性和规避敌方攻击的机动性两个方面，而这恰恰是“秃鹰”最大的软肋。Fw 200 原本是设计用于航

1941 年 2 月，Fw 200 在一次成功的低空轰炸观察目标起火沉没

运的客机，追求的是在中高空飞行平稳，根本不会考虑进行剧烈机动动作。为了获得较大的续航能力，谭克特意对机身结构进行轻量化处理，从而牺牲了部分机身强度。可以说，“秃鹰”天生就缺乏一副硬朗的身板，难以进行大幅机动。早期的军用型 Fw 200 没有配备防护装甲、自封油箱，也没有加强机身结构，自重比其他同等级别的四发轰炸机轻 2~4 吨，而且没有余度飞行控制系统，这使 Fw 200 成为一个极易被摧毁的目标。当敌方火力造成中等程度的损伤时，就会导致大块机身或尾翼脱落，当一台发动机停止就会引起动力不足，无法继续飞行。更为糟糕的是，机舱内还有 6 个巨大的无防护油箱，如果被曳光弹击中，“秃鹰”转瞬间就会变成一只浑身冒烟的火鹰。当 Fw 200 为了躲避敌方防空武器或战斗机的攻击而尝试进行剧烈机动时，脆弱的机体结构可能受到损坏，导致严重的金属疲劳，机身会出现变形、裂纹甚至因空中解体而坠落。

■ Fw 200 机背炮塔特写，装有 1 挺 MG 15 型 7.92 毫米机枪，整体透明风挡提供了良好的观察视野

在防御武器方面，Fw 200 起初只配备数挺机枪，十分薄弱，在 Fw 200C-4 型后得到很大改进，自卫火力明显增强，迫使盟军飞机避免与其进行长时间对射。由于 Fw 200 通常在贴近海面的低空活动，因此不必担心敌战斗机从下方发动攻击，较低的飞行高度限制了 Fw 200 的机动空间，既无法俯冲摆脱对手，也难以在转弯半径或飞行速度上超越敌人，它只能通过有限的曲线飞行进行闪避，干扰对手的瞄准，同时寄希望于两座机背炮塔的炮手们能够幸运地命中追击的敌机。实际上，“秃鹰”的防御能力十分低下，这是导致其作战失败的主要原因之一。

典型任务流程　KG40 联队的 Fw 200 在执行反舰船任务时多是从波尔多的梅尔尼亚克机场出击，机组成员会在午夜时分被唤醒，在用过早餐（或者说消夜）后会听取任务简报，关于护航船队的情报通常由海军潜艇的接触报告或由海军情报机构提供，但常常是 12 小时甚至 24 小时前的信息。与普通轰炸机的作战任务相比，Fw 200 的目标较为简单，就是前往预定海域进行搜索，寻找任何从该海域通过的护航船队或单独航行的船只，并发起攻击。当领航员根据情报制定飞行路线时，地勤人员会为飞机加满燃料，挂载炸弹，做好起飞准备。如果有多架飞机参与当天的行动，各个机组之间还会进行协商，划定各自的巡逻区域，确定联络信号和协同方案。在一切准备就绪后，飞机在 1 时至 2 时起飞，向西飞往爱尔兰以西的大洋深处。通常情况下，“秃鹰”要在大西洋上空进行 6 小时的孤寂飞行后才能抵达预定海域。在 1940 年至 1942 年，Fw 200 在出击航程中基本不必担心会遭遇盟军飞机的拦截，但是 1943 年以后他们就要随时警戒在比斯开湾上空活动的盟军远程巡逻机。在前往预定海域途中，Fw 200 要保持无线电静默，即使多架飞机同时出动也不会相互联系。

经过大半夜的长途飞行后，Fw 200 在 7 时至 8 时飞临目标海域并转入搜索阶段。在宽广的海面上发现船队或单艘船只远比想象得困难，由于情报不够及时，空军飞行员在海上远程导航方面缺乏训练、经验不足，使“秃鹰”在早期作战中常常无功而返。大西洋上常有的阴霾天气也增加了搜索难度，云层会使视野距离缩短到几海里，并且遮掩船只的航迹，使其难以发现。在到达作战海域后，除了驾驶员外的其他所有机组成员都要手持望远镜在各自的战位上展开瞭望，寻找任何船只航行的迹象。驾驶员会驾机按照既定的航线进行往复飞行，搜寻尽可能大的海域。如果多架飞机同时行动，他们会在各自的巡逻区域内搜索，增加发现船队的概率。一般情况下搜索行动会持续 3~4 小时，1941 年至 1942 年服役的改进型 Fw 200 则有更长的滞空时间。

如果机组成员足够幸运地遇到一支护航船队，那么“秃鹰”就要开始捕猎了。就像自然界的很多猛兽一样，“秃鹰”在发现猎物后不会急于发起攻击，而是耐心地判断形势，等待最佳的捕杀时机。在寻获目标后，Fw 200 会进行机动，向目标靠近，尽量利用云层隐蔽自己，同时观察目标情况。如果附近有其他友机，机组成员会打破无线电静默，发报通告情况，以期发起联合攻击。观察阶段可能长达 1 小时，机组人员会努力确定船队的护航情况，选择最合适的攻击目标，最理想的猎物是那些落单掉队的商船，以便将敌方防御火力的威胁降至最低。在早期作战中，由于缺乏合适的轰炸瞄准具，Fw 200 只能以低空轰炸方式攻击目标，即“飞镝战

一名 Fw 200 的机组成员在执行巡逻侦察任务途中查看飞行图，一次搜索行动会持续 3~4 小时

术”，要求飞机在45~50米高度逼近到距离目标300米以内连续投弹。最理想的攻击效果是炸弹以滑翔姿态击中船体水线附近，这对任何船只来说都将造成最致命的损伤。这一战术可以保证很高的命中率，但也会暴露在船只防空武器射程范围内，相当危险。

在1940年至1941年，KG40联队广泛运用“飞镝战术”进行反舰船攻击，但很多飞行员会从目标正后方的防御死角进入攻击航线，而非战术要求的侧后方，由于目标轮廓较小，不易瞄准，命中率会有所下降，但相对安全，因为大部分货船的防空武器布置在船首方向。在进行低空轰炸时，Fw 200也会用机枪或20毫米机炮扫射甲板，压制船上的防空炮手。正常情况下，Fw 200在一次攻击中会多次掠过目标上方，每次只投掷1~2枚炸弹，在投弹完毕后，为了规避防空炮火，驾驶员会迅速驾机爬升并转向脱离目标，如果首次攻击即取得命中，就转向选择其他目标继续进攻，直到耗尽所有炸弹，然后就可以返航了。

Fw 200有两条返航路线可以选择，一是直接返回波尔多，二是飞往挪威的一处中转机场，在加油后途经不莱梅返回波尔多，在不莱梅会做短暂停留，由福克-沃尔夫公司的技术人员进行检修维护。如果选择第二条航线，机组成员可能要一周之后才能执行下一次任务，这种安排降低了部队的出动效率，但有助于使飞机保持良好的状态。

机组成员 Fw 200的机组在战争初期由5名成员构成，后来增加到6人，最终达到7人的规模。每架飞机配有一名正驾驶员兼机长，一名副驾驶员兼投弹手，一名无线电操作员、一名航空机械师和一名机枪射手，无线电员和机械师也负责操作自卫机枪。随着防御武器的增加，机枪射手增至两名，到1943年时又增加了一名雷达操作员负责操控机载雷达。Fw 200机组成员需要经过大量训练，结成一个配合默契、紧密团结的团队，才能有效地操控“秃鹰”执行作战任务。Fw 200是一种非常复杂和难于操纵的飞机，甚至一些微小的操作失误，如未能

■ 一架Fw 200的全体机组成员在座机前列队，待命出发，一架Fw 200配有5~7名成员

在俯冲过程中适当控制引擎油量，都会导致飞机失事，因此要求所有机组成员都要小心谨慎，保持高度警觉。此外，Fw 200 机组成员还要有过硬的心理素质，能够忍受长时间飞行的孤独和枯燥，要知道在大多数时候他们单独飞行在海上，远离任何友军，他们必须学会高效而自主地行动，只有这样才能避免葬身大西洋底的不幸结局。

在 KG40 联队组建初期，一批前汉莎航空公司 Fw 200 客机的飞行员被调入该部队充当骨干，他们已经对这种飞机相当熟悉，在人员训练方面令 KG40 获益匪浅。但是，从事商业飞行和进行危险的海上反舰行动完全是两码事，甚至像彼得森上尉那样的资深飞行员都需要从头学习如何克服海上搜索和攻击行动所面临的困难。1940 年 8 月，KG40 联队只有很少的飞行员拥有低空轰炸舰船的经验。为此，彼得森不得不通过系统和有针对性的训练使部下逐渐熟悉他们即将担负的任务，同时不断完善低空攻击战术作为“秃鹰”们捕猎时的最佳选择。彼得森还特别注意储备宝贵的人员和飞机，尽管他比任何人都急于让“秃鹰”部队取得成功，但他极为明智地拒绝将训练不足的机组派往大西洋执行任务，除非他认为该机组已经做好相应的准备。正因如此，KG40 联队第 1 大队在 1940 年秋季只能出动很少的架次执行作战任务，直至 1941 年春季，该大队才算是得到充分训练并具备了完全的战斗能力。

与德国空军所有轰炸机飞行员一样，

■ Fw 200 的机组成员身穿救生衣在飞机前留影

Fw 200 的机组成员要接受为期两年的飞行训练后才能分配到 KG40 联队。在第一年的训练中，他们要在空军轰炸机航校内学习操纵多引擎飞机、仪表飞行及高级导航技术，在第二年则转入 KG40 联队第 4 大队接受专门机型训练，该大队是 KG40 联队的训练单位，负责所有 Fw 200 机组的培训，在 1942 年 1 月之前一直驻扎在德国本土，后来转移到法国中部。第 4 大队拥有数架无武装的早期型 Fw 200 及少数 He 111 型、Do 217 型轰炸机，用于训练机组成员如何在海上飞行和作战。随着 He 177 装备部队，其机组成员的训练也在第 4 大队进行，而 Fw 200 被逐渐替换下来。

在 1940 年，所有 Fw 200 的驾驶员都是军官，通常是一名空军中尉，其他机组成员的军衔为上士或下士，机枪射手衔级最低，为二等兵，但是到 1942 年，由于大量军官飞行员的损失，KG40 联队的大部分飞机已经由军士负责驾驶和指挥。在 1940 年至 1941 年，由于战斗损失相对较少，又受到纳粹宣传部门的吹捧，“秃鹰”部队的士气十分高涨，因此在没有飞行任务时，机组成员可以在波尔多得到战争时期难得的舒适享受，相比在北非或东线战场服役的战友来说犹如身在天堂。然而，在 1942 年后 KG40 联队第 1 大队在战斗中蒙受严重损失，机组成员也发现由客机临时改装的座机不堪一击，容易成为敌军炮火的牺牲品，部队的士气直线下降，那些在战斗任务中幸存的机组成员想尽办法调往其他部队，包括一些骑士十字勋章获得者。到 1943 年，KG40 联队的 Fw 200 机组成员既缺乏训练，也对执行任务的前景缺乏信心。

挽弓射鹰——英国护航船队的防空武备与战术

在“一战”中遭受德军潜艇和袭击舰沉重打击的英国海军对于护航战斗极为重视，在两次世界大战之间的岁月里一直力图完善护航体制，改进反潜武器，但忽视了正在兴起的航空力量给海上护航战带来的新挑战和新机遇，没有充分预见到船队在未来战争中可能遭遇的空中威胁，也没有采取措施加强船队的对空防御能力。因此，当 1940 年秋季“秃鹰”出现在大西洋中部时，英国人处于非常被动的地位。由于缺乏足够数量且性能优良的防空武器，护航船队的防空态势长期得不到改善，英国海军利用现有的资源采取了一些独特的反制措施，遏制敌人的进攻。在 1942 年之后，随着新型防空武器和对空警戒雷达的普遍装备、护航航母的陆续服役、远程巡逻飞机的使用和多军种的高效协作，英国海军逐步建立了有效的船队防空体系，给德军“秃鹰”部队以重创，取得了反空袭作战的优势地位，最终挫败了德国空军切断不列颠生命线的企图。

始料未及

在船队遭遇来自空中的攻击时，最直接的防御手段就是以船载防空武器进行拦阻射击，可惜的是，在大西洋之战初期，英国海军十分缺乏这类武器，而且现存的防空武器大多性能落后，绝大部分商船仍然以无武装状态航行在海上，不具备任何对空防御能力。在 20 世纪 30 年代，英国海军主要依赖 3 种舰载武器构建舰船的防空屏障，即 12 磅速射炮(口径 76.2 毫米)，四联装 2 磅炮(口径 40 毫米)和四联装 12.7 毫米 MkIII 型高射机枪。12 磅速射炮作为英国海军首款专门研发的舰载高射炮于 1913 年列装，这种手动操作的火炮最大射程约 11000 米，最大射高为 7700 米，射速在 12~14 发/分，到“二战”爆发时已经服役 20 多年，各方面性能都已相当落伍。四联装 2 磅炮也被称为“乒乓炮”，于 1930 年进入英国海军服役，多安装在轻型舰艇上，而大型战舰上会配置更强有力的八联装炮。作为英国海军在两次大战之间开发的最重要的防空武器，多联装 2 磅炮曾被寄予厚望，英国海军认为该炮以 400~500 发/分的射速足以形成密集弹幕，对其防御效果充满信心，但在实际战斗时发现该炮经常卡壳且

■ 作为一种近距离防空武器，12.7 毫米四联装高射机枪实战效能较为低下

射速也不够快。1926 年列装的四联装 12.7 毫米高射机枪是近距防空的最后防线，但其实战表现更加令人失望。

在“二战”之前英国海军的对空防御理论中，12 磅炮可在 7000 米外形成外层防御圈，2 磅炮提供 4000 米距离上的中层防御圈，而 12.7 毫米机枪作为 700 米以内的内层防御圈。根据战前的评估，防空武器只需消耗 10%的弹药既可以击中一架逼近的敌机，因此英国海军满足于为大多数护航舰艇只配备一门高射炮。可是与这一做法自相矛盾的是，英国海军的防空战术单纯依赖于弹幕射击，即在舰船和敌机之间依靠密集火力形成一道阻拦火网，而不是强调准确命中空中目标，这根本不是单舰独炮所能达到的效果，且当时英国舰船上的射击瞄准装置并不具备追踪低空高速目标的能力。总而言之，配置在英国护航舰艇上的少量高射炮根本无法为绵延数海里的船队提供充足有效的对空防御火力。

直到战争爆发前两年，英国海军部才意识到对空防御能力已经落后于航空技术的发展，于是在 1937 年开始寻求一种新型防空武器，用于装备小型护航舰艇和商船。当时瑞士厄利孔公司研发的 20 毫米机关炮似乎是非常合适的候选对象，但英国海军最初以过于复杂、成本高昂的理由拒绝采用，直到 1939 年 9 月“二战”爆发后海军部才改变想法，从厄利孔公司订购了一门原型炮，在 1940 年 6 月法国沦陷前英国海军已经采购了 100 门厄利孔机关炮，此后来自瑞士的进口渠道被切断。幸运的是，英国人成功获取了该炮的全

四联装 2 磅炮是英国海军在两次世界大战之间开发的新型防空武器，其性能并不完全符合“二战”时期防空战斗的需要

部设计资料，不幸的是，却没有将这种精良武器列为优先生产项目，直至 1941 年 11 月才开始大量制造。实战证明，20 毫米厄利孔机关炮是极为出色的轻型防空武器，能以超过 2 磅炮 3 倍的射速对 2000 米外的目标进行射击，在抵御低空飞机攻击时特别有效。然而，在 1940 年至 1941 年，只有少量 20 毫米厄利孔炮被部署到舰船上，并且主要装备在大中型战舰上，而不是商船或护航舰上。在“二战”爆发前夕，另一种性能优秀的防空武器也进入英国人的视野，那就是瑞典博福斯公司的 40 毫米高射炮。英国陆军率先采用该型火炮，但英国海军用了很长时间才逐渐认识到博福斯炮相对于 2 磅炮的优势，迟至 1941 年底才将其装备上舰。与厄利孔机关炮的情况相似，博福斯 40 毫米炮优先配备给主力战舰，护航队和商船直到 1942 年至 1943 年才得到这种防空利器。

当战争临近时，英国海军部意识到没有足够的护航舰充分确保每一艘货船的安全，于是在 1939 年 6 月启动了防御性武装商船（defensively equipped merchant ships，DEMS）项目，计划为民用船只配备海军武器，使它们具备对抗潜艇和空袭的能力。根据最初设想，DEMS 项目将为每一艘英国商船装备一门低仰角中口径火炮（76～152 毫米）、一门 12 磅高射炮和一挺或数挺高射机枪。然而，当时英国商船队拥有超过 1900 艘远洋货船，而海军仓库中仅有 877 门 12 磅高射炮，DEMS 项目甚至没有资源为半数的商船提供最低限度的武器装备。令武器短缺情况进一步加剧的是，英国海军在战争之初就决定征用 54 艘民船用于改装为辅助巡洋舰（Armed Merchant Cruisers，AMC），每艘船配备 6～8 门 152 毫米舰炮和 2 门 12 磅高射炮。海军部在 1939 年至 1940 年冬季的几个月里集中全力改装辅助巡洋舰，其主要作战对象是上浮的潜艇和水面袭击舰，结果是辅助巡洋舰项目消耗了大批库存武器，占用了很多经过训练的炮手，但实际上这种舰船被证明并不适合护航任务。

在“静坐战争”期间损失的商船吨位中只有不足 1%是由敌方空袭造成的，并且遇袭范围局限在北海地区，于是海军部继续将主要精力放在防御潜艇和袭击舰上。英国海军将部分商船船员训练成炮手，并派遣海军人员前往吨位较大的商船上担任武器操纵的骨干。但是，将辅助巡洋舰改装置于优先地位的做法严重延缓了对商船自身防御能力的改进，这种状况一直持续到 1940 年夏季。在 1940 年 3 月至 4 月，仅有 17 艘商船按照 DEMS 项目的标准配备了武器，另有 25 艘船安装了老式刘易斯机枪。当法国于 1940 年 6 月突然崩溃后，英国商船队越来越多地遭遇德国空军

“二战”时期英国武装商船上的炮手们在练习操纵 1 门老式 152 毫米舰炮，这种武器不具备防空能力

飞机的袭击，空袭范围不仅包括北海、英吉利海峡等沿海水域，还向西延伸到爱尔兰周边海域，当时只有极少数船只具备抵御空袭的能力，即使船队中配备了一艘护航驱逐舰或护卫舰，情况也没有得到多少改善，因为这些护航舰甚至没有能力为自己提供充足的防空火力，更谈不上为散布在大片海域中的20~30艘商船提供对空掩护了。

在骤然恶化的船队防空形势面前，海军部决定采取应急措施加速推进DEMS项目，以便让船队中的每一艘船都具备一定程度的对空防御能力。海军部要求英国陆军提供帮助，从皇家海上炮兵团(maritime royal artillery regiment，MRA)中抽调人员组成250个双人机枪小组派往商船，操纵轻机枪进行防空战斗。当战争爆发时，英国军火库内储备的超过50000挺老式机枪都被拿出来救急。当德军“秃鹰”飞机在1940年7月开始对单艘船只发动空袭时，已经有相当数量的商船加装了刘易斯式或霍奇斯式机枪，但这些过时的武器不太可能击落一架快速移动的敌机，只能起到有限的干扰作用。海军部随后开始加强DEMS项目的实施力度，建立一所专门学校对商船船员进行操纵高射炮的训练，增派更多的海军水兵和海军陆战队员加入商船队担任炮手；英国陆军也给予更大的支援，在1941年组建了皇家炮兵海上防空团，并将其置于海军指挥下；加拿大海军也付出巨大努力来强化对商船炮手的训练。但是，所有这些应急对策直到1941年底或1942年初才显现出成效。

1942年英国护航船队的商船炮手们在操纵一门102毫米速射炮

由于缺乏性能优良的防空武器和训练有素的炮手，英国护航船队防空能力的提升受到很大制约。让问题更加严重的是，船队也缺少对敌军空袭的早期预警手段。在战前，英国海军没有将研发对空警戒雷达列为优先项目，只是于1938年初在一艘扫雷舰上安装了一部试验性装置。战争爆发前夕，英国海军才列装了79Y型对空警戒雷达，且只在“罗德尼”号战列舰、“谢菲尔德”号轻巡洋舰和“杓鹬”号轻巡洋舰等战舰上试用。尽管海军部下令为另外38艘舰船安装雷达，但这项命令仅涉及战列舰和巡洋舰，当时海军对于舰队防御能力的重视程度高于船队防御能力。此外，海军部要求只能为新造舰船或进行长期大修的舰船配备79Y型雷达，这使得雷达在海军中的普及速度被延缓了，导致在1941年中期仅有少数舰只具备早期预警能力，即使一艘装有雷达的巡洋舰担任一支船队的护航任务，也不会起到明显作用，因为79Y型雷达的扫描范围很窄，只能探测150千米以内且飞行高度在6000米以上的目标，很难发现在低空活动的“秃鹰”。在1940—1941年，护航船队只有很少的雷达能够对从低空来袭的“秃鹰”飞机实施预警，直到1941年底装备性能提高的271、281型雷达后，轻型护航舰艇才逐渐获得了一定的早期预警能力，到1942年，甚至连数量庞大的花级驱潜艇也都配备了雷达。当护航舰艇在1942—1943年装备了足够数量且性能可靠的雷达后，“秃鹰”就丧失了它们在空袭时的主要优势——突然性。

奇招迭出

1940年秋冬时节，当德国空军的Fw 200开始成为英国护航船队的可怕梦魇时，英国海军部立即采取了多种紧急对策以应付“秃鹰”的威胁，其中包括将一艘5000吨的货船“克里斯平”号改装为伪装防空舰，装备1门102毫米高射炮和6门20毫米厄利孔机关炮。“克里斯平”号将伪装成一艘普通货船跟随在船队末尾，希望吸引“秃鹰”的低空攻击，并将其击落，这种诱饵战术实际上是“一战”时反潜用Q船的变型版本。然而，“克里斯平”号在长达数月的护航任务中没有击落过一架“秃鹰”，反而在1941年2月被德军潜艇U-107击沉。为了引诱“秃鹰”，伪装防空船必须在船队后方单独航行，这使它成为德军潜艇的良好目标，因此海军部决定不在该项目上继续浪费宝贵的资源。

对任何危机事态都反应过敏的丘吉尔首相严令海军部迅速改进商船队的防空能力，

■ 英国货船“克里斯平”号，它在1940年秋季被改装为伪装防空舰，但未能取得战果

但所有应急措施都需要数月时间才能见效，急不可耐的丘吉尔亲自开动脑筋，想出一个计策，他建议利用一架丹麦籍 Fw 200 客机对波尔多 KG40 联队的基地实施突袭行动，代号“特洛伊木马”。根据首相的设想，这架 Fw 200 将喷涂成德国空军飞机的外观，搭载 20 多名突击队员在夜间强行降落在波尔多机场上，然后突击队将破坏所有“秃鹰”，这让人联想到几年后日军伞兵在冲绳岛的类似行动，但英国突击队员可不是亡命之徒，军事部门在研究后认为虽然这一行动有可能使 KG40 联队在一定时期内失去作战能力，但没有可行的方法让完成任务的突击队员安全撤离，所以非常明智地拒绝采纳这个自杀性的计划。

突袭行动未能实现，丘吉尔转而要求皇家空军轰炸机司令部对“秃鹰”的威胁做出回击，对波尔多德军基地和不莱梅的福克-沃尔夫飞机制造厂发动空袭，将“灾星”消灭在地面上、工厂里。1940 年 11 月 22 日至 23 日夜间，波尔多梅尔尼亚克机场首次遭到空袭，32 架英军轰炸机摧毁了 4 座机库和 2 架 Fw 200，

遭到盟军轰炸机反复轰炸的波尔多梅尔尼亚克机场，这里是 Fw 200 的主要作战基地

但随后的 3 次空袭均不成功，直到 1941 年 4 月 13 日的空袭才再次报销了 3 架 Fw 200。此后，虽然英军轰炸机还会有零星夜访，但德军已经加强了机场周边的防空部署，再也没有“秃鹰”在地面被炸毁。实际上，英国皇家空军在 1940—1941 年并不具备夜间精确轰炸能力，很难摧毁地面上飞机一类的点目标，炸弹往往会偏离目标 3 千米甚至更远，轰炸机司令部出动了 191 架次空袭梅尔尼亚克机场，战果只有那 5 架飞机而已。对不莱梅福克工厂的首次大规模空袭于 1941 年元旦付诸实施，只对 Fw 200 的生产造成了微不足道的干扰，反而促使德国人将大部分生产工作转移到科特布斯，丘吉尔的希望再度归于破灭。

既然间接路线走不通，英国海军部还得从强化船队自身防御的直接路线解决问题。从理论上说，对付敌方轰炸机的最佳武器是战斗机，如果能在护航船队中部署一艘航空母舰或者由改装商船搭载飞机，无疑将完美地消除“秃鹰”的威胁。1937—1938 年，海军部就产生了利用商船改装辅助航空母舰（auxiliary aircraft carriers，AVG）的想法，但由于资金匮乏而束之高阁。1940 年秋季，当 Fw 200 深入大西洋中部，在英国皇家空军岸基战斗机航程之外对缺乏防御的船队展开攻击时，英国人再次想到了商船搭载飞机的点子。在 1940 年 11 月 12 日的一次跨军种联席会议上，第一海务大臣达德利・庞德海军上将与空军总参谋长查尔斯・波特尔（Charles Portal）空军上将探讨了对抗 Fw 200 攻击的应急措施，包括由改装商船搭载并弹射“可消耗的战斗机”。时任海军部航空局长的马修・斯莱特（Matthew Slattery）海军上校提出两个为船队提供空中掩护的基本设想：一是在适合的商船上安装弹射器，供飞机起飞；二是选择适合的商船加装最简易的飞行甲板和降落设备，改装为简易航空母舰。这两个想法得到庞德的赞同，并授权海军寻找合适的商船进行改装，而波特尔上将则表示愿意为这些改装商船提供 60 架“飓风”战斗机，这种同心协力的军种间合作与德国海空军之间的争吵分歧迥然不同。

不幸的是，英国海军当时只有少量多余的弹射器，而且现有的火药动力弹射器原本用于起飞水上飞机，最大弹射速度为 95 千米/时，而“飓风”的起飞速度至少要达到 125 千米/时。英国海军决定先在两艘辅助船“飞马座”号和“斯普林班克”号上进行试验，它们加装了一座火药动力弹射器，成为英国海军第一批战斗机弹射船（fighter catapult ships，FCS），受到弹射器性能的限制，用一架费雷尔“管鼻燕”战斗机取代了“飓风”，该机的自重刚好达到弹射器的弹射重量上限。“飞马座”号于 1940 年 12 月完成改装，而“斯普林班克”号迟至 1941 年 5 月才做好行动准备。

与此同时，海军部也清醒地意识到需要开发性能更好的弹射器，这个任务被交给位于法勒伯恩（Farnborough）的皇家航空研究院，该部门的工程师凭借着一种令人惊异的即兴创造能力迅速完成了相关设计，一座火箭动力弹射器的样机被制造出来，可以沿着一条

■ 1941 年 5 月被改装为战斗机弹射船的“斯普林班克”号，注意舰体中部的战斗机

长 23 米的轨道弹射起飞一架“飓风”，这座双轨式弹射器配有一个搭载飞机的滑车，依靠 13 具电击发式火箭提供推力，完成弹射。但是，这种起飞方式十分危险，法恩伯勒的工程师们希望有更多的时间完善这种火箭动力弹射器，但急躁的丘吉尔亲自催促将其尽快投入使用，他在 1941 年 3 月 6 日指示说：“为船只安装弹射器或者说使之具备弹射战斗机的能力，用于对抗向我们的商船发起攻击的敌军轰炸机，这是当前最优先的工作。”在 1941 年春季，又有 3 艘辅助船被改装为战斗机弹射船，配备了火箭弹射器和“飓风”战斗机。

英国海军的真正目标是为大批商船加装航空设备，改装为弹射载机商船（catapult aircraft merchant，CAM），使之具备自主防空能力。丘吉尔最初要求将 250 艘商船改装为载机商船，但海军部将这个数字缩减到较为实际的 50 艘。第一艘载机商船“迈克尔 E”号于 1941 年 5 月 28 日做好行动准备，最终有 35 艘商船接受了 CAM 改装。与之相适应，英国皇家空军于 1941 年 5 月 5 日在利物浦附近成立了商船战斗机部队（merchant ship fighter unit，MSFU），为载机商船提供飞行人员，计划每艘 CAM 船搭载 2 架“飓风”和 2 名飞行员，除了他们之外的其他人都是商船船员。此外，每艘 CAM 船上都配备了雷达，以便为弹射飞机争取更多的准备时间。到 1941 年夏季，已经有相当数量的战斗机弹射船和载机商船开始为部分船队提供护航，反击德军 Fw 200 的空袭，但这些船只大多仅搭载了一架飞机，只能为护航船队提供单次空中支援，飞行员在完成任务后就迫降在海上，等待附近船只救援，飞机就地抛弃，缺乏持续作战能力是这种应急改装船只的明显缺点。尽管如此，当“飓风”战斗机出现在远离海岸的大西洋中部时，KG40 联队的 Fw 200 飞行员们还是大为吃惊，“秃鹰”的丧钟也在 1941 年 8 月敲响。

虽然海军部在丘吉尔的坚持下实施了载

■ 英国的弹射载机商船在船首安装一部弹射器，一架战斗机随时准备起飞拦截令人讨厌的“秃鹰”

机商船改装，但 CAM 船或 FCS 船都带有浓厚的应急色彩，而且不能重复使用，有欠经济，真正的解决之道还是部署那些能够搭载多架战斗机并具备完全起降能力的辅助航空母舰。英国海军认为这种辅助航母的尺寸约为舰队航母的一半，建造周期为 12~15 个月，并于 1941 年 1 月迈出了实验性的第一步。英国海军部下令将俘获的德国货船“汉诺威”号改装为辅助航空母舰“大胆”号，货船的上层建筑被拆除，加装一层飞行甲板，但没有配备弹射器、升降机、机库和舰岛，所有飞机系留在甲板上，暴露于风霜雨雪下。“大胆”号于 1941 年 6 月服役，搭载海军舰队航空兵第 802 中队的 6 架“岩燕”战斗机。虽然整个改装进行得十分匆忙，工程质量很是粗糙，但“大胆”号在为前往直布罗陀的船队护航的 3 个月里很快证明了自己的价值，其舰载机陆续击落了 4 架 Fw 200，这极大地鼓舞了护航船队的士气。

“大胆”号的成功促使英国海军在其基础上继续改进，在后续设计的护航航母(1942 年后辅助航空母舰被改称为护航航空母舰 CVE)上增加了机库、舰岛和升降机，载机数量增加到 11~18 架，在战争结束前又有 5 艘商船被改建或改装为护航航母。但是，当时英国造船厂都忙于建造战舰和商船，没有多余的船台可用于改装护航航母，海军部决定从当时仍保持中立的美国那里获得援助。实际上，美国在参战之前就已经着手利用商船改装护航航母，英国海军在战争期间分三批从美国租借了38艘护航航母，包括4艘射箭者级、8艘攻击者级和26艘统治者级，其中第一级相当于美国海军的长岛级，后两级相当于博格级。相比英制护航航母，美制护航航母安装了弹射器，起飞效率更高，能够搭载15~20架舰载机。第一艘投入实战的美制护航航母是“欺诈者”号，于1942年6月开始从事护航行动，到同年年底，另外3艘同级舰也陆续服役，到1943年又有14艘护航航母加入英国海军舰队序列，由此英国最终摆脱了1939—1940年在大西洋中部无法为护航船队提供空中掩护的窘境，在1941—1942年获得了局部区域的有限空中防线，到1943年英国已经建立了稳固的空中护航屏障，彻底扼杀了“秃鹰”实施空袭的可能性。

众志成城

在北大西洋中部空袭与反空袭的较量中，英国人享有一项德国人不具备的优势，那就海空军之间的精诚合作。英国海军部和皇家空军参谋部在这场斗争中迅速意识到，单一军种无法击败“秃鹰”，于是充分发挥各自的优势，展开了远较德国人更成功的协同配合。虽然在1940—1941年，英国皇家空军受到英伦空战的牵绊而难以脱身，但还是竭尽所能地为空军海岸司令部提供足够数量和性能出色的飞机，使其在1942年具备对抗“秃鹰”的能力。同时，英国皇家空军还大力协助海军的载机商船项目，迅速提供了一批“飓风”战

■ 英国海军第一艘辅助航空母舰“大胆”号，也是护航航母的鼻祖，注意甲板上准备起飞的战斗机

斗机和飞行员，即便皇家空军当时在英国南部地区仍面临着德国空军的巨大压力，也没有丝毫犹豫。从英国人的立场看，护航船队与 Fw 200 之间对决意味着一种弥补过错的动力，英国海空军都努力修正他们在战前制定贸易航线保护策略时犯下的错误，并在敌人利用这种错误给战时经济造成难以挽回的损害前迅速采取行动，挫败对手缺乏协同的海空攻击。

英国皇家空军海岸司令部负有保护商船队免受德军潜艇及飞机攻击的直接责任，但是在 1942 年之前，该司令部却无法顺利地履行其职责，因为缺乏熟练的机组成员和适于执行海上任务的作战飞机，也没有合适正确的战术，使它难以应付来自“秃鹰”的严重威胁。在 1940 年 7 月，“秃鹰”开始向护航船队发威时，海岸司令部下辖的第 15 飞行大队仅有大约 60 架飞机可用于在英国西南方的远洋航道上空巡逻，为船队提供空中掩护。这些飞机包括肖特“桑德兰”式水上飞机、洛克希德“哈德逊”式轰炸机、阿姆斯特朗“惠特利”式轰炸机和过时的阿芙罗“安森”式轰炸机。所有机型都不适合拦截 Fw 200，它们航速较慢，武备火力不强，尤其是缺乏与“秃鹰”匹敌的远程续航距离，难以覆盖受到“秃鹰”威胁的全部海域。通常情况下，第 15 飞行大队可以向每一支接近英国海岸的护航船队派出 1~2 架飞机，在船队上空盘旋数小时以驱逐可能出现的“秃鹰”。尽管存在这样一个临时性的空中保护伞，在 1940—1941 年，海岸司令部的飞机却很少遭遇 Fw 200，在仅有的 5 次空战记录中，皇家空军有一架“安森”和一架“惠特利”被击落，德国空军损失 2 架“秃鹰”，另有 1 架被击伤，双方算是战成平手。俗称“飞行豪猪”的“桑德兰”式水上飞机可以伴随船队更长的时间，装备了足以驱逐 Fw 200 的武器，但航速缓慢，无法追击受伤的敌机，自身也容易被对手摆脱。

直到 1941 年初，英国海岸司令部才最终获得一种能够有效截击“秃鹰”的新型战斗机，即“英俊战士”Mk IC 型双发战斗机。这种远程重型战斗机在机首装备 4 门 20 毫米机炮，飞行速度比 Fw 200 快 160 千米/时，是一位真正的“捕鹰猎手”！1941 年 4 月 16 日，“英俊战士”首次击落“秃鹰”，这宣告这位

■ 英国皇家空军海岸司令部的“桑德兰”式巡逻机，被称为“飞行豪猪”

“大西洋上的灾星”如今也碰上了自己的“灾星”。此后，Fw 200都会选择避开得到“英俊战士”保护的少数护航船队。在1941—1942年，海岸司令部还没有能力大量部署“英俊战士”，只能以少量远程战斗机震慑对手。在1941年，“英俊战士”仅击落了1架Fw 200，1942年的战果是2架，到1943年则提升到5架。在1943年7月至8月，英国皇家空军海岸司令部在护航任务中得到美国陆军航空队第480反潜大队的支援，该大队装备的B-24D“解放者”式巡逻机取得了击落4架Fw 200的佳绩。在1943年12月，英国海岸司令部开始使用性能更为优异的哈维兰“蚊”式双发战斗机在比斯开湾上空进行警戒巡逻。在这种高性能战斗机面前，“秃鹰”完全没有还手之力。此时，Fw 200若想攻击英国的海上航线，几乎与自杀无异。

船队防御能力分析

在抵御Fw 200空袭的战斗中，护航船队要取得防御成功依赖于两个关键能力：一是侦测来袭敌机的能力，二是摧毁或驱逐敌机的能力。盟国方面还会利用一些辅助手段，如加装装甲板或其他防护材料提升船只本身的被动防御能力，而在这场交锋中真正决定胜负的因素还是船队空中掩护网的建立和完善，随着载机商船、护航航母及岸基远程巡逻机的出现，德国空军的“秃鹰”将面临无可挽回的失败。此外，在任何形式的战斗中，得到充分训练且士气饱满的战斗人员远比缺乏训练、士气低落的人员更容易取得胜利，幸运的是，英国从不缺少忠于职守、坚定勇敢的海员和飞行员。

目标侦测能力　与他们的对手一样，护航船队的船员们最初只能依靠“Mk I型眼球”来侦测目标，即全凭视觉观察敌情。在大西洋上视线观察距离通常不会超过10千米，甚至更近，而一架“秃鹰”从50米高度以290千米/时的速度向目标发起进攻时，只需2分钟就能飞越这一距离，抵达目标正上方，留给防御者的反应时间非常少。早期护航船队很少得到空中掩护，而单独航行的船只常常在炸弹临头才意识到遭到攻击。护航船队无法从外部渠道，比如“超级机密”或其他情报途径获得早期预警，在战争初期完全是在对敌情一无所知的情况下航行的，这让它们很容易沦为“秃鹰”攻击的牺牲品。

随着281型对空警戒雷达于1941年2月开始列装，英国护航船队的侦测能力有所改善，但在1942年以前，这种精密设备只有少数护航舰艇装备。在配备281型雷达的情况下，船队最远能够探测到110千米距离上的Fw 200，从而提供了一定程度的早期预警，可以使船队指挥官掌握敌机的行踪，预先进行防御准备，并在敌机返回基地后改变航向，避开潜艇或其他敌机的埋伏。到1942年，英国情报机构也开始为护航船队提供情报支持，皇家空军的无线电监听系统有时会捕捉到比斯开湾上空由Fw 200发出的无线电信号，从而发出警报。到1942年底，雷达已经普遍装备护航舰艇，甚至连花级驱潜艇都安装了短

■ 为船队护航途中，英军官兵在舰桥上用望远镜观察天空，依靠目视侦测敌情

距对空警戒雷达，此时，护航船队具备了较强的目标侦测能力。依靠较为完善的雷达预警系统，护航船队在必要时也可以和皇家空军的空中掩护兵力展开配合。

对空射击能力 在成功发现一架“秃鹰”逼近的情况下，护航船队会以防空武器展开射击，力图摧毁敌机或挫败其进攻企图。在1940年至1943年，护航船队的防空效能发生了很大变化，在初期的战斗中，船队的防空武器威力弱、性能差，几乎难以命中目标；而在后期战斗中，新型防空武器的装备使船队的对空射击命中率大为提高，令“秃鹰”进行突防的风险成倍增大。

在战前，英国海军自信地认为，驱逐舰上装备的12.7毫米四联装高射机枪在10秒钟内能发射500发子弹，足以在一个轰炸机大小的目标身上留下40个弹孔。实际上，这种武器在摇摆不定的舰船甲板上射击效率会大幅下降，往往需要耗费数千发子弹才能命中一个快速飞行的目标。即便是武装商船上配置的12磅高射炮也很难对敌机造成足够的威慑，虽然从理论上说这种武器能够向6~8千米外的目标开火，但实战中交火距离远小于这个数字。为了避免误伤友军飞机，海军部曾规定武装商船只能向距离800米以内未确认身份的飞机开火。鉴于战争初期武装商船时常误击皇家空军的飞机，这一规定有一定的合理性，但极大地降低了护航船队防空火力的防御距离，使其无法组织起较大范围的区域性防空火力网。此外，早期型号的12磅炮配用的弹药也不适合攻击在中等高度飞行的目标，而四联装2磅炮只适合对付低空目标。

■“二战”时期英军轻型舰船上装备12磅速射炮，其对空射击能力有限

即使上述战前的标准防空武器在“二战”初期数量也很不充足，无法大量装备护航船队，对大多数商船来说能够依靠的仅有几挺射程很近的老式机枪，如7.62毫米马林式、8毫米霍奇斯式、7.7毫米刘易斯式等。这些武器弹丸初速低，威力弱，并且经常卡壳。通常情况下，在一架Fw 200飞离商船的过程中，一挺刘易斯机枪最多只能打完一两个47发弹盘，如果运气好或许能对敌机尾部或后机身造成一点损伤。在丘吉尔的催促下，海军部还开发出一些应急防空武器，如霍尔曼式抛射器。这是一种由康沃尔郡某机床制造商发明的简易防空武器，利用压缩空气或其他高压气体向空中目标发射弹药，最大射高在180～300米，射速可达30发/分。此外，还有诸如降落伞式阻拦索、快速空中飘雷、防空火箭、阻拦风筝等稀奇古怪的防空武器。它们都在1940—1941年被运用于护航船队的对空防御中，但其作战效能大多低得出奇，既没有取得过击落战果，也没有对“秃鹰”的反舰行动造成严重干扰。

护航船队低劣的防空武器配置情况直到1942年以后才得到明显改善，上述所有旧式武器和五花八门的应急武器迅速被更新、更好的20毫米厄利孔炮和40毫米博福斯炮取代。20毫米厄利孔机关炮是公认的近距防空利器，能以极高的射速向2000米外的“秃鹰”开火，而且弹丸初速高，弹道性能好，配用穿甲燃烧弹非常适于引燃Fw 200脆弱的油箱。救援拖船“海员”号是第一艘用20毫米炮击落Fw 200的英国舰船，时间是在1941年1月10日。为了确保命中率，20毫米炮手通常会等到目标接近到685米距离时才开火，此时飞机的正面投影会占满整个环形瞄准具，在Fw 200抵达投弹点之前他有7秒钟射击时间，差不多可以打完一个60发弹鼓，一旦击中就能给目标造成毁灭性损伤。即使在1943年Fw 200将攻击高度提升至3000米，仍然会遭到40毫米博福斯炮的打击，后者的射程足以将船队的防空区域延伸到3000米以外。

到 1943 年底，护航船队自身的防空能力已经足够强大，完全能够遏制和击败所有“秃鹰”飞机的攻击，哪怕后者是由意志最坚定的飞行员驾驶，也难以逃脱机毁人亡的结局。

■ “二战”时期英军舰艇装备 20 毫米厄利孔机关炮，对于低空飞行的“秃鹰”威胁很大

被动防御 除了增备和更新防空武器外，英国海军部还试图为商船提供一些被动防御手段，以抵挡 Fw 200 的低空扫射，最常见的方法就是在上层建筑的要害部位或防空炮位周围安装装甲板或装甲围栏，但是大部分装甲板被用于建造作战舰艇，于是一种替代装甲板被开发出来。这是一种由沥青和碎石渣混合制作的板材，并用螺丝钉将多层板材固定在一起构成防护装甲。相比普通钢装甲，这种沥青装甲重量较轻，对敌军机枪火力有一定的防护能力。

空中掩护 对于护航船队而言，仅凭雷达、防空武器和装甲还不能完全消除“秃鹰”的威胁，即使 Fw 200 难以对船队实施攻击，它们仍可以充当“海狼之眼”，在防空武器射程之外跟踪船队，召唤己方潜艇发起攻击。在 1941 年中期载机商船和护航航母投入使用前，护航船队没有能力驱逐或拦截执行侦察引导任务的 Fw 200，而载机商船的作用被证明具有很大的局限性，一旦船上唯一的战斗机被弹射升空，它就和普通商船一样了，而 Fw 200 也许会在数天时间里连续对船队进行跟踪和攻击，此时就无以应对了。相比之下，护航航母则能够为船队提供持久的空中掩护，其搭载的舰载战斗机对于拦截 Fw 200 这种脆弱且笨拙的目标可谓手到擒来。不过，在 1944 年以前，伴随船队行动的护航航母数量并不多，但随着英国皇家空军与美国陆军航空队之间的合作不断完善，护航船队在 1943 年已经可以得到岸基远程飞机的掩护，有效弥补了航母数量不足的缺陷。在舰载航空兵和岸基航空兵密切及时的配合下，护航船队在反击德军空袭方面获得了令人信服的能力。

战斗人员 盟国方面与 Fw 200 对抗的战斗人员构成非常复杂，包括来自英国海军、加拿大海军和美国海军的官兵，英国空军、英国海军航空兵、美国陆军航空队、加拿大海军航空兵的飞行员们，英国陆军派往商船的炮手及商船队中的各国船员。1940—1944 年，广大商船船员在部分海军和陆军炮手的协助下，在与“秃鹰”的战斗中承担了最多的任务，也蒙受了最重的伤亡。虽然美国飞行员很晚才参与这场对决，但他们在 1943 年击败“秃鹰”的行动中也发挥了极其重要的作用。

练习使用路易斯式机枪的英国水兵，面对“秃鹰”的威胁，这些老式机枪对于商船而言只能是聊胜于无

在所有和“秃鹰”展开搏斗的战士中，在载机商船上驾驶“飓风”战斗机的英国皇家空军飞行员无疑是最为果敢无畏的一群人，但他们很少有机会证明自己的能力。在正式随船出航前，这些飞行员要在地面上的弹射器上完成 1~2 次测试起飞。与航母舰载机飞行员不同，载机商船的飞行员只有发现敌机临空时才会驾机起飞，而在大多数航程中他们只能在一艘船上度过乏味的两周时间，不会接到任何升空命令，同时还要忍受恶劣天气带来的苦恼。每一艘载机商船通常搭载 3 名飞行员，他们在白天轮流坐在弹射器上的飞机座舱内随时待命出击，每两小时轮换一次。在经过数周的海上航行，飞机机体暴露在高湿高盐的环境中难免会受到侵蚀，所以飞行员很难确定他们的“飓风”是否还能保持性能，或者在他们结束飞行任务后能否从必须进行的迫降中生还。最初，英国皇家空军预计只有半数的载机商船飞行员能够在飞行任务中幸存，但事实证明这种判断过于悲观了。在两次登船执勤之间的休整期，载机商船的飞行员可以在岸上基地进行几小时的飞行训练，以免技能生疏，要知道在获得一次短暂的空战机会之前，他们需要面对漫长的枯燥等待。

与载机商船的飞行员不同，护航航母的飞行员要忙碌得多，几乎每天执行长时间的空中警戒任务。如果有可能，护航船队的指挥官希望从黎明到黄昏都有己方飞机在船队上空盘旋。通常一艘护航航母搭载的战斗机大队会分为数个巡逻小队，每个小队有两架战斗机，轮流升空在船队周边空域巡逻，同样是每两小时轮换一次。他们要同时搜索德军潜艇或飞机，相比出现频率并不算高的“秃

弹射载机商船上搭载的“飓风”战斗机，飞行员驾机升空后无法降落，只能选择在海面迫降，等待救援

鹰”，在水面航行的潜艇经常成为巡逻战斗机的攻击目标，较多的战斗机会使航母飞行员比载机商船飞行员表现得更加积极。航母飞行员面对的最大危险并不是与“秃鹰”或潜艇搏斗，而是每次返航时的着舰作业，在波涛汹涌的大西洋上，飞行员要降落在护航航母那狭窄短小、摇晃不止的飞行甲板上，绝对需要技巧、勇气和幸运，即使对最优秀的飞行员来说也是一次生死考验。

武装商船上的船员和炮手都是志愿加入的年轻商船船员和海军水兵，他们将在威尔士北部的一座训练学校中接受为期数周的枪炮训练，然后前往利物浦附近的军营报到，等待船队出航时分配到各艘船上。通常，每艘武装商船会配置 3~6 名海军炮手，由他们操纵高射炮或高射机枪，商船船员则协助他们工作，充当运弹手。在偶然情况下普通船员也会操纵武器向敌人开火，但没有受过专业训练的人员很难发挥出武器的全部威力。比如，在某一支前往直布罗陀的船队中，曾有一名船员用 20 毫米炮射击一架德军飞机，他自称在操纵武器瞄准开火上没有任何问题，麻烦的是在打光一个弹鼓后他不知道如何重新装弹！在可能遭遇空袭的海域，武装商船的炮手必须长时间坚守在炮位上，一个炮组分为两班，每 4 小时换班一次，从清晨到傍晚都要人不离炮，随时做好射击准备。对于大部分海军炮手而言，海上战争非常沉闷又充满生命危险，每次与德军潜艇和飞机的交火都可能牺牲。“二战”期间，在武装商船上服役的 24000 名炮手中约有 5000 人阵亡，死亡率超过 20%。

在战争中，还有大约 14000 名陆军士兵被派往武装商船上负责操纵武器，他们大多来自皇家海上炮兵团，其中有 1222 人阵亡。这些陆军炮手均是从其他炮兵部队中征召的志愿者，其中包括一名 21 岁的老列兵威廉·亨利·邦达尔（William Henry Poundall），他的从军经历在陆军商船炮手中非常典型。邦达尔和很多陆军士兵一样，抱着趁机去世界其他港口开开眼界的想法志愿报名参加海上炮兵部队，他首先前往苏格兰的马瑟尔堡接受为期两个月的培训，学习如何使用 40 毫米博福斯高射炮，随后被分配到 45000 吨的远洋班轮“阿奎塔尼亚”号上担任炮手。让他大

■ 武装商船的炮手在训练学校练习操纵高射炮，在战争中商船炮手的阵亡率超过 20%

失所望的是，他根本没有机会看到什么异国风情，在船上困了长达 6 周时间，在护航船队抵达目的地后他立即被调到另一艘船上再次起航了。

怒海飞羽——Fw 200 与英国护航船队的交锋

福克-沃尔夫 Fw 200“秃鹰”成为德国对英封锁战略的一部分，这是 1940 年夏季德军在西线战役中取胜的直接结果之一。德军在整个法国大西洋沿岸占有地理位置优良的海空基地，这不仅为德国海军的潜艇、袭击舰敞开了一扇通往贸易航线的大门，也为德国空军实施远洋空袭创造了先决条件，远程飞机可以从法国海岸的机场起飞，深入大洋，对英国护航船队进行空中打击，而这项任务由“秃鹰”来完成。从 1940 年夏至 1943 年秋，Fw 200 的远洋破交行动持续了三年有余，在作战初期它们利用英国护航船队在防空能力上的弱点，凭借低空轰炸战术给对手造成了相当的损失，在英国海军加强舰船防空能力后，转而采用中空轰炸战术进行袭扰，但所有努力都不能击败拥有资源优势的对手，只能在这场对决中接受失败的结果。

羽翼初丰

尽管德国空军 KG40 联队的 Fw 200 早在 1940 年 7 月就进驻法国西部沿海地区，但它们在抵达后的最初一个月内主要执行夜间布雷和武装侦察任务，而非反舰船行动，这类飞行带有明显的试验色彩。从 1940 年 8 月初开始，KG40 联队使用法国南部波尔多的梅尔尼亚克机场作为新的作战基地，由此直到 1943 年 7 月，这里始终是“秃鹰”的巢穴。希特勒在 8 月 17 日发布了全面封锁英国的命令，KG40 联队的“秃鹰”也在三天后正式投入对英国海运线的绞杀行动，但是该部唯一具备作战能力的单位——由彼得森少校指挥的第 1 大队，当时仅有 3 架 Fw 200 能够投入实战，而且在首次出击中就损失了 1/3 的可用兵力：8 月 21 日，一架 Fw 200C-1 在前往爱尔兰以西海域侦察盟军护航船队时，因为

■ 从下方拍摄的飞行中的 Fw 200C，注意狭长的机腹吊舱

机械故障在英国西南部的布兰登山附近迫降。

在开局不利的情况下，彼得森仍然利用剩下的两架“秃鹰”进行零星巡航，它们在 8 月 25 日取得了在大西洋战场上的首个击沉战果，3821 吨的英国货船“加兰特”号在一次空袭后沉入爱尔兰西南方约 4000 米深的海底，到 8 月底又有另外 5 艘商船被“秃鹰”击伤。KG40 联队的破交行动在 9 月未见起色，仅击沉了一艘希腊货船并击伤了 9 艘其他船只。10 月 2 日，一艘小型货船成为“秃鹰”的另一个牺牲品，10 月 8 日，20000 吨的运兵船“奥恩塞沃斯”号遇袭受伤。上述来自爱尔兰以西海域的空袭报告起初并没有引起英国海军的关注，没有人认为这些偶尔出现在远海的德军飞机是一个真正的威胁，但是那些亲历空袭的人们已经注意到，船只对于“秃鹰”的进攻缺乏反击手段，“奥恩塞沃斯”号上的一位英军士兵杰弗里·杰克逊（Jeffrey Jackson）回忆道：“我当时正受到晕船的折磨，并不知道发生了什么事，其他人也对空袭毫无察觉，因为船上没有人对德国轰炸机开火。”

在经过 8 周的有限行动后，KG40 联队的战绩非常可怜，仅击沉了 3 艘船约 11000 吨，击伤 21 艘船约 90000 吨。作战报告显示，“秃鹰”的轰炸精度很差，大多数损伤是由近失弹造成的，实际上很难击沉目标。在最初的游猎中，“秃鹰”似乎更像是一个麻烦制造者，而非致命的冷血杀手。对比德国潜艇部队同期击沉了超过 50 万吨的船只，英国海军部自然不会把“秃鹰”的亮相当作一个严重事态加以认真对待。但是，这一状况在 10 月下旬突然发生了转变。

1940 年 10 月 26 日凌晨，伯恩哈德·约佩空军中尉驾机飞离波尔多，前往西北方的

■ 属于加拿大航运公司的远洋班轮“不列颠女皇”号在战前的留影，该船在战时被征用为运兵船，于 1940 年 10 月 26 日遭 Fw200 空袭重创，两天后被潜艇击沉

爱尔兰海执行他的首次实战任务。9 时 20 分，这架 Fw 200 在爱尔兰西北海岸约 112 千米处发现了一个孤独的船影——42348 吨的“不列颠女皇”号。这艘战前的远洋班轮已被征用为运兵船，刚刚完成一次前往中东战区的运兵任务，正向格拉斯哥返航。该船在尾部加装了一门 76 毫米高射炮，还配备了 6 挺刘易斯式机枪，但是船上缺乏训练的炮手将陌生的“秃鹰”误认为友机，没有向不断靠近的德机开火。约佩在没有受到任何干扰的情况下从低空接近目标，向“不列颠女皇”号的左舷实施轰炸，投下的两枚炸弹中有一枚击中后部上层建筑，导致起火燃烧，Fw 200 的机腹炮手在掠过目标时还用 MG15 型机枪扫射甲板。

当爆炸声响起，“不列颠女皇”号的船长才意识到情况不妙，急忙加速至 24 节并下令炮手还击。当约佩掉头发起第二轮空袭时，他发现目标变得难以捕捉，在快速移动中用枪炮拼命向他射击。“秃鹰”丢下的第三枚炸弹没有命中目标，反而有一台引擎被机枪打伤。约佩不肯轻易放弃这个诱人的猎物，他驾驶受伤的飞机进行了第三次攻击，从船尾方向进入轰炸航线，将最后一枚炸弹准确地丢在高射炮附近的甲板上，制造了一场更大的火灾，并引爆了炮位附近的待发炮弹，最终火势四下蔓延，变得无法控制。约佩没有时间欣赏自己的战果，在通过无线电通报了受伤船只的位置后，这架耗尽炸弹并引擎受损的 Fw 200 径直向基地返航。在“秃鹰”离去后不久，伤势严重的“不列颠女皇”号开始弃船，英国护航舰赶来营救，试图将破损的船壳拖回港口，但是 U-32 潜艇在 10 月 28 日将这艘不幸的客轮送下海底。“不列颠女皇”号是战争爆发以来被击沉的吨位最大的英国船只，它在空袭中严重受损的事实令海军部十分震惊。

出击归来的伯恩哈德·约佩受到热烈欢迎，他是 Fw 200 部队的一名王牌飞行员

约佩的成功攻击使德国空军领导层确信，Fw 200 的能力绝不仅限于武装侦察。10 月 27 日，一架单独行动的 Fw 200 在爱尔兰以西海域攻击了 OB234 船队，尽管船队中有 9 艘护航舰进行保护，这架“秃鹰”仍然成功击伤了 5013 吨的“阿尔弗雷德·琼斯”号货船。皇家空军第 224 中队的一架“哈德逊”式轰炸机从北爱尔兰的奥尔德戈罗夫基地起飞，赶到船队上空，试图对“秃鹰”展开拦截，结果遭到 Fw 200 自卫机枪的密集射击，机身受损，被迫脱离战斗返航，这是“秃鹰”少有的一次空战胜利。事后英军宣称驱逐舰“亚马逊”号用 2 磅乒乓炮击伤了“秃鹰”，但这架飞机在返回波尔多后，其机组成员则报告说，英国护航船队的防空能力低下，难以抵抗低空轰炸，这是 Fw 200 首次以护航船队为目标发动空袭。

受到上述两次行动的鼓舞，彼得森在 11 月加大了作战力度，KG40 联队的出击频率明显增加，更多架次的 Fw 200 飞往爱尔兰海岸西北方的航道，寻找有利可图的海上目标。11 月 4 日，一架 Fw 200 在爱尔兰以西 290 千米外发现了没有护航的“温莎城堡”号。这艘 19141 吨的客轮凭借两挺刘易斯机枪设法击退了最初几轮轰炸，但最终还是被一枚 250 千克炸弹命中船体中部，上层建筑被击穿，幸运的是炸弹没有爆炸，随后被拆除了引信，劫后余生的客轮带着这件“德国佬的馈赠”返回了港口。11 月 9 日，另一架 Fw 200 在爱尔兰以西 282 千米处锁定了 26032 吨的“日本女皇”号客轮，并从船尾方向发动了一次完美的低空轰炸，两枚 250 千克炸弹落在船尾甲板上，但在引信起爆前炸弹被弹飞了，只造成并不致命的表面损伤。11 月 15 日 10 时左右，一架“秃鹰”与返回英国的 SL53 船队不期而遇，这支船队仅有一艘老式驱逐舰和一艘武装商船担任护航，如此薄弱的护卫力量刺激了“秃鹰”的攻击欲望，它选择了 9333 吨的蒸汽客轮“阿帕帕”号，从左舷以 50 米高度实施了一次大胆的“瑞典芜菁”攻击，一枚炸弹直接命中船体，摧毁了引擎并点燃了货物，在客轮断为两截沉入大海之前，护航舰搭救了大部分船员和乘客。当 11 月结束时，KG40 联队总算拿出一份看得过去的战绩报告，当月在爱尔兰海域实施了 10 次成功的反舰行动，击沉 6 艘，击伤 7 艘，这说明“秃鹰”部队逐渐找到了属于自己的战争节奏。

■ 德军地勤人员在准备出击的 Fw 200 上挂载 250 千克炸弹

11月来自爱尔兰海频繁的空袭警报，尤其是3艘担负运兵任务的大型客轮先后遇袭，令英国海军部再也不能对“秃鹰”的威胁等闲视之了，要求皇家空军海岸司令部加强奥尔德戈罗夫基地的作战力量，为第224中队配备更多更好的飞机，但是海岸司令部当时还有很多更优先的任务需要完成，只能将装备布伦海姆Ⅳ型轰炸机的第272中队调往奥尔德戈罗夫，强化护航船队的空中掩护兵力。然而，这个新单位显然缺乏在海上飞行和作战的经验，它们不仅难以找到需要保护的船队，甚至分不清敌机和友机。11月24日，该中队的一架布伦海姆就与一架英国海军航空兵的“管鼻燕”战斗机发生空战，所幸双方均未受损。11月30日，两架布伦海姆在爱尔兰海岸附近发现了一架Fw 200，但在它们占据拦截位置之前，那架狡猾的“秃鹰”已经遁入云层。实事求是地说，皇家空军海岸司令部在1940年没有对KG40联队的空袭行动造成太大的干扰。

由于缺少飞机和熟练机组，彼得森无法在12月保持作战频率，同时大西洋冬季里的恶劣天气也使敌踪难觅，但少量出动的“秃鹰”依然努力在劲风怒涛间寻找攻击机会。12月3日11时左右，一架Fw 200在爱尔兰外海发现了HX90船队，并突破4艘护航舰的拦截火力，勇敢地飞入第4、第5航行纵队之间，对一艘货船投弹并扫射了另一艘货船。在调转航向后，这架“秃鹰”又攻击了“亨德里克”号货船，取得了一次直接命中，护航船队指挥官后来在报告中描述道：“中弹导致一次可怕的爆炸，这艘船在几秒内变成了一团火球。”在12月，KG40联队击沉了3艘船，击伤7艘，至圣诞节时该联队宣称击沉了19艘盟国船只约10万吨，击伤37艘约18万吨，而从8月以来只有4架Fw 200在行动中损失，但没有一架是被英军护航部队击落的。显而易见，在大西洋之战中空袭与反空袭的首回合较量中，德国空军占据了上风，也正是在这一时期，被激怒的丘吉尔首相将Fw 200斥为“大西洋上的灾星”。经过近5个月的训练和储备，到1940年底，KG40联队已经拥有足够的熟练机组和崭新飞机，用于组建两个完整的作战中队，每个中队配置6架飞机。在1941年新年之后，德国海军暂时获得了KG40联队的战术指挥权。

巅峰时刻

在返回德国本土与家人共度假期后，KG40联队的成员们于1941年1月8日满腔热情地重返战斗岗位，继续向英国的海上动脉开刀放血，当天在爱尔兰西北424千米的罗科尔礁附近，6278吨的货船“克莱顿”号成为1941年“秃鹰”捕获的第一个猎物，一枚炸弹在船体上撕开了一道宽大的裂口。三天后，一架Fw 200在爱尔兰以西击沉了一艘属于HG49船队的掉队船只。1月16日，KG40联队第1中队中队长康拉德·费尔洛赫（Konrad Verlohr）空军上尉驾驶的“秃鹰”抓住了OB274船队。这支由40艘商船组成的船队拥有一支强有力的护航队，包括3艘驱逐舰和3艘驱潜艇，但是它们未能阻止费尔洛赫进行了两次教科书式的低空投弹，两艘货船当场沉没。与之前“秃鹰”完成攻击后立即返航不同，费尔洛赫在丢光炸弹后并不急于离开，而是徘徊在船队上空继续监视，并用无线电将船队的位置通告附近的德军潜艇，但在“秃鹰”因燃料告急而被迫返航前，没有一艘潜艇能够赶到战场发起攻击。从 1 月中旬开始，彼得森开始轮换两个中队，以增加出击架次。当 HG50 和 SL61 船队在 1 月 19 日于爱尔兰以西海域被德军发现后，彼得森组织实施了一次长达 5 天的连续空袭行动，成功摧毁了 7 艘商船。KG40 联队此时对于低空轰炸驾轻就熟，“秃鹰”们充分利用英军护航船队在防空能力上的弱点和皇家空军海岸司令部难以提供有效空中掩护的缺陷，肆意蹂躏一支支船队。接连不断的空袭损失报告令丘吉尔首相大为恼火，尤其在得知即使在得到护航的情况下也不能免于轰炸后更加怒不可遏。

“秃鹰”的屠杀一直持续到 1 月的最后一周，SL62 船队成为下一个受难者，该船队的挪威货船“奥斯特瓦尔德”号被 5 枚炸弹击中，无线电室也被“秃鹰”机腹机炮的精准射击摧毁了。到 1 月底 KG40 联队的战果记录再创新高，17 艘船被击沉，合计 65000 吨，另有 5 艘船被击伤。相比之下，英国海军在交锋中只取得了一次微小但意义深远的胜利，1 月 10 日，由布尔迈斯特(Burmeister)空军中尉驾驶的 Fw 200 非常莽撞地对救生拖船“海员”号进行低空扫射，这艘仅有 369 吨的小舰艇看似弱不禁风，却配置了非常适合低空防御的武器，船上装有 1 门 20 毫米厄利孔机关炮、1 门 12 磅高射炮和 2 挺 12.7 毫米机枪，它们发出的猛烈弹雨让布尔迈斯特大为惊讶，这架“秃鹰”躲闪不及，中弹起火，在附近海面迫降，布尔迈斯特和两名幸存机组成员沦为

■ 在波尔多基地备战的 Fw 200，注意垂尾上的战果标志

俘虏，并在审讯中透露了大量 Fw 200 行动的细节信息，从而为英国海军策划反制措施提供了依据。救生拖船“海员”号的胜利不仅证明了 20 毫米机关炮的卓越性能，更完成了大型战舰无法完成的任务，获取了关于“秃鹰”作战的第一手情报，英国海军在与“秃鹰”的较量中由此开始扭转劣势。

■ KG 40 联队的一架 Fw 200C 的垂直特写，上面涂绘的战果标志显示已经击毁了 11 艘船

然而，战局逆转并非朝夕之间，对英国人来说 1941 年 2 月的战况比 1 月更加糟糕，KG40 联队继续出动单机对爱尔兰海上单独航行的船只实施攻击，并频频得手。2 月 9 日，彼得森突然改变战术和作战区域，派遣 5 架 Fw 200 由第 1 大队中最优秀的机组驾驶，飞往葡萄牙西南海域，空袭被德军潜艇发现的 HG53 船队。在此之前，除了少数双机空袭外，KG40 联队还从未进行过如此规模的集群协同攻击，这让英国人深感意外。虽然 5 架“秃鹰”的轮番突击只击沉了 5 艘小型船只计 9201 吨，但成功地扰乱了船队的护航阵型，使 U-37 潜艇乘虚而入，接连打沉了 3 艘货船。对 HG53 的联合攻击正是潜艇部队司令邓尼茨梦寐以求的，事实证明这种空潜协同战术对护航船队具有毁灭性的破坏力！让英国人稍感安慰的是，护卫舰“德特福德”号的 12.7 毫米机枪击穿了一架 Fw 200C-1 的油箱，该机驾驶员埃里希·阿达姆(Erich Adam)空军中尉只能驾机向附近的葡萄牙海岸逃生，坠毁在一片橄榄园中，烧成灰烬。

邓尼茨希望 Fw 200 能够为他的潜艇寻获护航船队，并持续跟踪直至“狼群”完成集结，但事实证明要做到这一点远比想象困难得多。通常情况下，KG40 联队每天只能派出一个架次执行远程侦察任务，且很难找到目标，即使幸运地发现了一支船队，它也只能进行三四小时的监视，而潜艇往往需要 12~24 小时才能占领截击阵位，双方的行动难以协调一致。2 月 19 日，KG40 联队的“秃鹰”在爱尔兰西北方发现了 OB287 船队，在随后 3 天里不断有单架“秃鹰”对其进行袭扰、跟踪，有 2 艘货船毁于空袭，3 艘受伤，而闻讯赶来的 U-96 潜艇只抓住了船队的尾巴，击沉了一艘受伤的货船。2 月 22 日，空潜联合行动总算取得了一次罕见的成功，一架“秃鹰”对 OB288 船队进行了长时间的追踪，并引导潜艇群向目标靠近，后者陆续击沉了 9 艘货船，计 42282 吨。2 月 26 日，彼得森出动 4 架 Fw 200 对 OB290 船队进行另一次集群攻击，尽管该船队的 7 艘护航舰奋力抵抗，但仍有 7 艘货船命丧鹰爪，计 35107 吨，船队也被打散，由著名 U 艇王牌京特·普里恩 (Gunther Prien) 海军上尉指挥的 U-47 趁乱穿越护卫屏障，在船队中心大开杀戒，一举击沉 3 艘船。

■ 完成战斗巡逻返航的 Fw200 机组成员受到热烈欢迎和美酒的款待，摄于 1941 年

德国海军对 KG40 联队在 2 月取得的胜利深感满意，“秃鹰”们不仅击沉了 21 艘货船，计 84301 吨，还尝试了全新的作战模式，即通过昼间空袭瓦解船队，再由潜艇实施大规模夜袭，在一定程度上弥补了狼群战术在目标搜索方面的致命不足。德国海军甚至乐观地认为，凭借这种新战术大西洋之战的胜利指日可待，但实际上这已经是“秃鹰”部队的能力极限了。

海狼之眼

邓尼茨的希望首先是被自己人粉碎的，在 3 月，由于戈林的干预，德国海军失去了对 KG40 联队的指挥权，该部被重新划归新成立的由哈林豪森空军少将指挥的大西洋航空司令部，虽然该司令部的主要任务是加大空军对海作战力度，但海军实际上已经无法向“秃鹰”部队发号施令了。另外，由于缺乏充足的资源保障，彼得森也无力维持 1 月、2 月的高出勤率，KG40 联队甚至暂停作战两周以进行人员休整和飞机维护，直到 3 月下旬才恢复单机巡航，在少数与护航船队的接触中击沉了 3 艘船，击伤 2 艘。3 月 30 日—31 日，德军以 OB302 船队为目标尝试进行一次空潜联合攻击，但是归于失败，无论是“秃鹰”还是“海狼”都没有找到猎物所在。在 4 月，刚刚升任 KG40 联队长的彼得森少校想方设法提高出击效率，当月出动了 74 架次对护航船队展开攻击，主要战斗发生在 4 月 6 日和 16 日，到月底时 KG40 联队的击沉记录上又增添了 7 艘商船的名字。然而，该联队在 4 月的战损也骤然上升，有 7 架 Fw 200 损毁，其中 3 艘毁于英国空军对波尔多的空袭，更为不祥的是，一架来自奥尔德戈罗夫的“英俊战士”战斗机在 4 月 16 日成功截杀了一架 Fw 200C-3，这表明英国人已经认真着手建立针对“秃鹰”的空中巡逻网，另一架 Fw 200 在 4 月 18 日对 HG58 船队的攻击中，被高射炮火击伤，后来坠毁在爱尔兰。

KG40联队在5月继续努力寻找护航船队并充当狼群的向导，但是两项任务都未能获得令人满意的成果。悲伤的序幕开启于月初针对OB316船队的持续四天的搜索行动，尽管KG40联队每天都出动一架或多架飞机进行跟踪，但即使离船队最近的潜艇都不能在“秃鹰”丢失目标踪迹之前赶到现场，让这支船队的20艘船毫发无损地抵达了目的地。邓尼茨对于这次行动深为失望，对于“秃鹰”的表现也感到十分泄气，于是决定将潜艇巡逻区域向西转移，不再依赖“秃鹰”的引导，这一调动很快得到回报，4艘潜艇在5月7日发现了没有护航的OB318船队，在三天里击沉了9艘商船。尽管如此，KG40联队依然尝试配合潜艇部队，但在追踪HX122船队时再度遭遇失败，在5月11日寻找SL72船队和5月17日追踪OB321船队的行动中，“秃鹰”取得了有限的成功，这两支船队中各有一艘商船被击沉，但仍没有潜艇能够及时前来配合攻击。雪上加霜的是，英国人的低空防御能力得到明显改进，限制了KG40联队在5月取得更大的胜利，仅击沉了3艘商船，击伤1艘，而被高射炮火击伤的飞机数量则超过了战果数字。令“秃鹰”们士气大挫的是，第1中队中队长、骑士十字勋章获得者汉斯·布霍尔茨(Hans Buchholz)空军中尉在爱尔兰以西海域攻击货船“乌格尼”号时，座机被船上的高射机枪击落，布霍尔茨当场阵亡，其余机组成员被这艘货船救起。

6月15日，当HG65船队处在距葡萄牙海岸350千米的海上时，彼得森派出5架“秃鹰”组成的大编队前往攻击，希望能够重现之前的胜利。然而，这次英国人显然已经为应对低空空袭进行了更充分的准备，并发展出新的防御战术。与之前护航舰主要在船队前方警戒潜艇的部署方式不同，HG65船队的5艘护航舰收缩防线，在商船周围组成防空队形，护卫舰“惠灵顿”号则位于船队中央。Fw 200于6时50分开始首轮攻击，但未能命中目标，更多的“秃鹰”加入空袭行动，在低

■ 一架Fw 200C在攻击一支护航船队时被防空炮火击中坠海

空投弹的同时对商船和护航舰进行扫射，护航部队指挥官将驱潜艇“天竺葵”号转移到船队后方，以密集的火力对从尾部发动攻击的“秃鹰”进行干扰，而“惠灵顿”号的 12 磅高射炮让从任意方向来袭的“秃鹰”都备感压力。尽管如此，“秃鹰”们仍不断地贴近海面寻找攻击机会，船队指挥官后来报告说：

“有 5 架或 6 架飞机从不超过 200 英尺（60.96 米）的高度发动空袭，在穿越船队各纵列时飞行高度甚至更低，我亲眼看到 2 架福克-沃尔夫被‘惠灵顿’号的 0.5 英寸机枪击中数弹，也许还被刘易斯式机枪击伤，但没有 3 英寸高射炮命中目标的可靠记录，不过至少有两次这门高射炮的开火迫使敌机选择规避并放弃攻击。所有护航舰都声称数次击中一架或多架敌机，船队中商船的防空火力也给对手造成了损伤。敌人这次攻击几乎彻底失败首先归因于这样一个事实，船队始终和护航舰保持在一起，它们以此最大限度地形成防空火力网，任何进入射程的敌机在逃离前都难免被我军炮火命中。”

虽然商船上的武器配置仍很薄弱，但 HG65 船队的商船船员们用他们手头能找到的所有武器，从步枪、霍奇斯式、刘易斯式机枪到霍尔曼式抛射器，全力向敌机开火。英国人注意到，“秃鹰”在连续攻击时缺乏协同，当船队的防空武器对袭击者形成压倒性的交叉火力时，护航船队完全可能击退单架飞机的攻击。一架英军“卡塔琳娜”式巡逻机赶来增援，与一架“秃鹰”展开空战，但其他“秃鹰”则保持在远距离外监视船队。在经过几小时的周旋后，5 架“秃鹰”没有取得一次直接命中，只能两手空空地向基地返航。更糟的是，一架 Fw 200C-3 被 12.7 毫米机枪的火力重创，最终坠毁在葡萄牙海岸，另一架受伤的“秃鹰”则迫降在西班牙领土上，亲德的西班牙人允许德军用飞机运来技师和零件，对其进行修复，使之能够飞回波尔多。

对 KG40 联队而言，空袭 HG65 船队的行动是一场灾难，事实表明英国护航船队的防御能力已经得到升级，足以对抗“秃鹰”的低空空袭。更加令人尴尬的是，在经历了一系列挫折后，对 OG66 船队的另一次攻击计划也最终流产了，一架“秃鹰”发现了船队的踪迹，但它发送的目标方位报告偏离实际坐标达 122 千米之遥，当另外 3 架“秃鹰”前往攻击时不仅未能捕获猎物，反而有一架飞机在大洋上失踪。KG40 联队在 6 月的战斗最后仅

■ 一架 Fw 200C 机身腰部的 MG 15 机枪，在遭遇盟军飞机时，Fw 200 会展开自卫

以击沉 4 艘小型船只而收场，总吨位不足 6000 吨，却失去了 4 架 Fw 200。

弓鸣鹰坠

在对 HG65 船队的攻击行动进行总结后，哈林豪森少将命令 KG40 联队的“秃鹰”不再采用“瑞典芜菁”攻击方式，因为在英国人强化舰船防空火力后，低空轰炸的危险性大为增加。在 1941 年 7 月，KG40 联队将全部力量转向执行海上侦察任务，仅允许对单独航行的船只发动反舰攻击。“秃鹰”们在 7 月至少 4 次为潜艇部队提供了成功的引导支援，但在自己的击沉战果记录上留下了一个大零蛋。7 月 18 日，弗里茨 · 弗雷格尔（Fritz Fliegel）空军上尉试图在 OB346 船队上碰碰运气，他是 KG40 联队的一位王牌飞行员，有过多次成功的空袭经历，获得过骑士十字勋章，而且刚刚被任命为第 1 大队大队长。弗雷格尔将 7046 吨的货船“皮拉尔 · 德 · 拉里纳加”号作为目标，倒霉的是这艘货船上装备了一门 12 磅高射炮，而且炮手运气不错，一枚炮弹正中“秃鹰”的右翼，导致机翼脱落，弗雷格尔的座机失去控制，打着旋摔进海里，也宣告了 KG40 联队的又一位资深飞行员结束了职业生涯。

对于德国人来说，弗雷格尔的陨落并非唯一的坏消息，在 OB346 船队中出现了一个让“秃鹰”们更加胆战心惊的威胁——战斗机弹射船“马普林”号，它是同型舰中第一艘在实战中弹射起飞“飓风”战斗机迎敌的舰只，驾机升空的是鲍勃 · 埃弗雷特（Bob Everett）空军中尉，但在“飓风”起飞后，弗雷格尔的飞机已经坠毁了。尽管如此，战斗机弹射船的登场意味着“秃鹰”再也无法安全地跟踪、监视船队。7 月 23 日，在爱尔兰以西 400 千米处，一架 Fw 200C-3 与皇家空军第 233 中队的“哈德逊”式狭路相逢，在短暂的交火后被对手击落，机组成员被营救上岸。总体而言，KG40 联队在 7 月有 4 架“秃鹰”被击落。

■ 1941 年 7 月 23 日在爱尔兰外海遭到英军“哈德逊”轰炸机攻击坠海的 Fw200C-3，8 名机组成员中有 7 人获救被俘

8 月 2 日，一架“秃鹰”在爱尔兰海上发现了由 20 艘船组成的 SL81 船队，于是进行跟踪并努力引导数艘德国潜艇前往攻击。但是，SL81 船队护航力量颇具实力，除了第 7 护航大队的 11 艘护航舰伴随航行

外，弹射船“马普林”号也再度上阵，后者幸运地获得了第二次实战机会。8 月 3 日下午，由哈塞克(Hasek)空军下士驾驶的“秃鹰”飞临船队上空展开监视，“马普林”号立即弹射了仅有的“飓风”，驾驶员仍是埃弗雷特，德军机组成员没有注意到火箭弹射器发出的火焰和烟雾，对接近的危险毫无察觉，依然专心致志地盯紧船队。埃弗雷特从后方悄然逼近“秃鹰”，并连续三次开火。在数条明亮弹道的交叉笼罩下，大块的蒙皮从“秃鹰”机身上剥落下来，德军自卫机枪的准头很差，这使埃弗雷特能够从容地瞄准射击，直至目标开始剧烈燃烧并坠向海面。“飓风”的燃料耗尽后在船队救生船附近成功迫降，埃弗雷特虽然像落汤鸡一样被拉上甲板，但脸上的喜悦难以掩饰，他的胜利证明了弹射船理论的正确。不过，KG40 联队在第二天就实施了报复，一架 Fw 200 以迅猛的动作干掉了一艘 4337 吨的货船“突尼斯”号，此时“马普林”号已经没有战斗机能够升空拦截了，而德军潜艇在 8 月 5 日发动的袭击导致 SL81 船队又损失了 5 艘船。在 8 月，KG40 联队没有取得其他值得一提的战果，彼得森奉命率 6 架 Fw 200 前往地中海战区，对苏伊士运河地区的盟国船只展开攻击，给该联队的作战造成不利影响。

战斗机弹射船的服役和船队防空战术的改进预示着 Fw 200 与护航船队之间的对决正转向对德国人不利的局面，但 KG40 联队在 9 月继续在爱尔兰以西海域展开远程侦察活动。9 月在直布罗陀航线上爆发了两次战斗，分别针对 HG73 船队和 OG74 船队。“秃鹰”首先盯上了 HG73 船队，并确认有 25 艘商船和 11 艘护航舰，其中包括弹射船“斯普林班克”号，9 月 18 日，该舰弹射了唯一一架“管鼻燕”战斗机对尾随船队的“秃鹰”实施攻击，虽然它在足够近的距离才开火，但不久机枪供弹机构发生故障而卡壳，使“秃鹰”逃过一

■ 1941 年 8 月 4 日，Fw 200 攻击货船“突尼斯”号的现场照片，可见目标已经中弹起火

劫。在消耗了这架“管鼻燕”后，船队就失去了仅有的空中掩护，而“秃鹰”们则去而复返，并引来4艘凶猛的海狼，后者随后制造了一场血屠，击沉了包括“斯普林班克”号在内的10艘船，共计25818吨。

云间逐猎

在HG73船队遭到屠杀的同时，OG74船队也陷入战斗，该船队包括26艘商船和10艘护航舰，而英国海军第一艘护航航母“大胆”号恰在其中。9月21日上午，一架Fw 200C-3偷袭了船队尾部的救生船“沃默城堡”号，当时该船正在营救一次潜艇攻击的幸存者，在挨了两枚炸弹后迅速沉没了。这次攻击引起了正在船队上空巡逻的两架“岩燕”战斗机的注意，分别由诺里斯·帕特森（Norris Patterson）海军中尉和格雷厄姆·弗莱彻（Graham Fletcher）海军中尉驾驶，他们迅速赶往拦截，其同僚埃里克·布朗（Eric Brown）海军上尉后来在《袖口之翼》（*Wings on My Sleeve*）中记录了这次战斗：“帕特猛冲过去，从侧前方向目标猛烈射击直到侧滑进入敌机后方，在脱离攻击时几乎和目标相撞，与此同时弗莱彻从致命的横向位置发起攻击，以全部火力进行扫射，他的四挺机枪各自仅发射了35发子弹，德机的整个机尾就被切断了。”这次空战迫使其他“秃鹰”只能远离OG74船队。

1941年秋季的战事表明，“秃鹰”在引导潜艇攻击船队方面的表现较年初有很大提高，但是面对英军日益改善且不断增强的防御手段，Fw 200的反舰攻击能力和远程监视能力都受到严重削弱。1941年9月，“秃鹰”部队

■ 英国海军辅助航母搭载的“岩燕”战斗机，即美制F4F“野猫”战斗机

的创建者彼得森少校从联队长的位置上卸任，将 KG40 联队的指挥权移交格奥尔格·帕斯瓦尔德（Georg Pasewald）空军中校。进入 10 月，大西洋惯有的坏天气严重影响了 KG40 联队的作战，虽然“秃鹰”顶风冒雨对 OG75 船队进行了长达 8 天的跟踪，但强大的护航兵力确保船队最终仅损失一艘船，而由“大胆”号保护的 HG74 船队在从直布罗陀前往利物浦途中毫无损失。

10 月 28 日，搭载着 8 架“岩燕”的“大胆”号伴随 OG76 船队驶离利物浦，再度前往直布罗陀，KG40 联队直到 11 月 6 日才发现该船队，随即投入 6 架“秃鹰”进行持续跟踪，以便引导一支大型狼群前来攻击。11 月 8 日，英舰雷达探测到一架接近的“秃鹰”，海航第 802 中队指挥官约翰·温特（John Wintour）海军少校立即驾机从“大胆”号上起飞实施拦截，他从敌机后方进行了两次标准的追尾攻击，就让“秃鹰”燃起火焰。手到擒来的胜利似乎让温特有些得意忘形了，他莽撞地向上拉起并与受伤的猎物并排飞行，这个轻率举动为德机机背炮塔的炮手提供了反击的良机，一串 20 毫米炮弹精准地击中了“岩燕”的驾驶舱，温特当场阵亡，他的僚机迅速扑向“秃鹰”给予致命一击，为长官报仇雪恨。这场空战向所有英军飞行员发出警告，即便“秃鹰”是一个脆弱易损的目标，但仍然不能掉以轻心。

当天晚些时候，雷达屏幕上出现了更多的可疑信号，“大胆”号又派出一个双机编队，分别由埃里克·布朗海军上尉和舰上的飞行指挥官彼得·希普·兰普（Peter Sheepy

1941 年 10 月驻波尔多基地的 Fw 200 机群

Lamb)海军中校驾驶，前往截击2架靠近船队的“秃鹰”。布朗后来在著作中详细回忆了这次战斗：

“我们爬升到4000英尺(1219.2米)高度，在我们下方大约800英尺(243.84米)处有一架福克-沃尔夫，我听到希普呼叫：‘我看到另一架，你负责攻击下面那架，我攻击这架。’我驾驶着自己的‘海盗’从目标左侧上方实施俯冲攻击，但由于瞄准偏差过大且接近速度过快，在从目标下方脱离前只来得及进行一秒钟的射击，对方没有还击，显然对于我的攻击完全没有察觉。我从目标下方飞过，开始调整方向准备从右侧再来一次，并在心里告诫自己一定要严格按照教程要求进行攻击，即使如此我也只获得了两秒种的射击时间，但子弹成功打着了敌机右翼内侧引擎，现在它开始进行规避动作。我再度盘旋一圈准备进行另一次左侧攻击，依然是一秒钟的扫射。受到低空云层及敌方自卫火力的影响，我在发动攻击时遇到很大的阻力。在与目标脱离时，我看到这架德机径直冲入云层，我立即紧随其后，并很快穿过了400英尺(121.92米)厚的云层，却发现我的猎物已经失去踪影。

“由于云层已经碎裂，我决定留在云层之上，希望能够再次看见敌机。突然，我在棉絮状的云团中发现了时隐时现的翼尖，敌机正在转向，因为它意识到很难将自己100英尺(30.38米)长的翼展完全隐藏在稀薄的云层中，我再次展开追踪，而对方显然在努力躲避我。当我对这场猫鼠游戏感到绝望时，它突然出现在我期望的地方，就在我正前方大约500码(457.2米)外，正迎面飞来，两架飞机看起来将不可避免地发生撞击，我没有时间思考，只是下意识将狠狠按下开火按钮。我知道如果错过这次机会，将再也没有机会逮到它，于是保持航向直至最后一刻，在距离最近时我刚好清楚地看到两位德国飞行员面前的巨大风挡玻璃炸裂了，当碎片从机鼻脱落时，我剧烈转向以避免撞击，我确信一定杀死了那两名飞行员。敌机巨大的尾部向上翘起，机身进入失速状态，呈螺旋状栽进海里，左侧机翼整个与机身分离。我在坠机地点上空盘旋，惊讶地看到有两个人从机身顶部的逃生口爬出来，当飞机完全沉入海中后，他们紧紧抓住一片仍漂浮在海面上的破损机翼。”

布朗击落的是由卡尔·克吕格(Karl Krüger)空军中尉驾驶的“秃鹰”，这次战斗表明Fw 200非常容易成为迎头攻击的牺牲品。得益于“大胆”号的空中掩护，无论是潜艇还是飞机都无法染指OG76船队，最后毫发无损地抵达直布罗陀。在短暂停留后，“大胆”号于12月14日又加入了HG76船队的护航部队，向利物浦返航。12月16日中午，“秃鹰”就盯上了船队，并试图引导“海盗”狼群的5艘潜艇发动攻击。然而，护航编队指挥官弗雷德里克·沃克(Frederic Walker)海军中校采取了非同寻常的进攻策略，在狼群占领攻击阵位之前就将其瓦解，而“大胆”号的4架“岩燕”负责追踪讨厌的Fw 200。12月18日，巡逻战斗机驱逐了两架“秃鹰”，次日又取得了新的胜利，布朗上尉再次以迎头攻击斩获了个人的第二架“秃鹰”，而詹姆斯·斯莱(James Sleigh)海军少校在当天下午晚些时候又对另一架“秃鹰”重复了这一战术。慑于“大胆”号战斗机的威力，KG40 联队的 Fw 200 再也不敢靠近船队，但少数德国潜艇设法溜过了沃克的警戒线，击沉了 1 艘驱逐舰和 2 艘商船。12 月 21 日夜间，由格哈德·比加尔克(Gerhard Bigalk)海军中校指挥的 U-751 潜艇伏击了在船队外围警戒的“大胆”号，3 枚鱼雷轻松地穿透了船壳，摧毁了轮机舱，引爆了航空汽油库，这艘护航航母在挣扎了 70 分钟后沉入海底，幸运的是第 802 中队的 6 名战斗机飞行员中有 5 人获救。德国宣传机器吹嘘说 U-751 击沉了一艘排水量 23000 吨的光辉级舰队航母，实际上“大胆”号只是一艘 12000 吨的护航航母，更讽刺的是其原本为一艘德国货船！“大胆”号的沉没让“秃鹰”的胆子又大起来，在次日上午就有一架 Fw 200 出现在船队附近，尽管当时空中还有一架英国皇家空军的“解放者”式巡逻机。

在 1941 年最后 6 个月里，KG40 联队遭遇参战以来最沉重的打击，战绩直线下滑，在半年间只击沉了 4 艘船约 10298 吨，击伤 2 艘，却损失了 16 架 Fw 200，其中 7 架毁于英军护航部队之手。虽然“秃鹰”在引导潜艇攻击船队方面获得了部分成功，但事实已经显而易见，从低空对商船进行轻松攻击的欢乐时光一去不返了。德军在围绕贸易航线展开的空中较量中已经丧失优势，英国海空军则收获了一连串的胜利，载机商船的作用得到了证明，而“大胆”号的出色表现使英国人深信护航航母对护航船队的防御作战具有重要的价值，海军部决定全力支持这一舰种的发展。

四面碰壁

面对日益壮大的船队防御力量，“秃鹰”再也无法施展低空轰炸的技巧了，加上缺少合适的高空轰炸瞄准具，Fw 200 在 1942 年初放弃了反舰行动，重新专注于远程海上侦察的角色，然而即便是这项老本行如今都变得愈发艰难了。随着美国参战，以破坏英国海运线为中心的大西洋之战变成一场跨越整个大洋的宏大战役，邓尼茨决定将尽可能多的潜艇派往美洲水域，攻击那些缺乏警觉的美国船只，这导致潜艇部队的主要作战区域大大超出了 Fw 200 的支援范围。在 1942 年最初 3 个月里，KG40 联队继续跟踪了一些靠近英国海岸的护航船队，但收效很差。1 月 2 日，一架皇家空军的“英俊战士”在西班牙海岸西北方击落了一架“秃鹰”，这预示着穿越比斯开湾的航线也已不再安全，一个由 6 架 Ju 88C 组成的分遣队被派往波尔多，为从战区往返的“秃鹰”提供远程护航，这一措施暂时缓解了皇家空军掠食者的威胁。

当邓尼茨将潜艇部队主力向西推进时，希特勒命令德国海空军向挪威集结兵力，对从冰岛雷克雅未克至苏联摩尔曼斯克之间的北极护航船队进行打击。1942 年 3 月，KG40 联队第 1 大队在埃德蒙·达泽尔(Edmund Dasers)空军少校的指挥下，奉命从法国转场

■ 在比斯开湾上空飞行的 Fw 200，远处可能是一架 Ju 88 伴随飞行，在 1943 年后“秃鹰”从比斯卡湾出发时要格外小心英军远程战斗机的拦截

至挪威特隆赫姆附近的瓦恩斯机场，为攻击北极船队的第 5 航空队提供远程侦察支援，由罗伯特·科瓦利夫斯基(Robert Kowalewski)空军少校指挥的第 3 大队则留在波尔多基地，当时这支部队还在进行由 He 111 换装 Fw 200 的适应训练，它将继续担负对直布罗陀航线的打击任务。由于唯一的实战部队北调，而新部队尚未具备作战能力，一时间大西洋航空司令部成了无兵可用的空架子，对英国的空中封锁行动也戛然而止。

在挪威战区，KG40 联队第 1 大队从 1942 年 5 月开始攻击往返苏联的北极护航船队，一架 Fw 200 发现了 PQ16 船队。7 月初，“秃鹰”们又参与了对 PQ17 船队的围攻，但它们的角色仅限于侦察和追踪，其间损失了一架飞机，将船队毁灭者的角色留给了第 26 轰炸机联队的 He 111 和第 30 轰炸机联队的 Ju 88。达泽尔还派遣麾下的飞机执行远程侦察任务，向西最远可达冰岛上空，以便在船队出航之初就掌握其动向，利于己方海空部队进行拦截部署。但是，当“秃鹰”出现在冰岛周边空域时，它们要面对一个新的敌人，当时美国陆军航空队的战斗机部队已经进驻冰岛担负防空任务，并且很快就让“秃鹰”们吃到了苦头。1942 年 8 月 14 日，两架美军 P-39 战斗机拦截并击落了一架正在雷克雅未克上空侦察船队的 Fw 200C-4，美军飞行员还声称在 10 月 24 日击落了另一架“秃鹰”，除了这些战斗机的牺牲品外，更多的 Fw 200 在长途飞行中不知所踪，很可能因为严重的机械故障而消失在冰海中。

KG40 联队第 1 大队在 1942 年因为敌军攻击损失了 12 架“秃鹰”，另有 15 架因其他原因损毁，而它们取得的战绩与损失完全不成比例，仅为攻击北极护航船队提供了微弱的支持。1942 年 10 月，达泽尔的大队接收了 6 架新型的 He 177“狮鹫”轰炸机，原计划用于取代 Fw 200，但是繁多的技术问题使这些新飞机迟迟不能投入实战行动，只能让 Fw 200 继续坚守岗位。尽管如此，德国空军总司令部已经不再将 Fw 200 视为前线作战机型，到 11 月底，KG40 联队第 1 大队的 18 架 Fw 200 被调往斯大林格勒前线，以第 200 特别轰炸机联队的名义参与挽救被围困的德军第 6 集团军的灾难性空运行动，重新干起运输机的活，并在行动中损失了 9 架飞机。

留在波尔多的 KG40 联队第 3 大队直到 1942 年 5 月才完成换装训练，随后开始对直布罗陀护航船队进行有限的攻击。5 月 1 日，一架 Fw 200 在葡萄牙以西海域追踪一支船队时发现很难靠近目标，因为性能优越的 40 毫米博福斯高射炮已经开始进入英国海军服役，反潜拖网渔船“英派尔利斯特”号用这种武器给这架“秃鹰”留下了数个弹孔，后者挣扎着飞向葡萄牙海岸，最后迫降在沙滩上。葡萄牙人将幸存机组成员遣送回国，但允许英国人取走从飞机残骸中找到的文件。除了配备新型高射炮外，载机商船的身影也越来越多地出现在直布罗陀航线上，11 月 1 日，一架从载机商船“石楠帝国”号上起飞的“飓风”击落了一架跟踪 HG91 船队的“秃鹰”。在 1942 年的大部分时间里，KG40 联队第 3 大队仅对直布罗陀航线进行了微不足道的骚扰，从 1 月至 9 月，航行在这条航线上的 14 支船队中仅有一支遭到空袭，而且没有船只被飞机击沉。根据当时的作战情况，大西洋航空司令部在 1942 年 12 月 3 日提交了一份悲观的报告，认为由于缺乏充足的武器，Fw 200 不适合在陆基战斗机航程范围内展开行动，即使在中等云量覆盖的条件下，Fw 200 与战斗机

■ 1942 年底在斯大林格勒前线执行运输任务的 Fw 200，机身涂以白色冬季涂装

遭遇时几乎无一例外地被击落，同时不建议继续对 Fw 200 进行改进，这种机型已经达到技术极限，应由 He 177 取而代之。

毋庸置疑，曾在 1940 年至 1941 年风光一时的“秃鹰”到 1942 年已经黯然退出了大西洋战场的中心，这首先是英国护航船队防御能力大幅增强的结果。新型护航航母“欺骗者”号和“冲击者”号于 1942 年底加入直布罗陀船队的护航任务，而在 1943 年英国海军将获得更多的同型航母，即使偏远的北极航线也能得到它们的庇护，“复仇者”号伴随 PQ18 船队航行于北冰洋上，在 1942 年 11 月 15 日被德军潜艇击沉前，该舰的舰载机已经击落了 5 架德军轰炸机。当 20 毫米厄利孔机关炮和 40 毫米博福斯高射炮大量装备商船之后，Fw 200 与护航船队交锋的结果在 1942 年底已经注定了，“秃鹰”胜利的希望愈加渺茫了。但是，战争还远未结束，KG40 联队并不打算轻易认输，仍然竭尽所能保持对敌人施压。

凌空逆袭

在 1942 年底，KG40 联队第 3 大队接收了 18 架配备洛特菲 7D 型轰炸瞄准具的 Fw 200C-4 型，利用这种新型瞄准具，“秃鹰”可以从中空对目标实施水平轰炸，从而大幅减少被舰船防空炮火击中的概率。除了洛特菲 7D 型瞄准具外，“秃鹰”还开始安装早期型对海搜索雷达，从而明显改善了在大西洋上发现盟军船队的能力。大西洋航空司令部决定利用这批改进型“秃鹰”对向北非运送部队的盟国船队实施一次大胆的反舰攻击行动。

1942 年 12 月 31 日一支由 11 架 Fw 200C-4 型组成的大编队从波尔多出发，沿着葡萄牙海岸向南飞行，德国情报机构刚刚获悉，盟

■ 英国海军护航航母“复仇者”号，1942 年 3 月服役，最多可搭载 15 架舰载机

军 UGS3 运兵船队已经抵达卡萨布兰卡港，驻泊的船队对于“秃鹰”来说似乎是一个理想的目标。这次行动的单程距离达 2100 千米，是德国空军在“二战”期间距离最远的轰炸行动之一。3 架“秃鹰”因各种原因中途放弃任务，其余 8 架飞机于新年前夜飞抵港口，向船队和码头投掷了 32 枚 250 千克炸弹，但未命中。守卫港口的美国陆军高炮部队击伤了一架 Fw 200C-4，使其迫降在加那利群岛，另有两架 Fw 200 因燃料耗尽而降落在西班牙南部，机组成员遭到扣留。对卡萨布兰卡的空袭没有获得显著效果，而 KG40 联队却丢掉了 3 架飞机，但是这次远程轰炸标志着“秃鹰”与护航船队对抗的第二回合鸣锣开打了。

在 1943 年初，KG40 联队第 1 大队仍留在挪威，在其大多数 Fw 200 被转用于斯大林格勒空运行动后，该大队开始换装 He 177 轰炸机，在 1943 年中仅派出少量“秃鹰”执行海上侦察任务，而在法国的第 3 大队则取代第 1 大队成为“秃鹰”部队的核心单位，在 1943 年 3 月前补充了 40 架 Fw 200。大西洋航空司令部决定集中第 3 大队的全部力量攻击直布罗陀护航船队，目的是破坏盟军在地中海战区西部的兵力集结。从 1943 年 3 月初开始，第 3 大队暂时恢复了对葡萄牙沿岸航线的反舰行动，“秃鹰”们主要在从里斯本至圣文森特角之间的海域游猎，因为那里处在以直布罗陀为基地的盟军战斗机的航程之外，但是少数护航航母的舰载机仍然能为船队提供空中掩护。在第 3 大队取得战果之前，有两架“秃鹰”在比斯开湾上空损毁，其中一架被皇家空军的“英俊战士”击落。

1943 年 3 月 19 日，一架 Fw 200C-4 在葡萄牙海岸外发现了 KMS11 船队，当它试图发起攻击时，被自由法国护卫舰“布拉扎”号的高射炮火击落，但这个下马威并没有让“秃鹰”们退缩，在两天后第 3 大队再度袭击了这支船队，成功击沉了一艘 6000 吨的货船，这是 KG40 联队沉寂一年后的首次反舰胜利。由于某种原因，第 3 大队在 4 月暂停了反舰行动，直到 5 月才重新出击。5 月 22 日傍晚，两架“秃鹰”在圣文森特角附近发现了一支由 3 艘商船组成的盟军船队，于是从中空锁定目标并投下炸弹。汤姆 · 苏格兰（Tom Scotland）是货船“阿尔佩拉”号的一名锅炉工，他后来心有余悸地回忆了那个恐怖之夜：

“我们登上甲板时刚好看到两架飞机消失在落日余晖中，对于飞机而言这是非常好的攻击位置。我听到火炮瞄准手大喊：‘它们来了！’当时我正站在一门火炮的炮位后面，随即而来的是地狱般的景象，我已经不记得有多少炸弹被扔下来，但有一枚落在船尾附近的海中爆炸了，船尾被冲击波抛出海面，然后像一匹受惊的野马上蹿下跳。我用双手牢牢抓住船尾的栏杆，竭力避免自己被甩到船舷外。船上的火炮现在全都变得寂静无声了，炮手和炮位都被泛滥的海水淹没了。

“我看到船长站在舰桥上，他要我去看看轮机舱的状况如何，引擎毫无疑问已经停止运转了，我如实汇报了情况，海水已经漫上甲板并迅速灌进船体各处，我们听说上级打算从直布罗陀派一艘拖船把我们拖回港口。

当我和船长交谈时，敌机又飞回来了，再次对我们实施轰炸，这回炸弹落在船头前方，没有造成损害。但是，我们的船开始缓缓下沉，所有人都被迫撤到甲板上，我们发现只有少数人在袭击中伤亡。当船舷只有 2 英尺或 3 英尺还露出水面时，我们只能弃船了。尽管后来拖船赶到并拖曳‘阿尔佩拉’号前进，它还是在夜里沉没了。”

第 3 大队在 5 月 30 日重复了这一战术，对经过圣文森特角的另一只小船队进行了空袭，击沉了 4910 吨的“兰坎万”号，在这两次攻击中，“秃鹰”的轰炸精度较差，仅能做到依靠近失弹的损伤导致目标缓慢进水沉没，却不能像低空轰炸那样直接命中。空袭行动在 6 月 14 日和 18 日继续进行，击伤两艘货船；6 月 23 日，“秃鹰”对 MKS15 船队进行了一次大规模突击，击沉两船。然而，当次日第 3 大队准备对 XK9 船队下手时，“秃鹰”不幸遭遇了新型护航航母“战斗者”号，一架 Fw 200 首先被英舰雷达捕获，随后遭到两架“海火”战斗机的攻击而坠落。对“秃鹰”来说，另一个坏消息是皇家空军海岸司令部开始装备“蚊”式战斗机，并运用这种高性能战机在比斯开湾上空进行巡逻，在 6 月就有一架“秃鹰”被“蚊子”叮死了，而 4 个英军海岸飞行中队也被部署到直布罗陀，加强空中掩护，第 233 中队的“哈德逊”式在 1943 年夏天击落了 2 架“秃鹰”。英国人还显示了优于对手的跨军种协同能力，皇家空军情报部门的一些监听小组被派往在比斯开湾巡逻的英国战舰上，他们负责监听 KG40 联队的无线电通信，从中发现“秃鹰”出动的信号，为船队提供至关重要的空袭预警。

1943 年 7 月 11 日，一队南行的盟国船只在距离葡萄牙海岸大约 480 千米处被德军发现，这支代号为“信念”的特殊护航船队由 2 艘大型运兵船和 1 艘货船组成，由 2 艘驱逐舰和 1 艘护卫舰担任护航。第 3 大队迅速派出 3 架“秃鹰”前去捕猎，这一次德国人利用洛特菲 7D 型瞄准具获得了惊人的成功，16792 吨的“加利福尼亚”号和 20021 吨的“约克女公爵”号被炸弹命中并燃起大火，被迫弃船，随后被护航舰用鱼雷击沉，两艘船上有 100 余人阵亡，1500 多名幸存者被货船“仙女港”号救起，并在 1 艘护卫舰的伴随下驶向卡萨布兰卡港，但在次日又遭到两架“秃鹰”的攻击，在两架美军“卡塔琳娜”巡逻机从

■ 英军“战斗者”号护航航母上的 2 名飞行员站在“海火”战斗机前

直布罗陀赶来救援之前，“仙女港”号已经中弹受伤，在两次攻击中德军有两架飞机受损。两艘沉没的大型运兵船原本用于将西非地区的一个英军师运往缅甸战场，由于船队的不幸遭遇，这一行动被迫推迟了。“信念”船队的重创令英军颇为震惊，因为在此之前普遍认为“秃鹰”已经不再构成威胁，但事实上只要得到合适的机会，Fw 200 依然能够取得战果，受到胜利鼓舞的 KG40 联队由此恢复了对大型护航船队的攻击。

一架德军侦察机于 7 月 26 日在里斯本西北方约 370 千米处发现了 OS52KM 船队，第 3 大队的 3 架“秃鹰”闻讯赶来，它们发现自己面对的是一支超大的护航船队，由 68 艘商船和 8 艘护航舰组成，其中包括一艘狄多级防空巡洋舰，其防空火力令任何空中袭击者都望而生畏，整个船队配备了 198 门 20 毫米厄利孔机关炮，平均 56 名船员就拥有一门 20 毫米炮，这个密度相当惊人。即便如此，“秃鹰”仍然在 3000 米高度上实施了轰炸，在 7 月 26 日当天击沉了一艘货船，次日又取得了第二个战果。这一事实表明，即使拥有非常强大的舰载防空火力，也难以确保船队有效对抗 Fw 200 的新攻势。

折翼沉海

在 OS52KM 船队之战结束后不久，SL133 船队于 7 月 28 日又在距离菲尼斯特雷角约 485 千米处成为“秃鹰”的下一个目标，第 3 大队派出 2 架“秃鹰”前往攻击，不走运的是船队中有两艘载机商船。当第一架 Fw 200 出

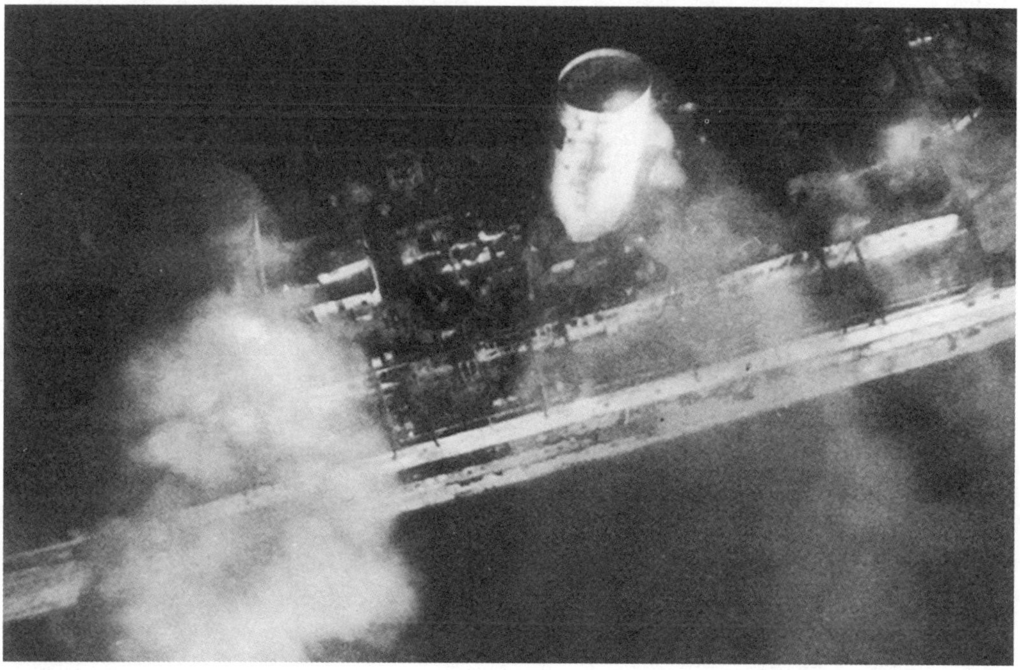

1943 年 7 月 11 日，受到 Fw 200 攻击的“约克女公爵”号客轮

现时，“达尔文帝国”号弹射了由约翰·斯图尔特(John Stewart)空军少尉驾驶的“飓风”，他驾机逼近到离“秃鹰”足够近的距离才开火给予重创，就在即将终结猎物之际，他却沮丧地发现武器卡壳了，在甲板上暴露数周，饱受海水盐雾侵蚀的飞机出现这种故障不足为奇。另一架“秃鹰”出现在船队前方约20千米处，载机商船“潮汐帝国”号上的“飓风”也紧急升空，在帕特里克·弗林(Patrick Flynn)空军少尉驾驶下前往拦截入侵者。战后拉尔夫·巴克(Ralph Barker)在《飓风》(*The Hurricats*)一书中有如下记载：

“弗林爬升到200英尺高度，设法与这架‘秃鹰’展开空战。他从左侧机尾方向朝‘秃鹰’尾部冲去，在相距300码时打了一个持续两秒的连射，‘秃鹰’的左侧自卫机枪也回敬了一串点射，当弗林逼近到紧邻目标机尾的位置时，他看到在敌机机背前后的炮塔中，射手正操纵武器向距离很近的他进行扫射……在脱离时他迎着太阳爬升，然后从目标左侧背对阳光实施了一系列横向和追尾攻击，当时附近还有两架‘秃鹰’，德军飞行员没有采取剧烈的规避动作，完全依赖于枪炮射手的奋战。在进行第二次攻击时，弗林集中火力打击驾驶舱，他知道那是要害所在，但是他也不得不从对手密集的防御火网中穿过，导致他的‘飓风’连续中弹，大多数弹孔在机翼上。

弹射载机商船“劳伦斯帝国”号，注意船首甲板上的弹射器和待命的“飓风”战斗机

“即便是行事鲁莽的弗林此时也意识到他必须首先打哑‘秃鹰’的自卫火力点，再次脱离后他很快展开第三轮攻击，在 100 码距离上对敌机后部炮塔和左侧机枪之间的机身进行扫射，并用一个短点射直接命中了前部炮塔，他看到子弹划出明亮的弹道打在目标区域内。他如愿以偿地让几处火力点归于沉默，随后转而向飞机左翼的内外引擎展开射击，但是敌机余下的反击火力仍然极具威胁，他头部后方座舱盖的有机玻璃突然碎裂，并且在左侧机翼上出现一个绽开的大洞，不过他得到了报偿，满意地看到从‘秃鹰’左翼的两台引擎上冒出越来越浓烈的烟雾。当弗林最后一次靠近目标时，一枚由‘秃鹰’投下的炸弹就从他前方不远处滑落，险些和他撞个正着，此后不久他感觉到炸弹坠海爆炸时发出的冲击波。当‘秃鹰’驾驶员忙于抛弃剩余的炸弹时，弗林也在最后的射击中打光了弹药。他随后远离这架冒着浓烟并迅速失去高度的‘秃鹰’，这次追逐让弗林远离船队，即使最近的船只都在 40 英里外，在飞行了 52 分钟后，弗林尽力操纵受损的飞机回到护航船队视野范围内，然后在 2000 英尺高度跳伞，幸运的是他在海里只泡了 10 分钟就被护航舰‘女巫’号救起。”

弗林摧毁的 Fw 200C-4 是载机商船搭载的“飓风”击落的第三架，也是最后一架“秃鹰”。然而，KG40 联队第 3 大队并未放弃对 SL133 船队的攻击，在所有载机商船耗尽它们的一次性战斗机后，船队在 7 月 29 日将面对 7 架“秃鹰”的集群攻击，德国人再度采用中空轰炸战术，“达尔文帝国”号中弹起火，就在船队的处境岌岌可危之际，一架隶属于皇家空军第 59 中队的 B-24“解放者”式轰炸

■ 英国皇家空军第 59 中队装备的美制 B-24D“解放者”轰炸机

机及时赶到，与“秃鹰”展开交战。在马丁·鲍曼（Martin Bowman）撰写的《B-24 解放者 1939-45》一书中描述了这场巨鸟间的搏斗：

“当我们抵达战场时，一艘船正在燃烧，船队正遭到一架 Fw 200 的高空轰炸，船队的海军指挥官用无线电要求我们攻击敌机，但敌人的数量是 7 架！我们咬住一架正准备发动攻击的福克-沃尔夫，但船队中的炮手们也正倾尽全力对空射击，那架福克-沃尔夫和我们的飞机其实都成为他们的目标，这迫使敌机匆忙投弹后立即转弯，所有炸弹均未击中目标。让我们感到吃惊的是，所有 7 架‘秃鹰’随后全部脱离战斗，急匆匆地向基地返航了。”

皇家空军海岸司令部在 1943 年夏终于全面换装了适宜执行船队掩护任务的作战机型，即 B-24“解放者”、“蚊”式和“英俊战士”，这使皇家空军能够在比斯开湾上空实施远程截击作战，并为船队提供空中支援。在 1943 年 7 月 9 日至 8 月 2 日，“蚊”式和“英俊战士”陆续击落了 3 架从波尔多起飞的 Fw 200。让 KG40 联队更感不快的是，从 6 月起美国陆航第 480 反潜大队也开始以摩洛哥的利奥泰港为基地展开海上巡逻行动。该大队下辖两个装备 B-24D 的中队，其巡逻区域集中在葡萄牙以西海域。一架美军 B-24D 与一架 Fw 200C-5 于 7 月 31 日首次相遇，“解放者”成功地擒下“秃鹰”，而 8 月 13 日在菲尼斯特雷角附近发生的另一次空战导致一架 Fw 200C-7 受损并在西班牙迫降，降落时机身断裂报废。

或许是出于报复心理，两架 Fw 200 在 8 月 17 日放弃了反舰任务，向休·小麦斯韦尔（Hugh Maxwell）上尉驾驶的 B-24D 发出主动挑战。在交火中，“解放者”的炮手成功击落了一架“秃鹰”，并使另一架带伤而逃，不过美机的两具引擎也被击伤，不得不进行迫降，而那架受伤的“秃鹰”在波尔多迫降时损毁。在 1943 年 7 月至 10 月，第 480 大队的 B-24D 与 Fw 200 交战 7 次，摧毁 4 架“秃鹰”，虽然这种重型轰炸机没有空优战斗机的轻灵敏捷，

■ 在降落过程中机身折断损毁的 Fw 200C，因为源自客机，Fw 200 机身强度不足

但在与行动迟缓的“秃鹰”对阵时享有明显的速度优势，而且机身各处配置的 10 挺 12.7 毫米机枪让它拥有更为强劲的攻击力，给予对手更猛烈的打击，而自身坚固的机身结构也比“秃鹰”更能承受损伤。

黯然退场

在 1943 年 6 月、7 月的频繁出动中，KG40 联队第 3 大队损失了 11 架 Fw 200，至 8 月 1 日时可以作战的飞机数量下降到 9 架。尽管如此，当 8 月 15 日 OS53 船队向南航行途经里斯本西北 355 千米时，第 3 大队还是倾巢出动，全力攻击。OS53 船队的防御能力并不强，只有一艘船装备了 20 毫米机关炮，“秃鹰”成功击沉了一艘 6070 吨的货船并击伤两艘，但是护卫舰“鹳”号击伤了一架 Fw 200C-4，后者迫降在西班牙并被扣留。对 OS53 船队的空袭成为“秃鹰”与护航船队对决的最后挽歌，第 3 大队在 8 月损失了最后 9 架“秃鹰”后，再也无力继续向受到严密保护的护航船队实施打击了。此时，He 177 轰炸机终于做好了战斗准备，德国空军决定停止生产 Fw 200，同时为 KG40 联队全面换装这种新型轰炸机。

在 9 月 KG40 联队第 3 大队于葡萄牙外海仍有零星的反舰行动，结果却越来越糟。9 月 2 日在圣文森特角附近，一架 Fw 200C-5 被 471 吨比利时海岸巡逻艇“雷纳 · 保罗”号击落。9 月 13 日，一架“秃鹰”在葡萄牙海岸附近发现了 7135 吨的货船“巴比尼堡”号，该船先前已在地中海的空袭中受损，正在被拖回英国进行维修途中。尽管这是一个半瘫的目标，“秃鹰”的轰炸精度依然没有达到直接命中，近失弹加重了货船的伤势，船舱大量进水，最终弃船，这是“秃鹰”在大西洋之战中取得的最后一次胜利。10 月 1 日，KG40 联队第 3 大队投入全部能够飞行的 18 架 Fw 200，在西班牙沿海追踪、攻击 MKS25 船队。由于天气恶劣，只有 3 架飞机发现目标，因此未能击中任何船只。此后，大西洋航空司令部开始依赖于 He 177 执行远程反舰任务，在装备 3 架 Ju 290 巡逻机的第 5 远程侦察机大队于 10 月 15 日加入实战行动后，“秃鹰”在之前拿手的海上侦察任务中也逐渐靠边站了。值得一提的是，Ju 290 巡逻机是以 Ju 90 客机为基础发展而来的，其侦察能力远比 Fw 200 更为出色，而 Ju 90 和 Fw 200 在战前的民用航空领域就是竞争对手，在军用领域依然如此。

很明显，“秃鹰”在 1943 年的大西洋战场上已经不再具有足够的竞争力，但德国空军手中还有一张王牌没有打出来，那就是机载滑翔制导炸弹。1943 年 8 月，Hs 293 型滑翔制导炸弹开始配备 KG40 联队的 Do 217 轰炸机，而部分属于第 3 大队的 Fw 200C-6 也被改装为这种新式武器的发射平台。在它们准备就绪之前，由 He 177 使用滑翔炸弹实施反舰作战。11 月 21 日，大西洋航空司令部命令 KG40 联队第 2 大队出动 25 架 He 177 对 MSK30 护航船队进行空袭，希望凭借滑翔炸弹取得重大胜利，但事与愿违，He 177 机群发射了 40 枚 Hs 293，结果只击沉、击伤各一艘，代价是 3 架 He 177 未能返航。11 月 26 日，第 2 大队进行了另一次尝试，对阿尔及利亚外海的一支护航船队实施攻击，一枚 Hs 293 命中一艘大型运兵船，1138 名官兵随船葬身大海，其中大部分是美国军人。虽然这次成功攻击证明了 Hs 293 的潜在价值，但实战表明即使性能更好的 He 177 也易于暴露并遭到敌方拦截。仅在 1943 年 11 月，第 2 大队的 He 177 就损失了 12 架。

到 1943 年底，部分 Fw 200C-6 在改装后具备了携带 Hs 293 的能力，其中一架于 12 月 18 日前往轰炸一支护航船队，但在比斯开湾上空遭到一架英军“桑德兰”式巡逻机的拦截，在短暂交火后带伤折返，放弃任务。1944 年初，德国空军又派出少量“秃鹰”尝试攻击，但这些速度缓慢且极为脆弱的飞机根本无法接近到能够投放 Hs 293 的距离内，没有记录显示 Fw 200 使用滑翔制导炸弹取得过战果。实际上在 1943 年秋季之后，“秃鹰”就再也不能以“商船猎手”或“海狼之眼”的角色出现在大西洋上了。

■ 驻波尔多基地的 KG 40 联队的 Fw 200，其战绩占德国空军击沉舰船总吨位的比例很小

胜负为鉴——大西洋之战中空袭与防空作战的分析

据统计，从 1940 年 6 月至 1943 年 9 月，德国空军第 40 轰炸机联队的 Fw 200“秃鹰”巡逻机总共击沉了 93 艘盟国船只，总吨位 433447 吨；击伤了 70 艘船，总吨位 353752 吨。在被德国海空军击沉的盟国商船总吨位中，KG40 联队所占的比例很小，比如在 1940 年中“秃鹰”取得的战果在当年英国损失船只总吨位中仅占 2.8%，而到 1943 年这一比例进一步降至 2.5%，与德国潜艇的战绩相比，Fw 200 的击沉数量甚至连零头都不如，前者击沉了 2800 余艘商船，计 1400 万吨。即便是与德国空军其他反舰单位相比，比如 KG26 联队和 KG30 联队，“秃鹰”的战果在德国空军击沉的盟国商船总吨位中的比例也不足 1/4。但是，如果考虑到在 1940 年至 1943 年，从事远洋破交行动的“秃鹰”数量始终保持在很低的水平上，那么与德军数量众多的 He 111、Ju 88 等中程轰炸机相比，Fw 200 取得了与投入兵力不成比例的显著战果，而且它的攻击常常更加令对手感到震撼，这主要因为它们摧毁了少量大型目标，如“不列颠女皇”号和“约克女公爵”

号等。

尽管航程极远，Fw 200 的性能实际上并不完全符合远洋空袭作战的需要，"秃鹰"的载弹量较小，并且在行动初期也缺乏有效的目标搜索能力，后者直到 1943 年 FuG 200 型雷达列装后才略有改善。在作战期间，Fw 200 的反舰行动先后给 6 支护航船队造成了严重损失，分别是 OB290、HG53、OB287、SL61、SL62 及"信念"船队，上述行动中除了一次以外都发生在 1941 年 1 月、2 月的巅峰时期，而在同一年里，KG40 联队成功攻击了 15 支护航船队。下列统计数字有助于我们对"秃鹰"的作战效率和影响获得更加清晰的印象：在 1941 年中有 29 支 HG 系列护航船队(共计 584 艘船)从直布罗陀出发，其中有 3 支遭到"秃鹰"空袭，7 艘船被击沉，而同期德国潜艇在对 HG 船队的攻击中击沉了 19 艘船；在 1941 年中出航的 85 支 OB 系列船队(共计 3061 艘船)，KG40 联队攻击了其中 6 支船队，15 艘船被击沉，而德国潜艇的战果是 16 艘船。从西非弗里敦起航的 49 支 SL 系列船队(共计 1198 艘船)中，仅有 4 支遭遇"秃鹰"的袭扰，损失 8 艘船，而毁于潜艇及其他德军破交兵力的数字是 40 艘！总体而言，即使"秃鹰"在反舰行动中表现最佳的时期，也不过影响英国海运线上大约 1/10 的护航船队，其击沉数量仅占全部商船数量的不足 1%。

虽然 Fw 200 造成的实际物质损失相对较小，但产生的心理效果很多。在战前，英国海军的护航作战理论建立在一个错误的设想上，即皇家空军能够在大多数德国轰炸机的航程内有效保护船队，而且敌人无法在远离海岸线 1000 千米以外的海域实施有效的反舰行动，但是在 Fw 200 被改装为远程巡逻/轰炸机后，这种自大的乐观主义彻底破产了。"秃鹰"在爱尔兰以西海域及葡萄牙沿岸实施的成功空袭行动出乎英国海军的预料，甚至

■ 两架在法国波尔多基地待命的 Fw200C 型轰炸机，摄于 1942 年至 1943 年

一度让海军部感到极度焦虑，特别是在 1940 年护航船队面对 Fw 200 的低空轰炸时显得弱不禁风，使英国海军大为紧张，在“不列颠女皇”号沉没后，连丘吉尔首相也积极参与应对“秃鹰”威胁的行动，德国宣传机器对 KG40 联队空袭战果极度夸大的报道进一步促使丘吉尔命令军事部门对“秃鹰”的攻击实施反击，尽管他很清楚英国在 1940 年至 1941 年冬季总体军事实力正处于低谷，依然倾向于采取积极攻势压制“秃鹰”的活动，从而推动英国海空军将有限的资源用于应对这个实际上并不致命的威胁，在迫使对手分散作战资源方面，“秃鹰”倒是取得了“令人感到安慰”的胜利。

■ 德国空军 KG 40 联队的 Fw 200 机组成员在出击前研究飞行任务

与之相对，盟国的海空护航部队在 1940 年至 1943 年对抗 Fw 200 的作战中总共击落了 45 架“秃鹰”，包括在空中及地面摧毁的敌机。此外，防空炮火和战斗机造成的损伤也是很多“秃鹰”在返航途中坠海或迫降损毁的原因之一。令人惊异的是，在盟军各种防御手段中，对“秃鹰”杀伤力最大的是无处不在的武装商船，有 9 架 Fw 200 被这些商船的防空武器击落，占全部战果的 20%，伴随船队航行的护航舰仅击落了 4 架，而护航航母的舰载机在 1941 年至 1943 年击落 5 架“秃鹰”，载机商船上的弹射战斗机仅取得了 3 次空战胜利。事实证明，改装 35 艘载机商船是一个浪费资源又收效甚微的项目，它动用了相当于皇家空军两个满编战斗机中队的“飓风”，却只能为船队提供一次性的空中掩护。岸基飞机成功拦截了至少 15 架“秃鹰”，其中皇家空军海岸司令部摧毁了 8 架，美国陆军航空队截获了 7 架。在 1940 年，英国护航船队的防御能力无法击落一架“秃鹰”；而到 1941 年，大约半数遭遇空袭的船队至少能击落或击伤一架 Fw 200。

除了战斗损失外，KG40 联队的作战效率还因为 Fw 200 本身的固有缺陷而进一步降低，机身强度不足、机械结构复杂、难以操控导致很高的事故率。与德国空军其他执行反舰任务的机型，如 He 111H、Ju 88 和 Do 217E 等相比，Fw 200 的备勤率非常低，通常低于 25%，同时还要承受高达 52% 的非战斗损失率，而其他支援大西洋航空司令部作战的 7 个轰炸机大队的非战斗损失率一般为 35%～38%。相当数量的 Fw 200 在起飞或

■ 一架“飓风”战斗机从载机商船上弹射起飞，在战争中载机商船的弹射战斗机仅取得了 3 次空战胜利，被证明是一种得不偿失的防空手段

降落过程中因事故而坠毁，而在大西洋上空莫名消失的“秃鹰”中很多可能是发生了严重的机械故障。大多数早期型 Fw 200C-1/C-2 型在服役后不久就普遍出现了机体裂缝，因为机体结构无法承受大载弹量和低空规避动作带来的沉重负荷。在战斗中“秃鹰”被一再证明是一只不堪一击、一点就着的“纸鹰”，因为它缺少装甲防护，无法承受敌方火力的直接打击。德国空军的其他轰炸机往往能够在严重受损的情况下蹒跚地返回基地，但很少有重创的“秃鹰”能坚持飞回波尔多。

在 Fw 200 与护航船队之间的交战中，决定胜负的最重要因素是什么？这个问题首先要对双方的战术能力和战略选择进行权衡比较。最初，德国空军表现得富于创新精神和很强的适应能力，这主要归功于像彼得森这类少数基层军官的努力，他们提出将 Fw 200 改装为反舰攻击平台的构想，并在实战中发展完善了低空轰炸战术。德军的战术能力因为英国海军在战前制定的关于护航作战的错误战略决策而得到强化，后者未能对护航船队的防空能力给予足够重视，也没有适当地分配资源。在 1940 年夏至 1941 年初的对决中，德国空军几乎取得了一边倒的优势，Fw 200 也为自己赢得了“大西洋灾星”的名声。然而，当丘吉尔督促英国海空军领导层研究消除“秃鹰”威胁的对策后，英国人为了弥补战前的过失迅速行动起来，采取了多种多样的应急措施，特别是发展出载机商船和护航航母以反击德军的空袭，在技术方面表现出极强的应变能力，同时对护航船队的防空武器配置进行升级，改善防空火力配置，增强对空预警和射击的能力，提高对空中目标的打击效率，这一切都显示了英国海空军优异的战术能力。正是基于这些技术和战术上的改进，“秃鹰”的低空攻击战术在 1941 年秋末便变得毫无用处。

就在这场较量似乎已在 1942 年将以英国获胜而告终时，德国空军的基层部队再次发挥主观能动性，对战术进行调整，将低空攻击改为中空轰炸，英国海军曾暂时被这种变招打个措手不及，使得对决的最终结果又变得难以预料。德国空军的技术改进包括为 Fw 200 加装洛特菲 7D 型轰炸瞄准具和 FuG 200 型对海搜索雷达，这些新技术装备有可能使“秃鹰”重新获得进攻优势。然而，英国人再次以卓有成效的跨军种合作战胜了对手，在 1943 年皇家空军海岸司令部已经一改 1940 年时的无力，能够为护航船队提供有效的空中掩护。实战证明，只需少量配置合理的空中巡逻和拦截兵力，就能将“秃鹰”的攻击扼杀在初始阶段，并迫使德国的战术适应能力因为资源不足而陷于枯竭。

这一结果是由多种原因导致的，既包括德国海空军之间缺乏有效的互信和协同，也因为帝国航空部未将适于执行海上任务的机型列为优先生产项目，从而使海航部队始终饱受兵力匮乏之苦，如果它们得到足够数量、性能适宜的飞机，便会给护航船队造成更大的损害。即使如此稀少的作战资源仍然被分散运用于次要任务，比如攻击苏伊士运河的航运和参加斯大林格勒的空运，而不是集中投入最急迫和最重要的行动。更令人惊讶的是，在战争期间，帝国航空部甚至允许福克公司继续向汉莎公司交付民用型 Fw 200 以从事客运。实际上，从这场交锋一开始德国空军就不准备全力以赴，远洋破交作战从来不是德国空军的战略重心，它也缺乏进行此类作战的动力和能力，为其分配的战略资源也相当有限，实际上只有一个缺兵少弹的大西洋航空司令部与庞大的英国护航船队单打独斗。与之形成鲜明对比的是，英国海空军将护航作战当作一项战略任务加以重视，他们有取得胜利的坚定信念，并且拥有丰富的资源支持，最终得

■ 两名德国空军机组成员在 Fw 200 前研究飞行图

以扭转战局，奠定胜利。

虽然英国海空军在对抗“秃鹰”和保卫海运线的战斗中赢得了最终胜利，但关于舰船抵御空袭的很多宝贵经验教训在战后被遗忘了，在 1982 年的马岛海战中，英国皇家海军再次面对敌军低空攻击时的尴尬表现充分说明了这一点。与 20 世纪 30 年代对空军掩护能力的高估一样，海军过于迷信防空导弹的防御能力，将性能可靠的 20 毫米和 40 毫米防空炮从大多数战舰上拆除，使得舰队在高技术武器未能正常发挥作用的情况下几乎毫无防御能力。在马岛之战中被阿根廷空军的低空轰炸击沉、击伤的英军舰艇不禁令人联想起 1940 年至 1941 年在“秃鹰”利爪下战栗的护航船队。值得一提的是，阿根廷人甚至重拾 Fw 200 的衣钵，利用 3 架波音 707 客机实施远程海上侦察，其中一架于 1982 年 4 月 21 日发现了英国特混舰队，极其可能的是，这并不是人们在战争中最后一次看到利用民用飞机执行海上侦察和反舰任务，即使在未来仍有可能需要采取临时措施保护商船免遭空袭。

■ 1982 年英阿马岛战争期间，阿根廷空军的波音 707 机组在座机前合影，他们重拾了二战时期 Fw 200 的衣钵

直捣黄龙：英国海军追歼“提尔皮茨”号之战

“直捣黄龙”一词典出《宋史·岳飞传》，抗金名将岳飞在连战连捷后激励部下说：“直抵黄龙府，与诸君痛饮尔。”意为捣毁敌方巢穴，取得彻底胜利，以现代军事理念可以理解为长驱直入，深入敌方腹地消灭敌军或摧毁敌方重要目标。在西方海战术语中有一个词与“直捣黄龙”意思相近，即“attack at source”，从字面可解释为“攻击源头”，是指利用突击力量对驻扎基地的敌军发动突袭，更具体地说就是对敌方港口、锚地展开攻击，在敌军舰队尚未出动时就加以歼灭。这种战法的优点在于目标位置明确、固定，免除了在广阔的战场上寻找对手的过程，但难处更加明显，大部分海军基地防御严密，易守难攻，进攻风险极大。

虽然直捣黄龙的作战方法古已有之，但若想在“一战”之前的海战场上实施极为困难。在海上战斗仍于二维平面内进行的年代，只要不是实力相差悬殊或防御一方存在重大疏漏，通常来说舰队在与海岸炮台的交锋中很难占据上风，如果敌军舰队避入设防良好的港湾锚地内，即使进攻方舰队拥有优势，也难以对港口发动正面攻击，极有可能遭遇岸炮火力和敌方舰队火力的双重打击，而蒙受不能接受的严重损失，从而丧失优势。大多数防备完善的海军基地是在海陆两面的夹攻下被攻陷的，最典型的例子就是日俄战争中的旅顺口包围战。虽然日军联合舰队以偷袭方式夺取了主动权，将俄军太平洋舰队困在旅顺口，但无力将其摧毁，最后从陆地方向实施围攻，才最终达成作战目标。如果敌方基地依托稳固的陆地后方，那么进攻者只能退而采取封锁战略，将敌军围困，限制其机动能力，但是为了保持封锁态势就必须长时间将相当的兵力部署在固定位置，从而陷入被牵制的状态，对战争整体形势造成不利影响，而处于弱势的防守方舰队即使无法出海作战也能以一种存在的威胁发挥作用。

“一战”时期，随着潜艇和飞机这两种新型作战平台加入战场，海战开始向空中和水下的三维空间内扩展，它们也为直捣黄龙式的进攻提供了现实可行的实施途径。在港口的反潜对空防御尚不完善时，利用这两种新兵器从空中和水下对驻泊的敌军舰队发起攻

■ 日俄战争期间，被困在旅顺军港内的俄太平洋舰队舰只，日军最终通过海陆联合攻势才攻克要塞，摧毁了俄国舰队

击可以收到攻其不备的效果，而不必让水面舰队承担不必要的风险，传统的海岸炮台面对这种非传统的进攻将无能为力。世界上最早运用航空兵攻击敌军锚地的计划是由英国皇家海军提出的，在1916年日德兰海战后，德国公海舰队便龟缩不出，使英国本土舰队最精锐的力量被束缚在从罗塞斯到斯卡帕湾的北海沿岸，无法将更多的兵力投入更加性命攸关的反潜作战。为了解决这一困境，新任大舰队司令戴维·贝蒂(David Beatty)海军上将采纳了部下的一项建议，组建一支由8艘航母组成的特遣舰队，出动100余架鱼雷轰炸机空袭威廉港，用航空鱼雷将德国舰队打瘫在港口内，但这项计划的准备工作耗时漫长，实际上直到1918年11月战争结束也没有具备实施的条件，最终被尘封于历史中。

在两次世界大战之间，航空母舰、潜艇和飞机发展迅速，更加成熟，借助于这些崭为历史上最早的航空母舰，新的突击力量，直捣黄龙式的作战在“二战”期间获得了显著成功，英国海军在塔兰托港，日本海军在珍珠港，德国海军在斯卡帕湾，都创造了此类作战的经典范例。上述战例均是一击定乾坤的短期攻击行动，相比之下皇家海军针对德国海军“提尔皮茨”号战列舰的类似突袭作战要持久得多，也复杂得多。“提尔皮茨”号是继“俾斯麦”号之后德国海军最强大的战舰，在“二战”的大部分时间里是英国人的心腹大患，该舰在1942年后长期驻扎挪威，威胁北极航线，迫使英国海军将大量兵力留在本土

■ “一战”时期接受航空改造的英国海军“暴怒”号大型轻巡洋舰，被视为历史上最早的航空母舰，而航母的出现为直捣黄龙式地进攻提供了条件

水域，严加防备。自从战争爆发以来，找到并消灭这艘巨舰始终是英国海军的头等任务之一，但是德国海军的诡诈多端、挪威峡湾的崎岖地貌、极地寒带的风霜雨雪为达成目标设置了重重障碍。为了摧毁“提尔皮茨”号，英国海空军动用了一切可能的手段，从人操鱼雷到袖珍潜艇，从航母舰载机到陆基重型轰炸机，在1942年至1944年反复多次组织对德军锚地的突击作战，欲置“提尔皮茨”号于死地而后快，皇家海军、皇家空军、美国海军、苏联海军、挪威地下抵抗组织，甚至处于中立的瑞典情报部门都卷入其中，这场各方斗智斗勇的攻守博弈最后随着“兰开斯特”轰炸机投下的超级炸弹的震天巨响而告终，在海战史上针对单一战舰

■ 1919年春季被英国海军羁押在斯卡帕湾内的德国主力舰，德国海军公海舰队是历史上最大的存在舰队

的攻击行动中，涉及范围之广、作战方式之多、调动兵力之大、持续时间之久，恐怕无出其右，而英国皇家海军的锲而不舍与德国海军的坚韧不挠共同写就了这篇令人回味长久的血火篇章。

欧洲最强战舰

“存在舰队”是一种为人熟知的海军作战理论，是指一支海军部队停靠于绝对安全的港口内，在不出海作战的情况下对其机动能力范围内的海域施加影响，迫使敌军出于防备而部署兵力甚至改变战略决策。“存在舰队”实际上是一种牵制战略，通常是由处于劣势的一方所采用，是削弱敌军对特定海域控制力的手段，但无法夺取制海权。据史料记载，最早运用“存在舰队”理论的是英国 17 世纪末的海军将领亚瑟·赫伯特（Arthur Herbert），他在 1690 年率领英荷联合舰队在英吉利海峡对抗法国舰队时，鉴于己方兵力较弱，选择退守港口、避战不出的策略，牵制对手，等待增援到来。200 年后，美国海军理论家阿尔弗雷德·马汉（Alfred Mahan）海军少将在《海权论》中首次阐述了存在舰队的概念，深受马汉学说影响的德国海军元帅阿尔弗雷德·冯·提尔皮茨（Alfred von Tirpitz）精心打造了公海舰队，在“一战”中成为历史上最大的存在舰队。除了日德兰海战之外，这支当时位居世界第二的舰队将大多数战争时光消磨在港口里。但是，仅依靠“存在的威胁”是不能掌控海洋的，最后提尔皮茨的全部家当都被丢在了斯卡帕湾的烂泥里。

时隔 20 年，当英德两国再次坐在海神的牌局前展开对弈时，提尔皮茨的继承者，德国海军总司令埃里希·雷德尔海军元帅手里的底牌比 1914 年差远了，他的大型战舰不用十个手指就数得过来，没有航空母舰，没有海外基地，进入大洋的航道都处在对手的封锁监视下，英国皇家海军还是一如既往的强大。雷德尔不甘心自己的舰队成为公海舰队第二，他以自己的方式出牌，将少数主力战舰轮流派往大西洋，作为水面袭击舰实施“巡洋作战”，联合伪装袭击舰、潜艇等兵力共同绞杀大英帝国的海上生命线。在战争最初的一年多里，雷德尔的这副牌居然打得有声有色，但是在 1941 年 5 月他祭出最强的王牌“俾斯麦”号战列舰时不慎被英国人反吃。此后，雷德尔就变得谨慎了，在希特勒的压力下只能回归前辈的老路，将仅存的大牌都摊在偏远的挪威海岸上，其中包括最后的王牌“提尔皮茨”号。就战争全局而言，德国海军的这一部署相当失策，极大减轻了盟国在大西洋上的护航压力。就挪威战区的局部而言，德军水面舰队的存在确实对北极航线造成了严重威胁，牵制了盟国海空军相当一部分兵力。尽管“提尔皮茨”号终其一生也没有堂堂正正地打过一场海战，甚至从未击沉过一艘敌舰，但作为“存在舰队”也算尽职尽责了，相比过把瘾就死的姊妹舰要成功得多。

“提尔皮茨”号战列舰为俾斯麦级二号舰，以战列舰 G 号的名义建造，用于取代“一战”时期的旧式战列舰“石勒苏益格-荷尔

1939 年 4 月 1 日在威廉港隆重下水的“提尔皮茨”号战列舰，以“一战”时期德国公海舰队的缔造者提尔皮茨海军元帅命名

施泰因”号。有意思的是这艘老爷舰在“提尔皮茨”号建成后并未退役，反而几乎参加了“二战”全程，甚至于 1939 年 9 月 1 日在但泽港打响了第二次世界大战的第一炮，其服役生涯比它的替代舰还多延续了一个多月，在 1944 年 12 月 18 日被皇家空军轰炸机炸沉，这一结局倒是与“提尔皮茨”号相仿。言归正传，“提尔皮茨”号由威廉港海军船厂建造，于 1936 年 10 月 20 日铺下龙骨，经过两年半的施工后于 1939 年 4 月 1 日下水，此时距“二战”爆发仅剩 5 个月。“提尔皮茨”号的下水典礼盛况空前，政要云集，由提尔皮茨元帅的女儿弗劳 · 冯 · 哈塞尔（Frau von Hassell）在以其父亲命名的庞大钢铁躯壳上敲碎了香槟酒瓶，前德皇海军上将，曾任魏玛共和国海军司令的阿道夫 · 冯 · 特罗塔（Adolf von Trotha）为它宣布命名，第三帝国元首阿道夫 · 希特勒也莅临现场观礼。

下水后的“提尔皮茨”号继续进行舾装工程，随着战争的爆发，这艘尚在建造的大型战舰自然成为英军重点盯防的目标，很快英军轰炸机的引擎轰鸣声就回荡在威廉港上空。对英国人来说，将这个可畏的对手扼杀在摇篮里是最理想的，但是他们未能如愿，大多数空袭无功而返，“提尔皮茨”号分毫未伤，频繁的空袭延误了工程进度，直至 1941 年 2 月 25 日“提尔皮茨”号才宣布竣工。假如没有空袭干扰，它将提前数月完工，有可能在“莱茵演习"行动中与"俾斯麦"号联袂出击，那么大西洋上的热血搏杀将更加惊心动魄，但历史没有假设。加入舰队的"提尔皮茨"号还需要进行测试和训练才能执行作战任务，为了避免皇家空军的骚扰，雷德尔命令该舰经基尔运河转移至相对安全的波罗的海展开海试。虽然设计之初就考虑到通过运河的能力，并且经过大量减重，但"提尔皮茨"号的舰底还是几乎擦到了运河河底。在波罗的海的平静海面上，"提尔皮茨"号顺利完成了各项测试，等待接受出击的命令。

"提尔皮茨"号在竣工时的标准排水量为42900吨，满载排水量为52600吨，后来经过一系列战时改装，排水量比"俾斯麦"号增加约2000吨，成为历史上欧洲国家海军建造的最大的战列舰，舰体全长251米、舰宽36米、最大吃水达10.6米，刚好可以通过基尔运河。"提尔皮茨"号的心脏是3台布朗-博维里式齿轮减速蒸汽轮机，由12台瓦格纳高压锅炉提供动力，最大输出功率为163000马力，曾在海试中创造了30.8节的佳绩，续航力为8870海里/19节，编制人员为103名军官和1962名士兵，在战争中增加到108名军官和约2500名士兵。

"提尔皮茨"号的威慑力来自8门48倍径380毫米SK C/34型舰炮，该炮在30°仰角时最大射程达36520米，初速820米/秒，穿甲弹重800千克，可在22000米距离上击穿393毫米垂直装甲或104毫米水平装甲，8门主炮分别安装在4座双联装炮塔内，两座一组呈背负式布置在舰体前后，主炮塔自前向后依次命名为安东、布鲁诺、凯撒和多拉。"提尔皮茨"号的副炮为6座双联装150毫米舰炮，防空武器为8座双联装105毫米高射炮、8座双联装37毫米高射炮和12门单装20毫米机关炮，20毫米炮的数量后来增加至58门，在

"提尔皮茨"号以全部主炮指向舷侧做齐射姿态，该舰是欧洲国家海军建造的最强大的战列舰之一，其威力毋庸置疑

1941 年“提尔皮茨”号战列舰在波罗的海试射 380 毫米主炮

1942 年还在舰体中部舷侧加装了两座四联装 533 毫米鱼雷发射管。在战争期间，“提尔皮茨”号配备了多种型号的海空搜索雷达和火控雷达，配合精密的光学观瞄设备，确保了齐射火力的精准。

早在“一战”时期德式战列舰就以防御完善、生存力强而著称，“提尔皮茨”号的防护设计也继承了这一传统特色，配置了全面坚厚的装甲防御体系，其设计理念延续“一战”的全面防御思想，在舷侧主装甲带外还设置上部装甲带，舰首和舰尾水线处也都敷设了装甲，这与同时期英美战列舰采用的重点防御思想截然不同。“提尔皮茨”号舷侧主装甲带厚 320 毫米，在上甲板和主甲板分别敷设了 50 毫米和 100~120 毫米的水平装甲，主炮塔正面装甲为 360 毫米，侧面为 220 毫米，据说可在 11000~21000 米抵挡美制 406 毫米穿甲弹的攻击。36 米的宽大舰体配合双重船底构成严密的水下防御系统，能够抵御 250 千克装药鱼雷的攻击，同时又以细密的分舱结构强化抗沉能力。尽管有人评论俾斯麦级的防御设计因循守旧，落后于时代，但实战表明其防御能力是非常出色的，“俾斯麦”号在最后时刻的顽强就是明证。

在“二战”时期，任何国家的海军人员都不会怀疑“提尔皮茨”号的战斗力，特别是在精兵强将的驾驭下隐身于北大西洋的波涛云雾中，如隐身杀手般四处游弋，足以令人不寒而栗。对于英国皇家海军来说，“提尔皮茨”号绝对是一头高度危险的猛兽。当时英国最新型的英王乔治五世级战列舰装备 10 门 356 毫米舰炮，火力上略逊于“提尔皮茨”号；

配备381毫米舰炮的伊丽莎白女王级和R级战列舰及装有406毫米舰炮的纳尔逊级航速过于缓慢，即使能够在火力上压倒“提尔皮茨”号，也难以阻挡后者凭借高速开溜；声望级战列巡洋舰虽然在航速和火力上能与德舰比肩，但防护薄弱，正面交战凶多吉少，“胡德”号在丹麦海峡之战中的悲号犹然在耳。换而言之，皇家海军没有一艘主力舰在单独面对“提尔皮茨”号时有必胜的把握，要对付这只孤独凶猛的海上雄狮，必须动用一整支舰队展开堵截，正如英国人对“俾斯麦”号所做的那样，即便如此仍有很高的失败概率，追歼“俾斯麦”号的胜利颇有运气成分，在此之前德国大型战舰不止一次从英国海军的围捕中成功逃脱。言及于此，就不难想象“提尔皮茨”号一旦突入大西洋，势必掀起一番惊涛骇浪，英国海军又要兴师动众，劳心费神了。当1941年夏季“提尔皮茨”号建成服役的消息传到不列颠，刚刚因为做掉“俾斯麦”号而略感轻松的英国人再度犹如千钧巨石重压心头，在此后三年有余的时间里，锁定并摧毁这艘战列舰成为英国皇家海军决不放弃的目标。

戍守北境

1941年初，在完成海试后，“提尔皮茨”号就驻泊格丁尼亚，在波罗的海展开高强度的训练，为日后开赴大西洋展露身手而摩拳擦掌，但它的第一个作战任务并不是对付西面的“丘胖子”，而是东方的“约大叔”。1941年6月22日，德军发动“巴巴罗萨”行动，大举入侵苏联。为了防止以列宁格勒为基地的苏联海军舰队对德国北部沿海实施袭击，德国海军临时组建了一支波罗的海舰队，以“提尔皮茨”号为旗舰，包括重巡洋舰“舍尔”号、轻巡洋舰“科隆”号、“纽伦堡”号、“莱比锡”号、“埃姆登”号和数艘驱逐舰及两个扫雷舰支队，由奥托·西里阿克斯海军上将指挥，于1941年9月23日至26日前往芬兰南部的奥兰群岛巡弋，但前线局势很快表明苏联舰队既无能力，也无意图突入波罗的海，于是德军舰队随即解散，“提尔皮茨”号继续训练，在此期间以退役战列舰“黑森”号改装的无线电遥控靶舰为目标，进行了主副炮的试射。“提尔皮茨”号在波罗的海养精蓄锐之际，英国皇家空军多次对基尔发动空袭，未能对其造成任何损伤。

经过大半年的锤炼，“提尔皮茨”号已经完全进入状态，跃跃欲试，羸弱的苏联海军远非这艘新锐战舰的对手，“提尔皮茨”号建造的目的是在波涛翻滚的大西洋上和英国海军搏斗，波澜不惊的波罗的海与北大西洋相比根本就是一个游泳池，岂是大展拳脚的舞台？然而，如何使用这艘德国海军最强战舰，雷德尔没有决定权，身为海军元帅的他却要听从前陆军下士的旨意。自从“莱茵演习”行动失败以来，希特勒就禁止海军的大型战舰继续前往大西洋冒险，以免重蹈“俾斯麦”号的覆辙。雷德尔无法劝服元首，只好退而求其次，在1941年11月13日提出将“提尔皮茨”号调往挪威，攻击盟国与苏联之间的北极航线，并防备盟军对挪威发动反攻。此时正全心关注东线战局进展的希特勒对于断绝苏联后援的建议断无异议，他一直疑心盟国对挪威有所企图，所以毫不意外地批准了这项建议，而且他的步子比海军总司令迈得更大，下令将驻泊于法国布雷斯特的“沙恩霍斯特”号、“格奈森瑙”号、“欧根亲王”号也一股脑儿地全调往挪威，此举遭到雷德尔的坚决反对，这意味着德国海军水面舰队主力全面撤出大西洋战场的对决和“巡洋作战”的最后破产。然而，对海军理论一窍不通的希特勒毫不理会失宠的海军元帅的抗辩。

虽然不是前往最理想的战场，但毕竟是开赴前线，“提尔皮茨”号随即在基尔港进行改装，以适应未来作战的需要，防空火力得到强化，位于弹射器后方的105毫米高射炮位置向舷侧移动，以扩大射界，此外还加装了鱼雷，各种高纬度寒带装备也被运到舰上。在1月有余的准备后，舰长卡尔·托普(Karl Topp)海军上校于1942年1月10日向雷德尔报告，“提尔皮茨”号已经做好战斗准备，随后该舰奉命经基尔运河前往威廉港，整个行程都受到严格保密，以防英国方面听到风声，半路截杀。“提尔皮茨”号于1月14日23时从威廉港秘密起航北上，目的地是挪威中部港口特隆赫姆。尽管德国人极力隐藏行踪，但拥有“超级机密”的英国情报部门还是破译了德国海军密码，从而获悉“提尔皮茨”号已经出动，在北海冬季的糟糕天气掩护下，德舰于1月16日抵达特隆赫姆，风暴阻止了英

■ 在驱逐舰护卫下航行于挪威峡湾的“提尔皮茨”号战列舰

国皇家空军的拦截行动，而本土舰队直到17日才搞清“提尔皮茨”号的动向，一架英军侦察机在16日的行动中确认了德舰位置。

为了躲避英军的空中侦察，“提尔皮茨”号随即向特隆赫姆以北位置隐蔽的法斯腾峡湾转移，这次行动代号为“极夜”，由驱逐舰“里夏德·拜岑”号、“保罗·雅各布”号、“布鲁诺·海涅曼”号和Z29号护航。“提尔皮茨”号在一处海岸峭壁下抛锚，借助地形减少遭遇空袭的危险，舰员们从附近的山上砍伐树木，转移到甲板上，将军舰精心伪装起来，在峡湾周边的制高点设置了对空警戒哨和高炮阵地，锚地周边也布设了防鱼雷网和水栅，将“提尔皮茨”号全方位地保护起来。由此“提尔皮茨”号和它的舰员们开始了单调乏味、漫长孤寂的北国戍守。由于燃料缺乏，“提尔皮茨”号难得出动，官兵们只能将大量的时间消磨在维修保养工作和日复一日的防空训练中，舰上还经常组织体育比赛，以保持舰员的身心健康和旺盛斗志。“提尔皮茨”号的绝大部分服役生涯是在挪威度过的，就像高高在上的王者时刻受到严密的保护，虽然很少出海作战，但它的威势像噩梦般笼罩在每一艘航行于北冰洋上的盟军舰船头顶，它冷峻孤傲的身影令挪威人称为“北方的孤独女王”。

体育场行动

有几个不利因素限制了“提尔皮茨”号在挪威的行动自由，主要是燃料短缺和缺乏足够的驱逐舰用于护航支援。这个北欧国家的大部分地区十分偏僻荒凉，没有支持大型舰队驻泊作战的基地设施，大部分物资补给和备件要从德国本土运来。在抵达挪威后，大多数德军驱逐舰被调往海峡地区，参加“瑟布鲁斯”行动，保护“沙恩霍斯特”号等3艘主力战舰突破英吉利海峡返回德国。由于缺油少兵，德国海军被迫取消了在1月底对PQ-8护航船队的攻击行动。与此同时，英国人的明枪暗箭也向“提尔皮茨”号招呼过来。英国皇家空军计划在1月底使用四发重轰炸机空袭法斯腾峡湾，但是漫天风雪使飞机难以从空中发现躲藏在峡湾深处的目标。2月初，为了吸引英国海军的注意力，掩护即将开始的“瑟布鲁斯”行动，“提尔皮茨”号奉命进行了一次佯动，驶出锚地并做出南下北海的假象。2月底，“舍尔”号、“欧根亲王”号重巡洋舰和数艘驱逐舰奉命北上增援“提尔皮茨”号，但“欧根亲王”号在法斯腾峡湾入口处遭到英军潜艇“三叉戟”号雷击，舰尾遭重创，暂时丧失行动能力，以至于两艘沙恩霍斯特级战列巡洋舰均在“瑟布鲁斯”行动后期触雷受伤，留在国内修理。

1942年3月，德国海军认为已经在挪威集结了足够强大的舰队，可以对北极航线动手了。当时驻泊在特隆赫姆附近的德军舰艇包括“提尔皮茨”号、“舍尔”号、驱逐舰“弗里德里希·伊恩”号、“保罗·雅各布”号、“赫尔曼·舍曼”号、Z25号及2艘鱼雷艇，它们将负责实施代号为“体育场”的拦截行动，目标是相向而行的QP-8和PQ-12护航船

藏身于挪威峡湾内的“提尔皮茨”号战列舰，从 1942 年春季开始，该舰开始尝试对北极航线进行打击

队。但是，“舍尔”号的最高航速仅有 26 节，不便于和“提尔皮茨”号伴随行动，因此和“保罗·雅各布”号留在了锚地，适航性不佳的两艘鱼雷艇也被排除在行动序列之外，最后能够出击的仅剩“提尔皮茨”号和 Z7 号、Z14 号、Z25 号，前两艘驱逐舰属于早期的 1934A 型，装备 5 门 127 毫米舰炮，而 Z25 号是较新的 1936A 型，配备了 5 门 150 毫米舰炮。刚刚在英吉利海峡羞辱了英国人的西里阿克斯上将再度登临“提尔皮茨”号，踌躇满志地要在北极冰海上再立新功。

奥托·西里阿克斯海军上将在检阅水兵队伍，他奉命指挥“体育场”行动

3 月 5 日，一架德国空军侦察机在扬马延岛近海发现了 PQ-12，这支船队由 16 艘商船组成，于 3 月 1 日从冰岛雷克雅未克出航，驶向

摩尔曼斯克，近距护航兵力仅有1艘扫雷舰和5艘武装捕鲸船而已，即使在3月5日、6日先后得到2艘驱逐舰和轻巡洋舰“肯尼亚”号的加强，其护航力量仍远远不够“提尔皮茨”号塞牙缝的。谨慎的德国人担心这是一个陷阱，于是又等待了一天，直到次日才从希特勒那里得到行动许可。由于没有获得任何关于英国本土舰队活动的消息，西里阿克斯决定出击，指挥“提尔皮茨”号和3艘驱逐舰于3月6日11时驶出特隆赫姆峡湾，准备享用在北极海上的第一顿大餐！然而，无论是雷德尔还是西里阿克斯此时都不知道，PQ-12确实是一个致命的陷阱！

在护航船队身后，两支由英国重型战舰组成的远程支援编队正暗暗跟踪。一支由“约克公爵”号战列舰、“声望”号战列巡洋舰和6艘驱逐舰组成，在柯蒂斯(Curteis)海军中将的指挥下于3月3日从雷克雅未克出航；另一支包括“英王乔治五世”号战列舰、“胜利”号航空母舰、“贝里克”号重巡洋舰和6艘驱逐舰，“英王乔治五世”号上飘扬着本土舰队司令约翰·托维海军上将的将旗，该舰队于3月4日离开斯卡帕湾。两支舰队于两天后在扬马延岛附近会合，它们除了为东行的PQ-12和西行的QP-8船队提供掩护外，还有另一个重要目标，就是以船队为饵，引诱“提尔皮茨”号上钩，聚而歼之，再造歼灭“俾斯麦”号的辉煌。借助于“超级机密”的帮助，英国人能够大致掌握德舰的动向，让护航船队改变航向，避免遭遇，以便主力舰队伺机而动。“提尔皮茨”号面对的不只是十几艘脆弱的商船，还有一支包括2艘战列舰、1艘战列巡洋舰、1艘航空母舰、2艘巡洋舰和14艘驱逐舰组成的庞大舰队。德国空军的侦察机只看到了诱饵，却没有发现手握钓竿的托维，一场考验耐心和比拼运气的追逐战在挪威海上悄然拉开序幕。

德军舰队在驶出峡湾不久即被守候在湾口的英军潜艇“海狼”号发现，但在后者能够发起攻击前，“提尔皮茨”号及其僚舰就消失在极夜的暗幕中。在一夜疾行后，德军舰队于3月7日午时抵达PQ-12船队以南约86海里、英军主力舰队以东约130海里的位置，但是双方都不能确定彼此的方位，在冰冷的海洋上相互寻找着目标。此时，英德舰队的两位海军上将都心境不佳。西里阿克斯对于本土舰队的行动一无所知，他希望避免与敌优势兵力交战；托维最担心的是德军潜艇的威胁，连日航行后驱逐舰燃料消耗很大，坚持不了多久就要返航加油，令他的担忧每时每刻都在增加。为了扩大搜索范围，西里阿克斯采取了更富进攻性的行动，命令3艘驱逐舰与旗舰暂时分离，向西北方寻找船队。这一举动取得了一定的成功，在当天16时15分，Z25号发现了一道烟柱，那来自苏联货船“埃约拉”号，它是QP-8船队的落单者。这艘不屈的商船在被“伊恩”号的炮火摧毁前已经发出了求救信号，英军舰队依据无线电测向确定了德舰的方位，托维命令转向东南偏东占据截击位置，但不久来自“超级机密”的情报称“提尔皮茨”号正在北面，于是托维再度转向追击，并冒险命令驱逐舰向东展开

1942年3月，从“胜利”号航母甲板上拍摄的“英王乔治五世”号战列舰，两艘战舰正赶往挪威海，准备伏击“提尔皮茨”号战列舰

搜索。不走运的是，甲板上严重的结冰问题使“胜利”号无法派出舰载机实施空中侦察。

飞鱼雷踪

在收拾了“埃约拉”号后，德军驱逐舰的燃油也已不足。“伊恩”号在夜间脱离编队返航加油，“提尔皮茨”号试图为另外两艘驱逐舰补给燃料，但恶劣的海况和浮冰使海上加油无法进行，“舍曼”号和Z25号也在稍晚时分向挪威海岸返航，只留下“提尔皮茨”号继续在海上单独寻敌。它先向北航行，再转向西面，但始终没有发现船队的踪迹。PQ-12船队在熊岛以南海域连续改变航向，曲折航行，以规避德舰，甚至一度靠近北极冰原的边缘。3月8日，西里阿克斯收到一份来自海军北方集群司令部的错误情报，称护航船队已经在三天前掉头返航了！受此误导，西里阿克斯认为继续让宝贵的战列舰在海上游荡是极不明智的，于是在8日20时25分下令掉头，取191°航线前往韦斯特峡湾，计划与驱逐舰会合后向基地返航，在9日7时45分与加油完毕的“伊恩”号重聚，而“舍曼”号和Z25号尚未归队。在“超级机密”的帮助下，托维率舰队向东北方急进，虽然得到良好的情报支持，但是最准确的情报也不能取代舰炮和鱼雷，要打沉“提尔皮茨”号英国人将希望寄托在复制“俾斯麦”之战的运气：通过一次空袭重创目标，然后用战列舰重炮的狂轰滥炸解决战斗。

“体育场”行动期间，英军“大青花鱼”鱼雷机从“胜利”号航母上起飞，前往攻击“提尔皮茨”号战列舰

与10个月前的那场著名海战一样，最关键的角色又落在航母舰载机头上，托维麾下的“胜利”号航母是最新型的光辉级装甲航母二号舰，服役不到一年，而且参加了追击“俾斯麦”号的行动，进行过一次不成功的空袭，现在该舰的舰载机已经由老式的“剑鱼”更换为较新的“大青花鱼”，共计18架，分别属于海航第817、第832中队。3月9日6时40分，托维命令“胜利”号起飞6架“大青花鱼”向东南方向展开扇面搜索，余下12架飞机均挂载一枚457毫米Mk XV型航空鱼雷随后起飞，每个中队各6架，准备对侦察机发现的任何目标实施打击，攻击机群的指挥官是卢卡斯(Lucas)海军少校，尽管天气条件仍不理想，但所有飞机都顺利升空。8时2分，一架侦察机看到了正驶向韦斯特峡湾的德军舰队，“提尔皮茨”号的2架Ar 196侦察机立即弹射起飞，试图驱逐这个该死的尾巴，但无法阻止卢卡斯的12架“大青花鱼”在40分钟后出现在“提尔皮茨”号西面的天空中，而英军舰载机的ASV雷达在13海里外就锁定了目标。不过，英国人要为他们在战前研发舰载机时贪多求全的多功能理念付出代价。“大青花鱼”作为侦察平台非常出色，但作为攻击平台则表现一般，其最高航速仅有155节，在挂载鱼雷时更慢。此时海上刮着强劲的东风，风速达35节，逆风飞行进一步削弱了“大青花鱼”的速度，而“提尔皮茨”号正以29节的高速向东航行。多种因素导致英军攻击机群只能以40节的相对速度追赶目标，需要长达

30分钟才能进入攻击位置。在这段时间里，英军要面对严重的机翼结冰，还有随时可能出现的德军战斗机，卢卡斯没有时间组织攻击队形，除了命令各小队各自为战外别无他法。

9时18分，英军机群终于进入攻击阵位；9时20分，第832中队第1小队的3架飞机首先发难，它们在“提尔皮茨”号左舷17000米处俯冲下来，然后右转，距离目标2400米时投下鱼雷，“提尔皮茨”号以全部防空炮火组成重重弹幕，并向左舷急转规避。与此同时，第817中队第2小队的3架飞机也在1600米外投雷，Mk XV型鱼雷以7.5米定深、40节航速扑向目标，由于德舰转向及时，6枚鱼雷均未命中。4分钟后，第二波6架“大青花鱼”从“提尔皮茨”号右舷方向发起攻击，此时德舰的拦阻射击更加猛烈，2架飞机尚未投雷就被击中坠海，余下4架飞机发射的鱼雷也全部失的。眼见鱼雷耗尽，卢卡斯无奈地率队返航。英军舰载机攻击的失败原因并不是缺乏勇气——有的飞机甚至逼近到400米处用机枪扫射德舰的上层建筑——而在于缺乏训练，卢卡斯新近才被调到“胜利”号，还没来得及和部下进行编队飞行，而他本人在1937年以后就没有进行过雷击训练，其他飞行员也缺少对敌主力舰实施协同攻击的经验。不过，实事求是地说，“提尔皮茨”号能躲过此劫也在于运气，一枚鱼雷在距离舷侧仅有18米处掠过，在战斗中轮机长向舰长报告，由于剧烈机动，转向装置承受压力过大，快吃不消了！

对攻击失利最感失望的人是托维，他在此前曾向“胜利”号发出信号说，这是“天赐良机”，期待舰载机取得“最有价值的战果”。但是，由于飞机性能的缺陷和机组成员技艺不精，机会从指尖溜走了。差点步“俾斯麦”号后尘的“提尔皮茨”号随即加速逃进韦斯特峡湾，进入纳尔维克避风头。见战机已失，托维也只能鸣金收兵，向斯卡帕湾返航。让英国人略感安慰的是，PQ-12于3月12日安全抵达摩尔曼斯克，没有损失。“提尔皮茨”号略作休整后驶离纳尔维克，于3月13日晚重返特隆赫姆，“体育场”行动仅以击沉一艘货船的战果惨淡收场。虽然“提尔皮茨”号仅在空袭中有3人受伤，但德国人还是被吓出一

■ 一名“大青花鱼”鱼雷机的机组成员在袭击“提尔皮茨”号时被防空炮火所伤，返航后被抬下飞机

身冷汗，从此以后行动慎之又慎，绝不会轻易地让这艘珍宝般的战列舰出海作战了。引蛇出洞不成，英国海空军只好设法对德军锚地展开攻击，将威胁消灭在源头，而这类直捣黄龙式的突袭行动早在“提尔皮茨”号刚刚到达挪威时就已经开始了。

霹雳连连

1942年1月28日至29日夜间，英国皇家空军轰炸机司令部发动了在挪威战场上针对“提尔皮茨”号的首次空袭行动，9架“哈利法克斯”和7架“斯特林”轰炸机飞临特隆赫姆上空，寒夜中机翼表面冻结了一层冰壳，导致飞机负荷沉重，性能下降，而厚密的云层完全遮蔽了目标，轰炸机群未能投下一枚炸弹就悻然归航，还损失1架“斯特林”。轰炸机司令部在3月31日组织了更大规模的机群再次尝试轰炸特隆赫姆，34架“哈利法克斯”领命出击，但是峡湾的复杂地形和德军的防空体系使攻击极为困难，“提尔皮茨”号停泊在一处被高山峻岭包围的狭窄峡湾中，并覆盖以大面积的伪装网，当敌机靠近时还会用发烟装置制造浓密的烟幕加强隐蔽，坏天气和防空炮火给英国人增添了更多的麻烦，最后仅有一架轰炸机发现了“提尔皮茨”号，并投下1枚1800千克炸弹和4枚227千克炸弹，但全部偏离目标，有5架轰炸机未能

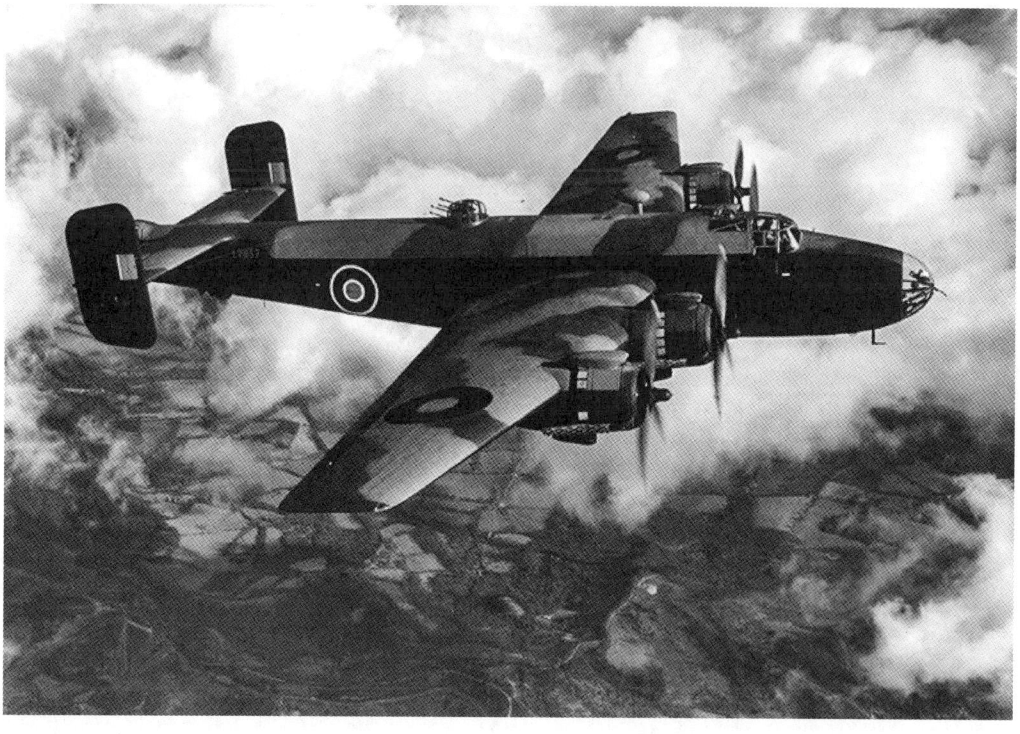

■ 英国皇家空军“哈利法克斯”重型轰炸机，在1942年春季执行了多次对“提尔皮茨”号的轰炸任务

返航。

轰炸机司令部并未放弃努力，在4月28日夜间实施了一次精心设计的协同攻击行动，12架“兰开斯特”首先进行高空轰炸，继而由31架“哈利法克斯”从低空突击，行动由轰炸机部队最优秀的飞行员唐纳德·贝内特(Donald Bennett)空军中校领衔指挥。43架轰炸机中有32架抵达目标上空，投下94枚炸弹，包括30枚227千克、30枚1800千克和44枚454千克特制水雷，后者由海军的Mk XIX型水雷改装而成，装有阿马托高能炸药和水压引信，能在4~6米深度起爆，英国人预想将这种水雷投放在“提尔皮茨”号附近的海中，破坏其水下部分，或者沿着山势滚到目标舷侧爆炸，前提是它们没有提前引爆。然而，德军绵密炽烈的对空火力和密不透风的烟幕再次挫败了英军的进攻，没有一枚水雷能够在威胁到“提尔皮茨”号的距离内爆炸，反而促使德国人采取更多的防范措施，包括贝内特座机在内的5架轰炸机被击落，但他躲过了德军的搜捕，逃入中立的瑞典，在5周后重返英国。另一架被击落的“哈利法克斯”属于第35轰炸机中队，由唐纳德·麦金泰尔(Donald McIntyre)空军少尉指挥，该机迫降在冰封的湖面上并沉入水中，后来被打捞出水，现在人们可以在亨登的英国皇家空军博物馆中瞻仰它的尊容。4月29日夜，23架“哈利法克斯”和11架“兰开斯特”继续进

■ 在英国皇家空军博物馆内展出的“哈利法克斯”轰炸机残骸，该机参加了1942年4月28日对“提尔皮茨”号的轰炸行动

攻，仍未取得战果，90 枚盲目投下的炸弹和水雷没有造成任何损失，2 架“哈利法克斯”战损。

英国皇家空军的连续空袭并没有打消德国海军动用“提尔皮茨”号打击北极航线的念头，让德国人最感困扰的不是夜间轰炸机，而是空空的储油罐，“体育场”行动消耗了 8230 吨燃油，从特隆赫姆到纳尔维克的油料储备几乎耗尽了，从德国国内调拨油料的行动也存在困难。由于挪威海域英国潜艇活动频繁，德军不敢使用大型油轮向偏远的挪威北部运油，它们是英军潜艇优先攻击的目标，只能用小型油船借助夜色和风雪的掩护从事运输行动，德国海军用了整整 3 个月才点点滴滴地攒足了供舰队再次出动的油料。6 月 27 日，北极航线开通以来规模最大的 PQ-17 船队从冰岛出发，34 艘商船运载着 20 万吨物资在 21 艘军舰的护航下迤逦东行，以“约克公爵”号、“胜利”号和美国战列舰“华盛顿”号为核心的舰队进行远程支援。德国海军也派出开战以来的最强阵容，组成两个战斗群展开拦截：“提尔皮茨”号、“希佩尔海军上将”号和 6 艘驱逐舰从特隆赫姆出发，“吕佐夫”号、“舍尔”号和 6 艘驱逐舰从纳尔维克起航，将在挪威北部的阿尔塔峡湾集结，待船队行至中途痛下杀手！行动代号为“跳马”行动。瑞典情报部门向英国海军部提供了德军舰队出动的消息，第一海务大臣庞德海军

■ 1942 年夏季，由挪威峡湾出击的德军战舰，从“提尔皮茨”号战列舰甲板上拍摄，左侧为“希佩尔海军上将”号重巡洋舰，右侧为 2 艘驱逐舰

元帅对形势严重误判，慑于德军大型战舰的威力，于7月4日下令船队解散，结果任由德军潜艇和飞机鱼肉，34艘商船中仅有11艘抵达目的地，酿成北极航线上的最大悲剧。实际上"提尔皮茨"号等德舰在7月5日从阿尔塔峡湾出击未久即行返航，尽管该舰一炮未发，但作为存在舰队的作用得到了充分体现。当天，苏联潜艇K-21号在阿尔塔峡湾外发现了"提尔皮茨"号并发射了4枚鱼雷，苏联方面宣称至少命中两雷，但实际上全部射失。

"跳马"行动之后，"提尔皮茨"号转移到纳尔维克附近的博根峡湾，此时该舰在北极海域作战已有半年，需要接受大修，希特勒担心它在归途中遭遇不测，禁止其返回德国，而在特隆赫姆就地进行维修。10月23日，"提尔皮茨"号驶离博根峡湾，重返法斯腾峡湾，锚地的防御得到空前强化，增设了更多的高炮阵地，布设了双层防鱼雷网。大修分阶段进行，使"提尔皮茨"号能在维修期间保持一定的出动能力，还利用一个大型沉箱更换了船舵。就在维修期间，英国皇家海军策划、实施了一次特殊的奇袭行动，尝试使用人操鱼雷摧毁"提尔皮茨"号。

双轮马车

由于英国皇家空军的凌空霹雳屡屡落空，英国皇家海军只好另谋良策消除心头大患。1941年12月，意大利海军蛙人驾驶人操鱼雷潜入亚历山大港，将英国海军地中海舰队的两艘战列舰炸瘫在港内。人操鱼雷这个来自敌方阵营的创意立即引起了英国人的注意，丘吉尔首相要求军方加以复制，用于实施类似的奇袭作战，英军潜艇部队司令马克斯·霍尔顿(Max Horton)海军中将把这项任务委派给托尼·费尔(Tony Fell)海军少校，他是一位前潜艇军官，后来转入联合作战部门。在意大利海军蛙人对直布罗陀的一次失败袭击中，英军缴获了一具人操鱼雷，以此为蓝本加以仿制，并命名为"双轮马车"，制造工作由位于萨默塞特郡的斯托瑟特 & 皮特公司(Stothert & Pitt)承担，一个无动力的原型在1942年3月完成，而有动力的原型也在同年6月准备就绪。"双轮马车"人操鱼雷有两种型号，早期的Mk I型长6.8米，宽0.9米，高1.2米，重1600千克，使用电动机驱动，水下航速2.5~3节，最大潜深27米，蓄电池可以维持5小时的水下航行，Mk I型制造了34具；Mk II型长9.3米，宽0.8米，高1米，重2359千克，最大航速4.5节，续航时间5~6小时，制造数量30具。"双轮马车"由两名蛙人操控，他们身穿由杰弗里·斯莱登海军中校(Geoffrey Sladen)设计的弹性潜水服和水下呼吸器，骑跨在鱼雷上进行操纵，前座乘员负责驾驶，后座乘员起初是面向后方乘坐的，他担任领航员，还负责切割防潜网和安装战雷头。每具"双轮马车"配有一个装药270千克的战雷头，可从雷体上分离，安装在目标底部，一个延时引爆装置保证蛙人有足够的时间撤离。

仿制工作进展顺利，下一步要解决如何

英国海军以意大利人操鱼雷为原型仿制的“双轮马车”Mk I型人操鱼雷

将航程很短的“双轮马车”隐秘地运到目标附近发起攻击，英国海军决定借助一个名为“设德兰巴士”(Shetland Bus)的秘密组织，其基地位于设德兰群岛卢娜湾，该组织经常使用渔船将抵抗分子送往挪威或从沦陷区偷运难民，此外还从事其他秘密活动。实际上，正是该组织的一名英国皇家海军志愿预备役军官戴维·豪沃思(David Howarth)海军中尉首先建议使用人操鱼雷袭击“提尔皮茨”号。英国海军选择一艘崭新的挪威渔船“亚瑟”号作为“双轮马车”的运载工具，这艘船是由挪威抵抗组织成员利夫·拉森(Leif Larsen)于1941年10月从沦陷区偷来的，而拉森本人自告奋勇参加这次冒险行动，最终有3名挪威水手和7名英军官兵被挑选出来执行奇袭任务。

这次行动代号为“冠军”，两具“双轮马车”将被置于“亚瑟”号甲板上，伪装成泥炭货柜，在渔船抵达斯莫伦群岛时，人操鱼雷被吊放到水中，固定在渔船龙骨下方，之后“亚瑟”号将设法靠近“提尔皮茨”号并释放鱼雷。英国情报部门为“亚瑟”号及其乘员准备了全套伪造文件，以应对德军的盘查。在行动开始前，“亚瑟”号首先抵达设德兰岛的一处海湾，与补给船“阿勒克图”号和“罗德尼”号战列舰碰头，并以后者为目标进行攻击演练。两具“双轮马车”分别由海军中尉布鲁斯特(Brewster)、一等水兵布朗(Brown)和来自皇家工兵部队的克雷格中士(Craig)、一等水兵埃文斯(Evans)驾驶，在成功“击沉”了“罗德尼”号之后，上述4名蛙人和3位协助穿戴潜水装置的水兵一道随“亚瑟”号前往卢娜

■ 由英军蛙人操纵呈浮航状态的“双轮马车”人操鱼雷

湾，进行最后的准备工作，精心编造了蒙混过关的借口，而有关“提尔皮茨”号防御情况的最新情报也由挪威抵抗组织传递给英国方面。在一切就绪后，“亚瑟”号于 1942 年 10 月 26 日踏上了未卜的征途。

“冠军”行动从一开始就运气不济，“亚瑟”号在 28 日接近斯莫伦群岛时船上的一台引擎发生故障，在 3 小时的维修后才重新启动，次日为人操鱼雷充电的发电机仅工作了 15 分钟就坏了，而且无法修复，故障原因在于航渡途中的恶劣天气，现在布鲁斯特和他的部下只能指望他们的座驾能够保存足够的电力用于行动。在白天去除“双轮马车”伪装的工作因为不时出现的德军飞机而难以进行，糟糕的天气也来搅局，迫使吊装鱼雷的工作延后至 30 日进行。在克服了各种困难后，“亚瑟”号终于做好了潜入准备，在 30 日 14 时出发前往特隆赫姆峡湾，可是该死的引擎又出了状况，被迫临时靠岸，在一个当地铁匠的帮助下彻夜修理，才恢复动力，于 31 日重新上路。隐藏在渔船底部的人操鱼雷竟意外地从水面观察隐约可见，幸运的是如期而至的德国巡逻艇并没有注意到这个可疑之处，“亚瑟”号顺利通过检查。可是更严重的打击接踵而至，一场骤起的猛烈风暴袭击了渔船，在剧烈的

■ 1943 年 9 月“西西里”行动期间，联袂出击的“沙恩霍斯特”号和“提尔皮茨”号，这次行动是“提尔皮茨”号服役生涯中唯一一次向敌方岸上目标开火

摇摆中，固定鱼雷的螺栓松脱，两具“双轮马车”沉入峡湾海底，不知所踪，突袭行动就此告吹。布鲁斯特中尉后来写道：“我想当晚没有人能比我们更失望了，我们距离德国海军的骄傲只有10英里远，将所有的障碍都抛在身后，我们很可能已经到达北极点了！”拉森和布鲁斯特决定凿沉“亚瑟”号，所有人分为两组从陆路向瑞典撤退，除了水兵埃文斯外其他人都成功逃脱，他在接近边境线时与警察发生枪战，受伤被俘，随后被德军当作间谍枪决了。“双轮马车”的首战归于失败，后来经过改进后可由潜艇运载，在地中海和远东战场得到了成功运用。

流产的“冠军”行动未能打断“提尔皮茨”号的维修工作。在“提尔皮茨”号1942年12月28日结束大修并开始海试，又在1943年1月4日在特隆赫姆峡湾进行了舰炮试射。2月21日，托普舰长晋升海军少将，将“提尔皮茨”号的指挥权移交给汉斯·迈尔(Hans Meyer)海军上校，五天后，“沙恩霍斯特”号也从德国赶来增援，奥斯卡·库梅茨海军中将就任驻挪威舰队司令。由于1942年北极航线上的沉重损失，盟军暂停运输，于是两艘德国主力舰得以联手执行一项特别任务，已经接替雷德尔担任海军总司令的卡尔·邓尼茨海军上将命令它们炮击斯匹茨卑尔根群岛上的英军气象站、无线电台和补给站，当地仅有一支152人的挪威守备部队和少量岸炮，行动代号“西西里”。9月6日，“提尔皮茨”号、“沙恩霍斯特”号和9艘驱逐舰由阿尔塔峡湾出发，驱逐舰上搭载着第349掷弹兵团的600名登陆兵。9月8日，舰队接近目标，“提尔皮茨”号挂起英国海军旗，以迷惑对手，在随后的炮击中，该舰发射了52枚380毫米和82枚150毫米炮弹，将岛上设施炸得稀烂，这是“提尔皮茨”号唯一一次用主炮向敌方岸上目标开火。当天11时，德军舰队带着74名俘虏开始返航，这次牛刀杀鸡般的“西西里”行动是“提尔皮茨”号征战生涯的顶点，此后这艘巨舰将在接二连三的灾难中缓慢而痛苦地滑入死亡深渊。

危险的侏儒

就在“提尔皮茨”号从斯匹茨卑尔根群岛凯旋后不久，一场可怕的灾厄正慢慢地靠近。英国皇家海军在“冠军”行动失利后继续谋划从水下发起奇袭，不过这次他们使用的武器不是“双轮马车”，而是X艇——一种特殊设计的袖珍潜艇。X艇是退役潜艇军官克伦威尔-瓦利(Cromwell-Varley)海军中校的独创设计，并且得到他的挚友霍尔顿中将的鼎力支持。更重要的是，英国首相也极为热心于此类特殊武器的开发，在1941年皇家海军专门成立了袖珍潜艇研发部门，而首批参与该项目的军官中包括海军预备役中尉唐纳德·卡梅伦(Donald Cameron)，他是后来参与袭击“提尔皮茨”号的成员之一。

在1941年陆续有几艘试验型袖珍潜艇被制造出来，而第一艘实战型X艇X-3号于1942年3月15日夜在英国南部汉布尔的瓦利船厂秘密下水。X艇长15.6米，宽1.75米，吃水 1.6 米，水面排水量约 27 吨，水下排水量为 30 吨，安装一台 42 马力加德纳四缸柴油机，由伦敦巴士使用的引擎改进而来，还有一台基斯-布莱克曼 30 马力电动机，采用单轴推进，水面航速 6.5 节，水下航速 5.5 节，在水面可航行 500 海里，在水下以 2 节航速可潜行 82 海里，下潜深度为 91 米。X 艇最初配有 3 名艇员，包括艇长、驾驶员、机械师，后来增加了一名潜水员，从事水下作业，在经过适当的训练后他们可以在 X 艇上持续作战两周。X 艇的武器是两枚固定在艇体两侧的特殊水雷，可以从艇体脱离，每枚水雷装填有 2000 千克高能炸药，威力自不待言，在水雷上下还设有压载水箱，在水雷投放前进行注水。在作战时 X 艇将把水雷安置在目标下方的海床上，最大延时 6 小时的引爆装置使 X 艇有充足的时间撤离。为了防止被铺设在海底的磁性潜艇探测器发现（英国海军使用过此类反潜装置），X 艇还安装了消磁线圈。

在 1942 年 4 月，英国皇家海军着手选拔执行“特别任务”的志愿者，并于 5 月开始进行训练，X 艇部队的基地设在苏格兰比特岛的班纳蒂尼港及斯特里文湾的深处。同年 11 月，X-3 号艇在训练中发生事故沉没，所幸艇员及时逃生，潜艇后来被浮起修复，X-4 号艇也在此时完工，由巴兹尔·普雷斯（Basil Place）海军中尉指挥，从事训练活动。在 5 月，英国皇家海军订购了另外 6 艘实战型 X 艇，要求根据两艘训练艇的使用经验加以改进，X-5 号艇在 1942 年底完成，其余各艇也在 1943 年初陆续交付海军。尽管进行了改进，X 艇还是存在三个致命缺陷：首先，小型潜望镜很不可靠，容易发生渗漏和机械故障；其次，虽然艇体能够承受一定的剧烈机动，但艇上的陀螺罗盘十分脆弱，在振动中易于失灵；最后，艇体舷侧的压载水箱密封性差，容易漏水，导致水下调整姿态十分困难，而且在浅水深度不易浮起。

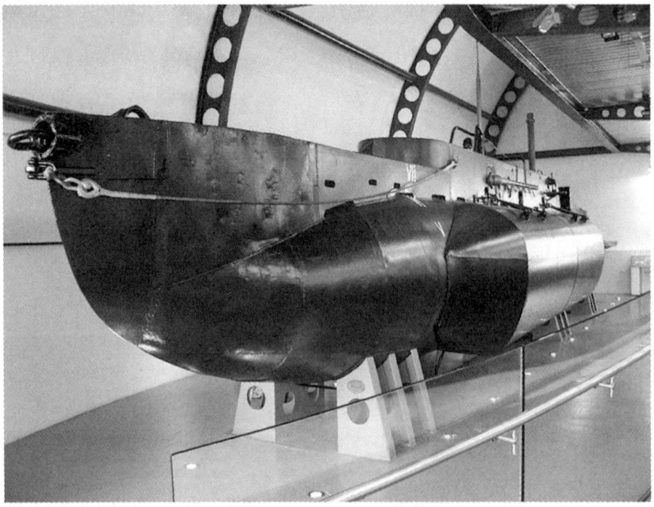
■ 陈列于英国皇家海军潜艇博物馆的 X-24 号潜艇。X 艇是英国海军在“二战”时期为水下突袭行动而专门设计的袖珍潜艇

尽管 X 艇还算不上完善，英国皇家海军计划在 1943 年春季使用它对“提尔皮茨”号发动攻击，但是夏季越来越长的极昼非常不适宜隐蔽行迹，而在 1942 年底接任潜艇部队司令的克劳德·巴里（Claud Barry）海军少将也认为最好将突击行动推迟至秋天，那时自然条件更

有利，而且有时间进行更充分的训练。但是，英国人又不甘心让德军舒舒服服地度过1943年的夏天，于是球又被踢给了皇家空军，一个特殊的岸基飞行部队第618中队被组建起来，该中队装备“蚊”式IV型战斗轰炸机，每架飞机可以挂载两枚“威士忌”弹跳炸弹。这种武器是由天才工程师巴恩斯·沃利斯（Barnes Wallis）设计的弹跳炸弹的衍生型号，著名的“堤坝破坏者”空军第617中队曾在1943年5月使用弹跳炸弹摧毁了德国鲁尔大坝，而第618中队准备在“提尔皮茨”号身上试试这种新型炸弹的威力。不巧的是，情报显示这艘德国战列舰转移到更北面的阿尔塔峡湾，已经超出了“蚊”式飞机的航程，第618中队永远失去了攻击“提尔皮茨”号的机会，最后还得指望X艇。

以X艇的航行能力是无论如何都无法开到挪威海岸的，因此与“双轮马车”一样需要借助运载工具将其送到靠近目标的位置才能展开奇袭。类似“亚瑟”号的渔船不仅动力不足，而且容易引起德军怀疑，尤其在“冠军”行动失败后，英国皇家海军放弃了使用渔船执行此类特别运输的想法，作为袖珍潜艇母舰的“博纳旺蒂尔”号潜艇供应舰也曾在考虑之列，但它实际上更不靠谱，几乎等于告诉德国人攻击的意图和方式，最后决定由常规潜艇拖曳X艇前往北方，这种方式最为隐蔽安全。随着6艘X艇到位后，它们连同人操鱼雷一道被编成第12潜艇分舰队。由于行动推迟到秋后，X艇乘员得以在大强度训练中不断磨炼技巧，提升能力。“博纳旺蒂尔”号从斯特里文湾转移到卡林鲍恩湾，在那里以受到重重防潜网保护的本土舰队战舰为目标展开模拟攻击，在一名X艇部队军官因意外事故殉职后，英国海军决定在原来3名艇员之外再增加一名专业潜水员。这次突袭行动被形象地称为“源头”，大部分情报是由挪威抵抗组织提供的，因为阿尔塔峡湾远在英军侦察机航程之外，难以进行空中侦察。直到9月3日，即行动开始前一周，一支装备“喷火”战斗机的英国皇家空军分遣队被派往苏联北部，利用苏军机场展开侦察行动。情报表

英军“蚊”式战斗轰炸机投掷“威士忌”弹跳炸弹，皇家空军第618中队计划用这种武器攻击“提尔皮茨”号，但未能实现

■ 1943 年 3 月停靠在科峡湾内的“提尔皮茨”号战列舰，6 个月后它在这里遭到英军袖珍潜艇的奇袭，严重受损

明，德军舰队驻泊在挪威北部的阿尔塔峡湾，位于北纬 70°，长度约 38 千米，水道曲折复杂，并有多个分支峡湾，而“提尔皮茨”号停靠在峡湾最深处的分支，长约 8 千米的科峡湾北岸。德军在阿尔塔峡湾湾口布设了雷区，而在科峡湾入口布设了防潜网。

■ X-5 号袖珍潜艇的艇员们，该艇艇长亨蒂-克里尔中尉兼任“源头”行动指挥官

英军依据月光条件确定攻击行动将在 9 月 20 日至 25 日的某个夜晚实施。9 月 11 日，潜艇供应舰“泰坦尼亚”号抵达卡林鲍恩湾，与它同来的还有 6 艘负责拖曳 X 艇的 T 级和 S 级潜艇，分别是“长尾鲛”号、“好斗”号、“流沙”号、“海仙女”号、“顽强”号和“王权”号，此外还有另外两艘 S 级潜艇在斯卡帕湾作为后备。所有这些潜艇都经过必要的改装，配备了拖航 X 艇的设施，它

们之前花了五天时间与 X 艇一起进行拖曳训练。有趣的是，所有 X 艇都只有编号，无正式舰名，但部分艇员为他们的潜艇自行命名，比如 X-5 号称为“鸭嘴兽”，X-6 号为“派克二世”，X-7 号为“普蒂尼索斯”，X-10 号为“亚瑟神剑”。就在准备工作接近完成时，空中侦察发现德军舰队出海了，不久斯匹茨卑尔根群岛遇袭的消息证实了这份报告，英国方面非常担心德军会在行动之后改变驻泊地点，幸好在 9 月 10 日“提尔皮茨”号和“沙恩霍斯特”号都返回了原来的锚地。事不宜迟，“源头”行动随即在次日启动。

峡湾惊雷

9 月 11 日 16 时，“好斗”号(拖曳 X-6 号)和“流沙”号(X-9 号)作为第一梯队率先启航，随后“长尾鲛”号(X-5 号)、“海仙女”号(X-8 号)、“顽强”号(X-7 号)、“王权”号(X-10 号)也陆续离港，最后一艘潜艇出发的时间是 9 月 12 日 13 时。根据最近的航空侦察照片，巴里少将为各艘 X 艇明确了攻击目标，它们将按照第四号方案展开行动：亨蒂-克里尔(Henty-Creer)海军中尉的 X-5 号、卡梅伦海军中尉的 X-6 号和普雷斯海军中尉的 X-7 号将攻击科峡湾的“提尔皮茨”号；马丁(Martin)海军中尉的 X-9 号和赫兹佩斯(Hudspeth)海军中尉的 X-10 号攻击同在科峡湾的“沙恩霍斯特”号；由麦克法兰(McFarlane)海军中尉指挥的 X-8 号单独攻击驻泊在朗格峡湾的“吕佐夫”号。整个行动的指挥官由 X-5 号艇长亨蒂-克里尔中尉兼任，最新的敌方动向和防御部署也通过无线电告知突击部队。

虽然射向“源头”的利箭已经离弦，但在命中靶心之前有很多因素可能使之射偏或坠落，而第一个严重问题就是拖缆的稳固性，X-7 号、X-8 号、X-9 号使用普通缆绳拖曳，其他 3 艘艇使用更坚固的尼龙缆绳。X-8 号的拖缆最先断裂，接着是 X-7 号，幸运的是它们都与母艇重新连接。而 X-9 号就很不幸了，在 9 月 16 日凌晨与母艇失去联系，消失在冰海中，当时海上风急浪高，猛烈的涌浪使潜艇发生大幅纵倾，艇尾忽上忽下，不断令拖缆绷紧、变形，X-9 号很可能处于波谷时发生严重的、无法控制的艏倾，导致缆绳崩断，最后沉入海底。次日，X-8 号又出现了新的问题，其一侧压载水箱进水，艇体无法维持平衡，也难以调整姿态，被迫将两侧水雷先后抛弃，这是为了确保安全而采取的紧急措施，哪知水雷发生了爆炸，令 X-8 号受损，最后由艇员自行凿沉了，突击队尚未接近目标就损失了 1/3 的兵力，而使用尼龙缆绳的潜艇都平安无事地完成了航渡。

原计划在 9 月 17 日进行 X 艇艇员的换乘作业，但是肆虐的风浪迫使这项工作被迫推迟。“顽强”号和 X-7 号在 9 月 18 日夜间尝试进行人员换乘，颇为困难，母艇和 X 艇曾两度被海浪分开，花了 5 小时才完成转移，而次日其他 3 艘潜艇的换乘要顺利得多。到 9 月 20 日黎明时分，所有 4 艘潜艇及其拖曳的 X 艇都到达挪威海岸附近的预定位置。在这一天，“顽强”号和X-7号的惊险经历还在继续，在拖航过程中，“顽强”号发现一枚德军水雷的系留索与拖缆发生缠绕，水雷几乎快要撞上X-7号的艇首，由于拖缆上没有安装通信线路，所以母艇无法通知X艇这一紧急情况。X-7号艇长普雷斯中尉从潜望镜中看到，“顽强”号停止航行，然后试图用艇身将水雷推开。让所有人惊讶的是，在这一过程中水雷居然没有爆炸，最后危险解除，两艇继续前进。在当天18时30分至20时，X-5号、X-6号、X-7号、X-10号先后解开拖缆，依靠自身动力潜入峡湾，寻找目标，它们要花上一天两夜的时间才能到达阿尔塔峡湾远端的科峡湾，而拖曳潜艇在峡湾外等候接应。

在16时30分，X-7号发现一艘身份不明的大型战舰正向北航行，那很可能是X-10号的目标“沙恩霍斯特”号，该舰当天出海进行例行炮术训练，而且返航后没有停靠在之前的泊位上，所以躲过一劫，在未来三个月内好运始终伴随这艘主力舰。另外，X-10号并不知晓目标已经转移，它有更多迫在眉睫的麻烦，X艇低劣的可靠性在关键时刻暴露无遗，X-10号的潜望镜故障频频，罗盘早已成为摆设，赫兹佩斯中尉和他的艇员们在21日一整天都在试图修复这些设备，但是白费工夫，X-10号最后只能单纯依靠目视辨别航向，可是潜望镜又因为马达烧毁而完全失去作用，迫使潜艇浮出水面。9月22日2时15分，X-10号再度潜入海底，以便艇员继续排除故障，赫兹佩斯此时还打算在9月22日至23日的夜间对已经不在原处的目标发动攻击。

卡梅伦中尉的X-6号计划在22日6时30分实施进攻，他准备将引信延迟时间定为6小时，以便让另外两艘潜艇有时间布雷并撤退。不巧的是，左舷水雷的定时装置发生故障，最长只能延迟2小时。卡梅伦还遇到其他令人烦恼的状况，X-6号的右舷水箱已经进水，难以控制艇身姿态，特别在峡湾深处海水变淡后问题就更加严重了，潜望镜的漏水和镜头结雾问题又雪上加霜，前部压载水舱还存在漏气现象！尽管如此，卡梅伦还是坚持

■ 在X艇引擎舱内坚守岗位的机械师。在“源头”行动中每艘潜入的X艇都遇到了严重的机械故障

前进，他相信X-6号很可能是唯一抵达目标位置的袖珍潜艇。在潜入过程中，X-6号的潜望镜马达也和X-10号一样烧坏了，机械师进行了简单的修理，但是在22日4时45分X-6号到达科峡湾入口的防潜网前时，卡梅伦从潜望镜里什么都看不到。就在此时，他突然转运了，一艘近海货船正准备穿过防潜网入港，X-6号大胆地浮出水面，开动柴油机，紧跟在货船的尾迹里潜入峡湾，卡梅伦打赌没有人会注意到水面的异动，事实上的确如此。

■ X艇的艇长使用潜望镜观察水面情况，在实战中潜望镜并不可靠

闯过防潜网后，X-6号再度下潜，卡梅伦仅依靠罗盘和海图向峡湾深处摸索前进。经过维修，潜望镜终于恢复工作，X-6号上升至潜望镜深度，但马上又下潜以避开一艘驱逐舰的锚链。当卡梅伦再次将眼睛贴近目镜时，心中一阵狂喜！他清晰地看到“提尔皮茨”号的魁伟身躯就在前方，停泊在峡湾北侧，周边围着防鱼雷网。为了避免暴露，卡梅伦收起潜望镜，运用航位推测法沿着海岸线向西南方潜行靠近目标。卡梅伦的运气好到爆棚，居然在黑暗中碰巧从防鱼雷网上供小艇出入的通道穿过！由于航向推测错误，X-6号不慎在泊位西面的海岸搁浅并浮出水面，但是附近的德军哨兵将它当成一只海豚而没有理会！卡梅伦的好运到此也就耗尽了，当7时12分X-6号在“提尔皮茨”号左舷正横位置约70米处再次上浮用潜望镜观察时，立即被德国人识破了，在刺耳的警报声中，轻武器射击的弹道很快笼罩在潜艇附近的海面上。X-6号紧急下潜，罗盘在经历了搁浅撞击和剧烈浮沉的折腾后已经不听使唤了，现在卡梅伦只好凭直觉向自认正确的航向前进，却撞上了未知的障碍物。在摆脱之后，X-6号正好在“提尔皮茨”号舰首左舷下方浮出水面，更多的子弹从甲板上射来，还有手榴弹！卡梅伦认为游戏该结束了，于是在B炮塔侧面的海中解脱了两侧的水雷，然后命令艇员投降，最后一个离艇的乘员打开了通海阀，并让引擎倒车，以加速潜艇沉没，X-6号急速下沉的漩涡差点把一旁停靠的德军小艇也拖下水。

在卡梅伦高举双手被押上“提尔皮茨”号的甲板时，普雷斯中尉的X-7号正在近旁寻

■ 浮出水面的X艇，X-6号艇在接近“提尔皮茨”号过程中多次上浮，被德军哨兵发现

路撤退。X-7号在3时50分就毫无阻碍地穿过了峡湾入口处的防潜网，但在峡湾中部一头撞上一处备用锚地的防潜网而被缠住，用了1小时才得以脱困，但在挣扎中罗盘和一个平衡泵受损。普雷斯也发现了“提尔皮茨”号的泊位，他试图潜入更深的水中，以便从防鱼雷网下方穿越，但是德军的布网深度比他预想的要大，X-7号再度被困住，努力挣脱后浮出水面，在被德军察觉之前又隐没在水中，这次普雷斯一气下潜到约29米深度，可还是没有避开防鱼雷网，又是一番折腾，在扭动中罗盘彻底失灵了。在摆脱了防鱼雷网的纠缠后，普雷斯只能冒险上浮以确定自己的位置，令他惊喜不已的是X-7号已经潜入防鱼雷网内侧，“提尔皮茨”号就在前方30米处！他立即指挥潜艇下潜至12米深度，潜行至战列舰B炮塔附近解下第一枚水雷，然后潜至18米深度，在“提尔皮茨”号船腹下向着舰尾方向移动了约55米，卸下第二枚水雷，大致在战列舰C炮塔位置，此时恰好X-6号自沉，时间是7时25分。完成布雷后，X-7号下潜到30米处，试图从原路撤离，但是没有罗盘的指引它很难找到先前的缺口，反而再次被困住。普雷斯反复尝试，可每次总是听到钢丝网摩擦艇壳

■ 科峡湾内“提尔皮茨”号泊位的航拍照片，可以观察到泊位周围布设的防鱼雷网

的噪声，最后被迫上浮，顶着德军的密集火力从水面越过了防鱼雷网，随即立刻下潜，然而本已逃出险地的X-7号因为没有导航设备盲目航行，在海底转了个圈后又撞上了防鱼雷网，这次被彻底困死了，直到水雷爆炸都未能挣脱。

X-5号的行动已经成为一个永远无法解开的谜团，因为艇长兼行动指挥官亨蒂-克里尔中尉及其部下均未能幸存。以往的观点认为X-5号没有能够靠近目标并发起攻击，还有人认为该艇在解脱水雷之前就被“提尔皮茨”号的105毫米高射炮击沉了。但是，近年关于“源头”行动的研究得出一个相当可信的推断，X-5号实际上也成功地完成了使命，它极可能与X-6号、X-7号一样遇到了严重的机械故障和防鱼雷网的阻碍，但最终摸索着潜航至德国战列舰中部右舷前方的位置，并把水雷放置在目标舷侧。在2004年，挪威人曾在距离“提尔皮茨”号泊位不远的峡湾海底发现一枚未爆炸的X艇舷侧水雷，据推测属于X-5号，这枚水雷于2011年被挪威海军引爆，如果推测属实，X-5号可能只布放了一枚水雷。

大爆炸

卡梅伦中尉和他的艇员在被俘后拒绝透露任何情报，但他们的神色似乎暗示着目的已经达到。迈尔舰长下令“提尔皮茨”号立即升火起航，驶出峡湾，以尽可能地远离危险，但是在7时40分，X-7号从水面越过防鱼雷网时被德军发现，两艘停泊在附近的驱逐舰奉命在它下潜的位置投掷深弹，“提尔皮茨”号也用轻型机关炮扫射海面。迈尔不知道英国袖珍潜艇装备何种武器，也不知道峡湾里是否还埋伏着其他潜艇，于是改变决定，停止出航，留在泊位上以防止遭到鱼雷攻击。由于目前为止两艘袖珍潜艇均出现在左舷，迈尔推测如果它们布下了炸弹，很可能也在左舷方向，于是命令使用缆绳和锚链将舰首向右舷移动，这个动作使“提尔皮茨”号多少偏离了X-6号、X-7号的水雷，但很可能移到了X-5号的布雷位置。

9月22日8时12分，从“提尔皮茨”号船底传来一声闷响，巨大的冲击力穿透海水，传递到钢铁船壳上，令其瞬间凹陷、扭曲、破裂、瓦解，接着是第二声、第三声爆炸，所有水雷几乎同时炸响，虽然定时装置的延迟时间不同，但第一枚水雷的爆炸能量足以引起连锁反应！首先起爆的是X-7号放在C炮塔附近的水雷，接着是B炮塔近旁的水雷，由于舰首移位，X-6号的两枚水雷在距离舰首左舷约50米处爆炸。一些德国水兵清楚地看到在“提尔皮茨”号前桅附近的右舷位置也发生了一次爆炸，那很可能是X-5号的水雷。超过10吨烈性炸药爆发出的威力竟将“提尔皮茨”号重达4万余吨的硕大躯体硬生生地抛出海面近2米，然后重重地落到海中，令周围的海水飞溅到半空中，在军舰两侧形成几十米高的白色水墙，稍后水墙迅速崩塌、坠落，化作一层层卷波涟漪向外扩散，在岸壁上反弹，在峡湾中激荡，令海面久久不能平静。“提尔皮茨”号在剧烈的震动和摇摆后渐渐稳定下来，从表面看来这艘巨舰似乎并未受到太大损害，仅仅舰体略微左倾而已，但实际上已经蒙受了严重的内伤，舰上的电气系统和火控系统几乎被摧毁殆尽，大部分辅助机械不是被震脱移位，就是从内部被彻底毁坏了。

“提尔皮茨”号在爆炸中受到了广泛而沉重的破坏，一处燃料舱破损，船壳被撕裂，厚重的双层船底结构被压垮、变形，留下一个很大的凹陷，大约 1430 吨海水从裂口涌进左舷一侧的燃料舱和船底隔舱内，使舰体左倾 1°~2°，最后通过右舷反向注水扶正。由于震动和进水，舰上大部分发电机组停止运转，加上部分蒸汽管道和电缆被切断，全舰供电系统陷入瘫痪，后来依靠其他舰船协助恢复电力，照明系统的损伤更为严重，在爆炸后舰上几乎找不到一盏完好的灯泡，仅仅更换数以万计的灯具就是一项浩大的工程。“提尔皮茨”号的动力系统也严重受损，大部分固定机械设备的螺栓松动或脱落了，3 台主机全部损坏，部分锅炉蒸汽管道破损，舰尾推进轴支柱断裂，推进轴本身也已弯曲，操舵装置、主舵轴及左舵都受到不同程度的损伤，“提尔皮茨”号已经丧失了航行能力。火力系统的损坏情况同样触目惊心，重达 2000 吨的 D 炮塔竟然从炮塔座圈上完全脱离了，滚柱轴承也被破坏，导致炮塔无法旋转，B 炮塔和 C 炮塔的损伤虽然不及 D 炮塔严重，但也失去了战斗力。后部射击指挥所的火控装置已经成为一堆废铁，左舷后部的一座 150 毫米副炮炮塔被卡死，所有 105 毫米高射炮都只能依靠手动操作，两架 Ar 196 侦察机更是直接被抛到海里，彻底损毁了。不过，德国造舰工艺的精湛和结构设计的坚固依然在这次袭击中得到证明，除了舰底部分船壳变形、破裂外，“提尔皮茨”号的舰体没有受到严重的结构性损伤，保持稳固和良好的水密性，人员损失也很轻微，仅有 1 人阵亡，40 多人受伤。

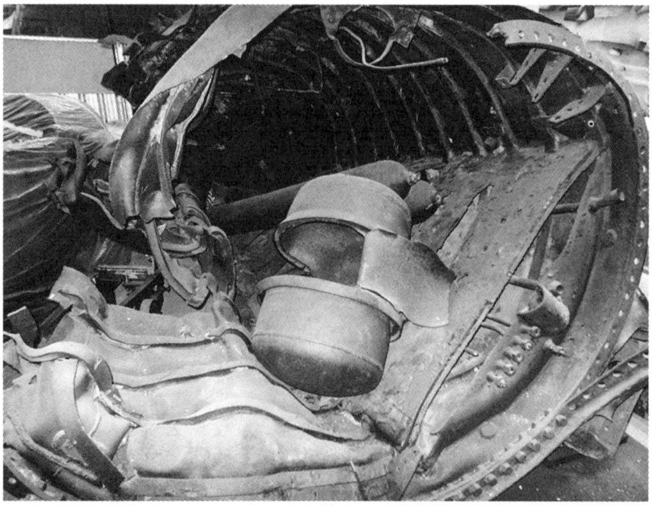
1973 年在科峡湾发现的 X-7 号袖珍潜艇的残骸

水雷爆炸的冲击力竟意外地帮助 X-7 号从防鱼雷网的缠绕中解脱出来，普雷斯将潜艇下潜至海底并检查受损情况。结果令人失望，X-7 号在爆炸中损伤颇重，全无可能驶出峡湾与母艇会合，于是普雷斯决定投降。X-7 号在距离“提尔皮茨"号泊位约300米处的一艘训练靶船附近浮出水面，然后开始撤出艇员并自沉，普雷斯爬上靶船，挥舞自己的白色毛衣以示投降，不幸的是X-7号已经严重进水，几乎立即沉没，仅有一名艇员得以逃生，其余两人都溺水而亡。亨蒂-克里尔中尉的X-5号在爆炸时还潜伏在水下，他可能在等待水雷起爆并评估毁伤效果，也可能在指挥艇员修复潜艇的损伤。令人意外的是，X-5号于8时43分突然在距离"提尔皮茨"号舰首右舷约600米处露出水面，立即遭到德舰炮火的交叉覆盖，多处中弹，沉入水中，Z29号驱逐舰又不依不饶地丢下一排深弹，即便如此也未能彻底摧毁X-5号。德国人从声呐中听到水下传来隐约的敲击声，可能是亨蒂-克里尔和艇员们在进行修理，然后向更深的海底逃离，维修工作很可能没有奏效，最终X-5号连同全体艇员永远消失在科峡湾幽暗深邃的海底，其残骸至今未被找到。毫无疑问，亨蒂-克里尔和他的部下们都表现出无比巨大的勇气，但是令人可叹的是，他没有像卡梅伦、普雷斯那样获得最高荣誉，那本来是他应得的。

赫兹佩斯的X-10号最终也没有从机械故障的困境中解放出来，当他听到峡湾深处传来的爆炸声后，意识到其他潜艇可能已经完成了任务，而且锚地的德军肯定加强了警戒和搜索，此时成功潜入的希望非常渺茫，于是他决定放弃攻击，在22日下午丢弃了水雷，沿峡湾向外海撤退。意想不到的是，在罗盘和潜望镜均不能使用的情况下，X-10号竟然在分支众多、犹如迷宫般的阿尔塔峡湾里游荡了长达一周时间！直到9月22日22时才和守候在峡湾入口的"顽强"号会合，此时距离他指挥X-10号出击已经过去了10天！"顽强"号拖曳着X-10号向苏格兰返航，但是拖缆在风浪中再次暴露出问题，随着天气越发恶劣，艇员们只好将X-10号凿沉，最后参加"源头"行动的6艘X艇无一幸存，6名艇员阵亡，6人被俘，而所有负责拖曳的母艇均在10月7日前安全返回英国。巴里少将后来称赞道："这次突袭是有史以来最富于勇气的行动之一。"英国皇家海军以损失6艘X艇的代价重创了"提尔皮茨"号，使它在未来6个月内无法出海作战，这可是一笔相当划算的买卖，形同侏儒的袖珍潜艇却掀翻了比它大1500倍的战列舰，就像《圣经》故事里大卫击倒巨人歌利亚一样，充满了智慧和勇敢。被俘的X艇艇员在战争结束后从战俘营回到英国，受到了高规格的嘉奖，两位艇长卡梅伦和普雷斯均被授予维多利亚十字勋章，其他艇员也获颁杰出服役勋章和卓越勇气奖章，"源头"行动也作为"二战"期间最著名的水下突袭行动之一被载入史册。

"源头"行动虽然令"提尔皮茨"号瘫痪在锚地中，但毕竟没有将其击沉，英德海军之间这场意志和耐心的较量还将继续下去。德国人当然不会放弃这艘巨舰，但如何将其修复是一个极富挑战性的工作。在正常情况下，内伤严重的"提尔皮茨"号至少要在船坞里待上数月甚至一年时间，可是阿尔塔峡湾地处北极圈，距离德国近2000海里之遥，将已经半死不活的"提尔皮茨"号拖回本土修理肯定

■ X-6号艇长卡梅伦(左)和X-7号艇长普雷斯(右)均获得维多利亚十字勋章

是不切实际的，姑且不论英国皇家海军的堵截伏击，北极海上的狂风大浪、风雪浮冰就很难应付了。很快，由希特勒和邓尼茨联合签署的命令下达到迈尔舰长手中：“在阿尔塔峡湾就地修复‘提尔皮茨’号。”这项命令看起来是极其不可思议的！阿尔塔峡湾是一处人迹罕至、荒凉偏僻的不毛之地，不要说能够容纳“提尔皮茨”号的大型船坞，就连最基本的港口设施都没有，即使在整个挪威范围内也没有一部重型起重机能够把“提尔皮茨”号脱落的D炮塔吊起复位。然而，希特勒的命令被不折不扣地彻底执行了，德国人以日耳曼民族的坚韧和才智将这项不可能的任务变为现实。

“提尔皮茨”号的维修工作很快全面展开，由停泊在峡湾里的修理舰“纽马克”号(前伪装袭击舰“白羊座”号)负责，超过1000名经验丰富的造船工人从德国征调到挪威，居住在一艘宿舍船内，与德军官兵一道分成三班轮换，夜以继日地苦干起来，各种器材、

■ 在林海雪原般的峡湾海岸映衬下，“提尔皮茨”号的伟岸身影显得极为孤寂清冷。该舰在1943年9月遭英军X艇奇袭重创，在6个月的大修后奇迹般地复原了

零备件、修理设备及补给物资源源不断地从德国启运，甚至从其他不太重要的德国和挪威舰船上拆卸零部件，维修设施都是临时搭建或东拼西凑的。在“沙恩霍斯特”号于1943年12月26日的北角海战中被击沉后，原用于补给该舰的物资也都转用于“提尔皮茨”号的修复工程。随着战局的恶化，德国国内的物资供应和人力资源都已经十分紧张，在这种情况下德国海军仍然竭尽全力修复这艘远在北极的战列舰，可见其决心之坚定。盟国方面当然不会因为“源头”行动的成功而沾沾自喜，从挪威抵抗战士到英国布莱切利庄园的密码破译专家，都密切关注着“提尔皮茨”号的工程进展。苏联空军在1944年2月10日出动15架轰炸机空袭修理中的“提尔皮茨”号，但只有4架飞机找到科峡湾，仅取得一枚近失弹，没有给修复工程造成任何影响。至1944年3月15日，经过6个月的艰苦努力，“提尔皮茨”号居然被奇迹般地修复了，在随后两周的试航中达到27节的航速，虽然物资短缺和不断地赶工，该舰仍未恢复到最佳状态，但至少具备了自航能力，这简直称得上是一次胜利，有历史学家评价“提尔皮茨”号的修复是“二战时期在海军工程领域最杰出的成就之一”！然而，英国人不打算给德国人留下太多时间享受喜悦，另一次沉重打击即将落在这头伤患初愈的海兽身上。

“钨”作战

1943年下半年，英国海军在“源头”行动中炸瘫了“提尔皮茨”号，在北角海战中击沉了“沙恩霍斯特”号，自此北极航线受到的压力大为减轻，从1944年初开始不再派出战列舰为北极船队护航，但是海军部和战时内阁对“提尔皮茨”号的潜在危险始终放心不下，深恐这艘战列舰恢复作战能力后又对北极航线造成威胁，甚至可能突入大西洋翻江倒海。只要“提尔皮茨”号一天不沉，那么英国皇家海军就必须保留一部分兵力进行监视、戒备，这势必会减少1944年登陆法国的海上支援力量，也会影响远东战场的兵力部署。基于多种考虑，英国政府和皇家海军在1943年底做出决策：务必击沉“提尔皮茨”号，永绝后患！

对于英国人来说可供选择的攻击方式并不多。由于“提尔皮茨”号深藏不出（也没法出动），无法通过舰队交战将其击沉，继续运用潜艇发动水下袭击的方法也行不通。情报显示，在“源头”行动后，德国人大力强化了锚地的反潜措施，并对周边海域实施频繁的空中巡逻。动用重型轰炸机进行远程空袭的想法遭到英国皇家空军轰炸机部队司令阿瑟·哈里斯（Arthur Harris）空军上将的反对，因为阿尔塔峡湾超出了轰炸机的有效航程范围，他也担心德军的防空炮火会造成较大损失。这样最后只有一个可行的方案：使用航空母舰的舰载机实施空中打击，当时本土舰队中有2艘大型舰队航母和4艘护航航母可执行这项任务。但是，接替托维担任本土舰队司令的布鲁斯·弗雷泽海军上将对攻击能否成功并不感到乐观，起初不太积极，在第一海务大臣安德鲁·坎宁安（Andrew

Cunningham）海军上将的劝说下才同意实施此次作战，并委托自己的副手亨利·摩尔（Henry Moore）海军中将全权负责策划和指挥。

这项行动最初代号为“强劲”，后来改为“钨”作战，攻击时间起初定在1944年3月中旬，盟军情报部门通过对来自航空侦察、密码破译及挪威地下组织等方面的信息进行分析，判断“提尔皮茨”号将在那时完成维修，后来因为“胜利”号航母需要安装新型雷达而推迟两周。在1944年2月，英国海军一度想取消“钨”作战，将“胜利”号派往印度洋参加对日作战，后来美国海军同意将“萨拉托加”号航母（CV-3）暂借给英国海军东方舰队，支援东南亚战场，以便使“胜利”号能留在北海，完成此次突袭行动，就在一年前英国海军曾派遣“胜利”号前往太平洋助战，美国海军此举也算还个人情。

“钨”作战的核心是整修一新的装甲航母“胜利”号和久经沙场的老式舰队航母“暴怒”号，以及4艘护航航母“搜索者”号、“皇帝”号、“追赶者”号和“击剑者”号。“暴怒”号建造于“一战”，是英国海军第一艘航母，堪称英式航母的老祖宗，而4艘护航航母航速慢，载机少，原本用于护航作战，这次也被抽调执行对舰攻击任务，这种新老搭配、轻重并用的组合充分暴露出英国皇家海军航母数量不足的尴尬境地。空袭行动将分为两波进行，每波包括21架俯冲轰炸机和40架战斗机，共计122架。两艘舰队航母上搭载了42架“梭鱼”，这是英国海军最新型舰载轰炸机，1943年服役，兼具俯冲轰炸和雷击能力，峡

■ 1943年在南太平洋作战的“胜利”号航空母舰，该舰在“钨”作战中担纲主力

湾地形和泊位周围的防鱼雷网使鱼雷攻击非常困难，因此“钨”作战将俯冲轰炸作为主要攻击方式。6艘航母搭载的战斗机型号繁杂，既有英制“海火”，也有美制的F4U“海盗”、F4F“野猫”和F6F“地狱猫”，它们在这次行动中将扮演不同的角色。来自“胜利”号的F4U负责掩护轰炸机，拦截德军战斗机。从“皇帝”号、“追赶者”号和“搜索者”号起飞的F4F、F6F将扫射“提尔皮茨”号和锚地周边的防空阵地，压制德军的防空火力。此外，“暴怒”号和“击剑者”号还派出“海火”、F4F和“剑鱼”负责舰队防空和反潜巡逻。发人深思的是，此次作战中的4艘护航航母均租借自美国，大半舰载机也是美国货，再加上之前美国海军慷慨出借航母的行动，可以说“钨”作战有一半是美国人赞助的，由此可见英国在战争中对美国援助的依赖，从另一角度证明了这个老牌帝国的衰落。

在制订作战计划时有一个难点让英国人颇费心机，当时英国舰载机搭载的炸弹普遍当量偏小，威力不足，难以穿透“提尔皮茨”号的装甲甲板，为此特别开发了730千克穿甲炸弹，在理论上从1100米以上高度投弹时可击穿目标的主装甲甲板，并可造成足够的杀伤效果，有9架“梭鱼”将携带这种新型炸弹，每架只能挂载一枚，另有22架“梭鱼”每架挂载3枚227千克半穿甲炸弹，可在610米高度击穿“提尔皮茨”号的上层装甲甲板，而剩余的轰炸机将搭载227千克高爆炸弹或272千克深弹，用于摧毁目标的上层建筑，杀伤舱面人员以及破坏水下船体。在攻击顺序上，携带高爆炸弹的飞机将先行俯冲，以期在主要打击发起前尽可能压制德舰的防空火炮。

从1944年2月开始，参加“钨”作战的海航部队展开高强度的训练，当时参战机组成

■ 英国皇家海军“梭鱼”舰载轰炸机，将在“钨”作战中担负主要攻击任务

员中大部分是缺乏经验的新手，“胜利”号舰长估计舰上85%的飞行人员之前从未出海作战。训练地点选在苏格兰北部的埃里博尔湾，海湾周边是陡峭壁立的山岭，地形与阿尔塔峡湾非常相似，舰载机从奥克尼群岛的哈特斯顿机场飞往埃里博尔湾，飞行员们必须熟悉在山峦峡谷间飞行，掌握规避防空炮火和攻击敌舰的战术技巧，海湾中央的一座小岛被当作模拟“提尔皮茨”号的靶标遭到反复轰炸。在加紧训练的同时，英国海军也密切监视“提尔皮茨”号的动向，一批航拍照片判读专家被派往苏联北部的空军基地，协助分析由“喷火”侦察机拍摄的照片，对阿尔塔峡湾的航空侦察也定期进行，使英军对锚地的防御情况了如指掌。在3月16日至18日，有情报显示“提尔皮茨”号准备从科峡湾转移，英国海军先后派出两批共16艘潜艇前往挪威海岸设伏，但两天后被证明是一个虚警。3月21日，弗雷泽得到情报部门的警告，德国海军极有可能出动“提尔皮茨”号攻击北极航线，他决定重新派遣战列舰为船队护航。

■ 在“钨”作战的准备期间，英军飞行员对照阿尔塔峡湾的沙盘模型研究作战计划

英国皇家海军霍霍的磨刀声并未让德国人提高警觉，尽管英军侦察机频繁出现在阿尔塔峡湾上空，但锚地周边的防御力量没有得到加强，似乎德军认为现有的防卫措施已经足够了。1944年3月底，“提尔皮茨”号泊位周围共有4处重型高炮阵地和7处轻型高炮阵地，不时有数艘驱逐舰和防空船驻泊在战列舰附近，“提尔皮茨”号本身也有多达68门各种口径的防空炮，岸上还有配有大型发烟装置，以制造防空烟幕。德国空军在阿尔塔地区仅部署了少量战斗机，而且颇受燃料匮乏之苦，但英国情报部门认为遇到紧急情况时当地的战斗机部队会得到迅速扩充，因为德军飞机每天都会对北极海进行三次空中侦察。

北方的塔兰托

1944年3月中旬，英军通过对德军电讯的监听和破译判断“提尔皮茨”号已经修复完毕，有情报显示该舰准备在4月1日进行高速试航，于是弗雷泽下令实施“钨”作战。由于之前的行动推迟，舰队将与前往苏联的JW58船队同时出航，这样即使舰队出动被德军察觉，也会被误认为只是执行护航任务，对其真实意图起到掩护作用。作为最后的准备工作，舰队航空兵于3月28日在埃里博尔湾进行了全面彻底的实兵演习。从4月1日起，潜伏在阿尔塔峡湾附近的英国特工每隔一小时就向海军部发送当地的天气情况。

参加"钨"作战的舰船分为两个编队分头行动，第1编队由弗雷泽亲自指挥，包括"约克公爵"号、"安森"号战列舰、"胜利"号航空母舰、"贝尔法斯特"号轻巡洋舰和6艘驱逐舰，弗雷泽坐镇"约克公爵"号，摩尔及其参谋班子乘坐"安森"号；第2编队由"暴怒"号航空母舰和4艘护航航母、"保王党人"号、"谢菲尔德"号、"牙买加"号轻巡洋舰和10艘驱逐舰组成，另有2艘油船伴随，由阿瑟·比塞特(Arthur Bisset)海军少将指挥，以"保王党人"号为旗舰。6艘航母上共载有168架飞机，包括42架"梭鱼"、12架"剑鱼"、18架"海火"、28架F4U、20架F6F和48架F4F。两艘大型航母上各搭载一个TBR(Torpedo-Bomber-Reconnaisance的缩写，表示鱼雷、俯冲轰炸和侦察等3项功能)轰炸机联队，每个联队辖两个中队，装备21架"梭鱼"，其中第8联队配属"暴怒"号，第52联队配属"胜利"号。在前期训练阶段，摩尔特意让两个联队互换航母，使飞行员们能熟悉不同的母舰，以便在战斗中能够在任何一艘航母上起降，提高作战的灵活性。按照行动计划，第1编队跟随JW58船队，提供支援，而第2编队直接驶向挪威海岸，两支编队将于4月3日在预定地点会合，次日发动空袭。

第1编队于3月30日从斯卡帕湾起航，远远跟在三天前从埃维湾出发的JW58船队身后，而第2编队于当天晚些时候离港，直趋挪威北部海岸。JW58船队由49艘商船组成，包括2艘护航航母在内的33艘战舰为其提供中近程护航，德军侦察机在3月30日发现了这支船队，在挪威海活动的所有德军潜艇均奉命前往拦截，但是德军没有能力进行

■ 参加"钨"作战的英军航母编队，摄于"皇帝"号护航航母，甲板上停放着美制F6F战斗机，背景中可见其他3艘航母

大范围的空中侦察，执行突袭任务的两支航母编队均未暴露。从4月1日至3日，先后有17艘潜艇对JW58发动攻击，尽数被击退，没有商船损失，在整个拦截行动中，德军损失了4艘潜艇和6架飞机，战果为零！JW58于4月6日完整无缺地进入科拉湾，这就是1944年时北极护航战的缩影。

弗雷泽原计划于4月4日实施攻击，但是“超级机密”提供的情报显示“提尔皮茨”号的试航已经推迟到3日，于是他决定将进攻时间提前24小时，他希望在目标离开防御良好的泊位时再给予致命打击。由于JW58船队航行顺利，护航部队表现出色，而且没有迹象表明“提尔皮茨”号将驶向外海，弗雷泽判断第1编队已经不必继续支援护航船队，同时海上天气状况优良，非常适合飞行，这在初春时节的挪威海是非同寻常的，于是弗雷泽决定抓紧时间与第2编队会合，他命令2艘油船在2艘驱逐舰的护卫下脱离第2编队，在科峡湾西北约260海里处待命，随时为燃料不足的驱逐舰加油，第2编队其余兵力于4月2日16时20分与第1编队会合。随后弗雷泽率“约克公爵”号和2艘驱逐舰向西北方机动，占据有利的拦截位置，防备“提尔皮茨”号在毫无察觉的情况下驶离峡湾，在这位舰队司令的内心深处大概还想重温几个月北角海战的激动时刻吧。突击编队的其他战舰在摩尔中将的统一指挥下向攻击发起点前进。

摩尔将舰队重新编组，“安森”号、“胜利”号、“暴怒”号、“牙买加”号和6艘驱逐舰组成第7编队，4艘护航航母、“保王党人”号、“谢菲尔德”号和6艘驱逐舰组成第8编队。攻击机群计划在4月3日拂晓起飞，午夜刚过，所有飞行员就起床进行出击准备，任务简报于1时15分举行，与此同时各航母的机库、甲板上也是一派繁忙景象，地勤人员为舰载机加油挂弹，做最后的机械检查，并在所有炸弹上都用粉笔写上了送给“提尔皮茨”号的“赠言”。4时，机组成员开始登机，15分钟后第一架舰载机开始滑跑升空，“钨”作战正式揭幕，此时攻击编队处于科峡湾西北约103海里处。最先起飞的是“胜利”号的10架F4U，分别属于海航第1834、第1836中队，随后是海航第827、第830中队的21架“梭鱼”，其中7架携带730千克穿甲弹，余

■“钨”作战前夕“暴怒”号的一位地勤兵在“梭鱼”携带的730千克炸弹上写下“赠语”

下飞机挂载227千克炸弹或272千克深弹。在“梭鱼”起飞后，海航第800中队的10架F6F和海航第881、第882中队的20架F4F也从3艘护航航母上起飞。当日天气条件好得出奇，第一攻击波所有飞机都顺利离舰，从第一架飞机起飞到完成编队总共只用了22分钟，而德国人对于即将到来的灾难还懵然不知。

61架舰载机以距海面15米的超低空飞行向挪威海岸进发，以躲避德军雷达的侦测，当距离海岸约17海里时爬升到2100米高度，并在5时08分飞越海岸线，取东南航向从西面接近阿尔塔峡湾。当机群途经朗格峡湾西端时，护航战斗机抛掉副油箱，准备空战，随后机群向东南偏东转向，在科峡湾终端以南不远处再次向北转向，于5时30分飞越峡湾南岸的山巅，如同一群鬼魅精灵突然出现在“提尔皮茨”号面前！这次空袭对于德国人来说毫无征兆，事发突然。当英军机群进入陆地后不久，被一座德军雷达站发现，但是“提尔皮茨”号没有立即得到警告。此时，这艘战列舰正准备离开泊位前往斯杰恩湾进行高速试航，舰员们整个早上都在忙于备航，原本在身旁护卫的5艘驱逐舰已经先行开赴试航海域警戒，削弱了防御力量。直到英军机群飞临科峡湾前不久，警报才送达“提尔皮茨”号，当攻击开始时该舰刚刚升起第二具船锚，部分舰员正向战位狂奔，舰上的部分水密门尚未关闭，一些损管控制站甚至无人值守，而岸上的发烟装置才刚启动，完全是一派仓促应战的场面，“钨”作战达到了出敌不意的效果。

英军机群按照事先反复演练的程序环环相扣地展开攻击。F4U脱离编队向附近的阿尔塔机场飞去，并在峡湾周围空域进行巡逻，阻止任何可能升空拦截的德军战斗机；F4F

■ 英军飞临科峡湾上空时，岸上的发烟装置才刚启动，未能将“提尔皮茨”号遮蔽起来

和F6F则呼啸着俯冲下来，用机枪扫射“提尔皮茨”号的甲板和上层建筑以及海岸周边的防空阵地。瓢泼般的子弹如暴风席卷而下，顿时造成了大量人员伤亡。“提尔皮茨”号的防空指挥所被摧毁，数门高射炮损坏，防空火力尚未完全发挥就被压制了，迈尔舰长也被击伤，由其他军官代理指挥，停泊在峡湾里的几艘防空船也遭到攻击。21架“梭鱼”紧随战斗机开始俯冲轰炸，投下6枚730千克炸弹、24枚227千克半穿甲弹、12枚227千克高爆炸弹和4枚272千克深弹，在60秒内“提尔皮茨”号先后被1枚高爆炸弹、3枚半穿甲弹和3枚穿甲弹击中，而在第一轮空袭中总计有10枚炸弹直接命中。然而，为了追求更高的命中精度，英军飞行员大多俯冲至低空才释放炸弹，导致投弹高度偏低，炸弹动能不足，结果没有一枚炸弹穿透“提尔皮茨”号的主装甲甲板，没有达成预想的杀伤效果。尽管如此，战列舰的上层建筑受到严重破坏，面目全非，受损的军舰暂时失控，向峡湾西岸漂移，一度搁浅，很快重新浮起，恢复操控。在攻击中第830中队的一架“梭鱼”坠毁，3名机组成员阵亡，这是第一攻击波的唯一损失，其余飞机在攻击完毕后，迅速向西北方返航，于6时19分开始降落，到6时42分全部回收完毕。

就在第一攻击波抵达目标前夕，第二攻击波也在5时25分开始升空。第829中队的一架“梭鱼”在起飞后不久意外坠海，机组成员无一幸存，另一架“梭鱼”因引擎故障未能出发，第二攻击波的“梭鱼”数量减少为19架，为它们护航的是第1834、第1836中队的10架F4U、第804中队的10架F6F、第896、第898中队的20架F4F，第二攻击波总共59架飞机，在5时37分全部起飞，一路未受拦截，在6时30分飞抵科峡湾。此时，德军全力戒备，防空炮火较第一次攻击时更加凶猛，发烟装置也充分启动，峡湾间弥漫着大片烟雾，但还不足以完全遮蔽“提尔皮茨”号。第二轮空袭的步骤与第一轮一样，F4U负责空中掩护，F6F扫射岸边的防空阵地，F4F攻击“提尔皮茨”号。此外，峡湾中的德军舰船和附近的无线电台等设施也吃了不少子弹。“梭鱼”机群于6时36分进行俯冲轰炸，投下了2枚730千克穿甲弹、36枚227千克半穿甲弹、9枚227千克高爆弹和1枚272千克深弹。由于防空炮火和烟幕的干扰，命中率较第一轮空袭明显下降，在一分钟内有1枚730千克炸弹和4枚227千克炸弹击中“提尔皮茨”号，进一步加重了伤势。英军的突然袭击显然打乱了德军的防御部署，各防空部队协同失调，缺乏指挥，烟雾不仅没有起到掩护作用，反而阻碍了高射炮的视线，以致很多防空炮盲目射击，因此第二攻击波的战损也很轻微，仅有1架“梭鱼”被击落，3人阵亡，1架重创的F6F在返航后迫降在海上，飞行员被加拿大驱逐舰“阿尔冈昆人”号救起，1架F4U发生降落事故而严重损坏，但飞行员幸存。第二攻击波于7时20分返回舰队，7时58分全部降落。两轮空袭后，英军总共损失4架飞机，9名机组成员阵亡。

在攻击机群出击期间，来自第801、第

842、第 880 中队的 25 架“海火”和 F4F 在舰队周边进行防空警戒，第 842 中队的 9 架“剑鱼”负责反潜巡逻。但是在整个作战期间，英军舰队没有受到任何来自空中和水下的威胁。空袭结束后，由 F4U 接替“海火”执行空防任务。

在经历了两轮猛烈空袭后，“提尔皮茨”号可谓旧伤刚愈又添新创，半年前的“源头”行动令其惨遭内伤，而“钨”作战则使其备受皮肉之苦，虽然直接命中该舰的 15 枚炸弹均未洞穿其厚重的主装甲甲板，要害部位如弹药库、动力舱等没有受到严重损伤，但是缺乏防护的上层建筑遭到大范围的破坏，人员伤亡也极其惨重，足以使它在未来三个月内丧失作战能力。机枪扫射和炸弹爆炸使“提尔皮茨”号主甲板以上的许多舱室受到不同程度的损伤，并引发多处火灾，未及关闭的水密门扩大了炸弹的破坏范围，其中舰体中部最为严重，右舷的两座 150 毫米副炮炮塔全毁，左舷的三座 150 毫米副炮炮塔也受到明显损伤，烟囱被炸弹破片打成了马蜂窝，锅炉舱通风道也尽皆被毁，右舷主机因振动停止运转，两台锅炉因为锅炉水遭到污染而无法使用。有两枚 730 千克穿甲弹造成的破坏尤其

■ 在“钨”作战中遭到攻击的“提尔皮茨”号，舰体冒出大团烟雾，虽然英军炸弹未能穿透装甲甲板，但对上层建筑造成了严重破坏

严重。一枚将右舷飞机弹射器、起重机和2架舰载机悉数损毁，最后在装甲甲板上爆炸，冲击波又摧毁了大量舱壁、通道和各种管线；另一枚落入水中，但穿透了主装甲带下方的船壳，在一处油舱内爆炸，破坏了部分舷侧防御隔舱，使两个防水区划进水。两枚近失弹造成了更多的水下破损，至少2000吨海水灌入舰体。在人员损失方面，全舰有122人阵亡，包括舰长在内的316人受伤，伤亡人数占全舰人员的15%，死伤者主要是防空炮手，多数是12.7毫米机枪弹的牺牲品。另外，还有4艘巡逻艇和1艘修理舰在空袭中受损。

空袭结束后，很多返航的英军飞行员表示科峡湾的地形和埃里博尔湾的训练场非常接近，一份作战报告称这次攻击就像是一场演习。英国海军官方历史学家史蒂芬·罗斯基尔(Stephen Roskill)这样评价"钨"作战："协同完美，执行大胆"。这是恰如其分的评语，所有环节都按照预想准确实施，唯一明显的缺陷就是投弹高度偏低，未能充分发挥出重磅穿甲弹的效能。在4月3日下午，摩尔曾考虑在次日对科峡湾继续进行空中打击，通过对战场航拍照片的判读，他相信"提尔皮茨"号已遭重创，而且飞行员相当疲乏，敌人也已警觉，进攻的突然性已经消失，有可能遭到凶猛拦截而蒙受较大损失。基于上述因素，摩尔决定返航，舰队于4月6日回到斯卡帕湾。英王乔治六世(King George VI)和丘吉尔首相均向本土舰队发来贺电，无论是首相本人，还是海务大臣坎宁安都认为"钨"作战未能击沉"提尔皮茨"号，假以时日该舰仍可能恢复战斗力，在私下里坎宁安对于摩尔取消4月4日的攻击颇感遗憾。

穷追猛打

"钨"作战的打击使刚刚松口气的德国修船工人和海军官兵们又要忙碌起来，邓尼茨元帅指示不惜一切代价修复"提尔皮茨"号，尽管他很清楚由于缺乏有效的空中支援和燃料，这艘战列舰难以对护航船队展开攻击，但是只要它还能存活下去就可以牵制盟国的海军兵力。德国人再次展现出不知疲倦的韧劲和高超的技艺，新一轮修理工程于5月初展开，一艘驱逐舰运载着一批重要设备和修船工人从基尔出发，经过三天的航行后抵达阿尔塔峡湾，在新任舰长沃尔夫·荣格(Wolf Junge)海军上校的领导下，修复进度十分迅速，到6月2日，"提尔皮茨"号恢复了航行能力，6月底已经可以进行炮术演练，全部工程于7月中旬宣布结束，这艘屡遭重创的战列舰又一次艰难地站立起来。在修复过程中，"提尔皮茨"号的防空武备得到了加强，增设了更多的20毫米炮，150毫米副炮也经过改进，提高了仰角，具备一定的对空射击能力，甚至为380毫米主炮配发了专门的防空弹药。科峡湾的防空体系也得到改善，新建了多处雷达站和对空监视哨，泊位周边的发烟装置也增加了，数量超过100部，能在8分钟内使烟雾布满峡湾。此外，由12艘潜艇组成的"特鲁茨"艇群在挪威海岸和扬马延岛

1944 年夏季在锚地养伤的“提尔皮茨”号，海面上可以观察到大片的油迹

之间建立了一条警戒线，侦察并拦截进入挪威海的英军航母编队。

另外，英国情报部门通过对“钨”作战的评估得出结论，“提尔皮茨”号可在 6 个月内修复，于是坎宁安在 4 月 13 日指示弗雷泽发动更多的空袭行动，他并不认为“梭鱼”具有击沉“提尔皮茨”号的能力，但希望持续的攻击能够拖延其修理时间，并且打击德军的士气。弗雷泽对于坎宁安的命令再次表现出抗拒情绪，“钨”作战的结果证实了他先前的判断，舰载机攻击力欠佳，难以达到斩草除根的目的，他争辩说德军已经加强了防御，天气条件趋于恶化，空袭的成功概率大为降低，但最终还是屈服于顶头上司，命令摩尔在 4 月 21 日率舰队从斯卡帕湾起航，再赴阿尔塔峡湾，行动代号为“行星”，由于目标区域天气恶劣，行动被迫取消，舰队于 4 月 24 日被召回。5 月，本土舰队又进行了两次尝试，在 5 月 15 日的“强健”行动中，“胜利”号和“暴怒”号放飞了 27 架“梭鱼”，在 28 架 F4U、4 架“海火”和 4 架 F4F 的护航下飞往科峡湾，但厚密的云层为德军锚地提供了天然的掩护，进攻再次取消。5 月 28 日的“虎爪”行动同样因为不利的天气状况半途而废，航母编队转而在 6 月 1 日空袭了挪威南部港口奥勒松，击沉了 4 艘商船。

6 月 14 日，弗雷泽从本土舰队司令位置上卸任，准备调往东南亚战区，由摩尔接任。

■ 1944 年 7 月“吉祥物”行动期间，在“可畏”号航母上列队集结的“海盗”战斗机和“梭鱼”轰炸机

7 月初，各方面的情报都证明“提尔皮茨”号已经接近修复，有可能出海作战，海军部指示摩尔策划新的攻势，阻止这艘战列舰回到海上。新官上任的摩尔毫不怠慢，迅速拟订了代号为“吉祥物”的作战计划，对科峡湾发动一次大规模空袭。由于“胜利”号已经调离，新服役的“不倦”号航母和从地中海战场调来的“可畏”号被充实到本土舰队中，与老兵“暴怒”号共同构成此次突袭行动的核心力量，3 艘大型航母上总共载有 129 架舰载机，包括 48 架“梭鱼”、18 架 F4U、28 架“海火”、20 架 F6F、12 架“萤火虫”和 3 架“剑鱼”。伴随航母出航的是战列舰“约克公爵”号（旗舰），重巡洋舰“德文郡”号、“肯特”号、轻巡洋舰“牙买加”号、“女战神”号、12 艘驱逐舰和 4 艘护卫舰。舰队于 7 月 14 日驶离斯卡帕湾，一帆风顺地抵达挪威海岸，其间没有被任何德军潜艇和飞机发现。

此时北极正处于极昼，英军决定在午夜时分发动空袭，舰载机在 7 月 17 日凌晨升空，于 1 时 35 分组成编队向科峡湾飞去，攻击的主力是 44 架“梭鱼”，其中 42 架挂载 730 千克炸弹，2 架挂载 227 千克炸弹，为其护航的是 18 架 F4U、20 架 F6F 和 12 架“萤火虫”，总计 94 架飞机。空袭行动的分工与“钨”作战时一样，“梭鱼”进行俯冲轰炸，F4U 防御敌战斗机，其他飞机负责压制防空火力。天气状况非常良好，英国人期待着另一次成功的突袭，但是德国人不像三个月前那样缺乏准备。2时，当英军机群距离科峡湾大约69千米时即被德军雷达发现，4分钟后“提尔皮茨”号拉响警报，全体各就各位，2时13分，发烟装置启动，迅速制造了一大片浓密的人工乌云，笼罩在锚地上空，当2时19分英军机群出现时，迎接它们的是一张漫无边际的防空火网。受到烟幕的阻挡，只有几架飞机能够看到“提尔皮茨”号并进行了目视轰炸，大部分飞机只能依据防空炮火的弹道和炮口闪光推测目标位置并投入攻击，在持续25分钟的空袭中仅有7枚炸弹近失，“提尔皮茨”号没有受到任何损伤。在附近山顶瞭望哨的指引下，“提尔皮茨”号以更换一新的防空武器全力应战，总共发射了39发380毫米炮弹、359发150毫米炮弹、1973发105毫米炮弹、3967发37毫米炮弹和28550发20毫米炮弹，火力凶猛异常，但准头很糟糕，仅有1架F4U被击落，1架“梭鱼”受伤后在海上迫降。不过，依靠弹幕和烟幕，德军成功挫败了对手的空袭，“提尔皮茨”号安然无恙，英军唯一的战果是击毁了一艘德军巡逻艇。

鉴于德军早有防备，摩尔取消了原计划于8时出动的第二攻击波，下令返航。德军“特鲁茨”艇群奉命前往本土舰队的归途实施伏击，但电讯遭到破译，英国皇家空军第18大队的反潜飞机随即出动为舰队扫清道路，在7月17日晚间连续击沉了U-361和U-347艇，在随后六天内又有3艘潜艇被击伤。迫于盟军的空中优势，德国海军被迫放弃了攻击，本土舰队平安归航。“吉祥物”行动没有给“提尔皮茨”号造成明显损伤，摩尔将失败归咎于“梭鱼”速度缓慢，从而留给德军充分的预警时间，他认为继续使用这种机型发起攻击将徒劳无功。英国皇家海军考虑由航母搭载速度快、航程远的“蚊”式战斗轰炸机，以达成奇袭效果，但是这种先进飞机几乎全部投入支援轰炸德国本土的行动，没有多余的“蚊”式供海军使用。

7月底，“提尔皮茨”号基本修复完毕，甚至与数艘驱逐舰进行了一次演习，这是它最后一次以完备状况出海航行，上述消息对英国海军部来说是令人不安和沮丧的。进入

■“提尔皮茨”号上的105毫米高射炮弹，在防空战斗中该舰的弹药消耗很大

8月后，北极海域的天气逐渐好转，本土舰队决心实施代号为“古德伍德”的系列空袭行动，作为舰载航空兵对“提尔皮茨”号的终极打击。除了“不倦”号、“可畏”号、“暴怒”号之外，护航航母“莫卧儿总督”号和“吹奏者”号参加了此次行动，强化攻击力量。与之前的历次空袭不同的是，部分战斗机也将携带炸弹进行轰炸。“古德伍德”行动分为4次进行，8月22日下午，英军舰队实施了“古德伍德I号”行动，5艘航母派出32架“梭鱼”和9架F6F战斗轰炸机，在24架F4U和8架“海火”护航下前往科峡湾，但是锚地上空笼罩着低云，防空火力炽烈，仅有F6F投下了10枚227千克半穿甲弹，没有命中，峡湾内的2艘小型补给船被击伤，另有7架德军水上飞机被击毁，“提尔皮茨”号至少发射了62发380毫米对空弹。当天晚上，“不倦”号的6架F6F战斗轰炸机执行了“古德伍德II”号行动，未能取得任何战果。在两次空袭中英军损失飞机3架，而在海上，德军潜艇U-354抓住机会击沉了一艘护卫舰，并重创“莫卧儿总督”号，后者虽然返回港口，但被判定为全损，退出现役。

“古德伍德III号”行动于8月24日发动，从3艘大型航母上升空了33架“梭鱼”，（每架挂载1枚730千克穿甲弹）、5架F4U战斗

■ 在“古德伍德”行动期间，“可畏”号航母的地勤人员在搬运炸弹，作出击准备

在“古德伍德”行动，海军第827中队的1架“梭鱼”轰炸机在完成任务后降落在“暴怒”号航母的甲板上

轰炸机(每架挂载1枚454千克穿甲弹)和10架F6F战斗轰炸机(每架挂载1枚227千克半穿甲弹)，由19架F4U和10架“萤火虫”负责护航和压制地面火力。德军于15时47分发出防空警报并施放烟幕，英军飞机从多个方向同时发起攻击，在1950米至3000米的高度上投掷了18枚730千克、5枚454千克和10枚227千克炸弹，其中两弹命中“提尔皮茨”号。一枚227千克炸弹在B炮塔顶部砸出一个凹坑，爆炸摧毁了炮塔顶部的一座四联装20毫米炮，并震坏了B炮塔右炮的仰俯机构；另一枚从足够的高度投下的730千克炸弹成功穿透了“提尔皮茨”号的两层装甲甲板，停止在第4配电室内，可惜是一枚哑弹，如果它正常起爆，势必会造成致命的损伤。在这次空袭中，“提尔皮茨”号发射了72发380毫米防空弹，而轻型防空炮的弹药几乎告罄，英军损失2架F6F和4架F4U。“古德伍德III号”行动是自“钨”作战以来对“提尔皮茨”号最具威胁的一次空袭，但失灵的引信毁掉了应有的成功。受到大风和浓雾的影响，“古德伍德IV”号行动迟至8月29日才得以发动，“不倦”号和“可畏”号出动34架轰炸机和25架战斗机，并尝试由F6F投放照明弹来减轻烟幕的影响，但没有奏效，大部分飞机在盲视状态下投弹，全部偏离目标，损失F4U和“萤火虫”各一架，“提尔皮茨”号消耗了54枚380毫米炮弹、161枚150毫米炮弹及轻型防空炮弹药储备的20%。

8月22日至29日，4次“古德伍德”行动的战果远远低于预计，“提尔皮茨”号依然顽强地坚守在峡湾内，没有受到严重损伤，英军却失去了17架飞机(含事故损失)和40名飞行员的生命。在1944年4月至8月，英国皇家海军舰队航空兵先后发动了6次针对“提尔皮茨”号的空袭行动，出动舰载机数百架次，除了“钨”作战取得较大战果外，其余行动均效果不彰，从而暴露出航母舰载机载弹量少、攻击威力不足、突防能力有限的弱点，在德军得到及时预警和建立完备的锚地防空体系后，航母舰载机就很难对“提尔皮茨”号构成威胁。“古德伍德”行动为英国皇家海军摧毁“提尔皮茨”号的持久作战画上了一个尴尬的句号，显而易见，要埋葬这艘不屈不挠的战舰，英国人需要更强力的手段。

终极毁灭

在“古德伍德”行动后，英国皇家海军将追歼“提尔皮茨”号的接力棒再次交到皇家空军手中，这项任务被指定由空军第 5 大队执行。该部是轰炸机司令部麾下的一支精锐部队，成立于 1937 年，当时由拉尔夫·科克伦(Ralph Cochrane)空军中将任司令，他从麾下各中队中选择了第 9、第 617 轰炸机中队担此重任，它们曾经多次空袭德国本土，尤其是第 617 大队因 1943 年 5 月炸毁鲁尔大坝的行动而获得“堤坝破坏者”的名声。1944 年夏，第 5 大队装备的“兰开斯特”轰炸机安装了自动稳定轰炸瞄准具，而且配备了两种特殊的新型炸弹：重达 5400 千克的“高脚柜”炸弹和 227 千克的 JW 炸弹，它们也是沃利斯爵士的杰作。“高脚柜”是专门对付坚固目标而设计的超重型炸弹，从 6100 米高度投下时能够穿透 5 米厚的混凝土，即使没有直接命中，2358 千克烈性炸药的爆炸威力也能制造出地震效果，对目标造成破坏。JW 炸弹是一种精心设计的水中弹跳炸弹，在入水后会反复沉浮，起伏前进，直到炸弹触碰到船底爆炸。第 5 大队就准备用这两种武器终结“提尔皮茨”号。

■ 重达 5400 千克的“高脚柜”炸弹，英军准备用于毁灭“提尔皮茨”号的大杀器

1944 年 9 月，第 5 大队抽调 38 架“兰开斯特”组成特遣队，实施“扫雷器”行动，空袭“提尔皮茨”号。由于该大队位于英国中部林肯郡的基地距离阿尔塔峡湾过远，所有飞机首先转场至苏格兰北部的洛西茅斯机场，加油后飞往苏联北部阿尔汉格尔斯克近郊雅戈德尼克的苏联海军航空兵机场，将从那里发动空袭。雅戈德尼克距离阿尔塔峡湾约 960 千米，为适应远程飞行，轰炸机拆除了背部炮塔，增加了额外的燃料箱。此外，2 架 B-24 轰炸机负责运送地勤人员和备件，一架“蚊”式执行气象侦察任务，为行动提供支援。9 月 11 日，38 架轰炸机从洛西茅斯起飞，其中 1 架因故折返，其余 37 架经过 11 小时的长途飞行后抵达雅戈德尼克，不巧机场上空阴云密布、风雨交加，有 13 架飞机看不到跑道而被迫在附近的沼泽地里迫降，苏军很快找到它们，救出所有机组成员和部分飞机，但有 6 架飞机被遗弃。

由于连日阴雨，特遣队只能在地面待命，直至 9 月 15 日晨气象侦察机报告阿尔塔峡湾上空云开雾散，28 架“兰开斯特”立刻出发，飞越白海向西北方直扑目标，其中 20 架各携带一枚“高脚柜”，7 架各挂载 12 枚 JW 炸弹，1 架负责照相侦察，评估轰炸效果，编队由第 617 中队中队长詹姆斯·泰特(James Tait)空军中校指挥。英军机群从南面接近目标，企图避开雷达侦测，防止德军提前释放烟幕，但此举没有成功，在英军轰炸机距离峡湾约 8 千米时大团的烟雾已经从峡湾底部升腾而起，并伴以密集的防空炮火，其中包括 380 毫米炮弹。按照作战计划，携带“高脚柜”的轰炸机沿“提尔皮茨”号舰体轴线方向发起攻击，而携带 JW 炸弹的轰炸机则由目标横向位置从东南向西北实施攻击，但是烟幕和防空弹幕给瞄准带来极大困扰，泰特在烟雾完全淹没“提尔皮茨”号前只来得及看到桅杆，以此进行推测投弹，其他飞机多以炮口闪光为指引，部分飞机还大胆地飞入烟幕，向防空火力最密的地方投弹。英军飞行员表现得非常镇定和谨慎，有 4 架飞机因看不到目标而放弃攻击，有过 29 次空袭经验的斯科特(Scott)空军少尉驾驶飞机 4 次横穿锚地以寻找合适的投弹机会，最后共有 17 枚“高脚柜”和 72 枚 JW 炸弹被丢出弹舱，当时没人确切知道是否命中，在空袭结束后所有飞机直接向苏格兰返航，仅有 1 架未能回到洛西茅斯，它在挪威的群山中迷航坠毁，11 名机组成员阵亡。

“提尔皮茨”号仅被命中一弹，却是最致

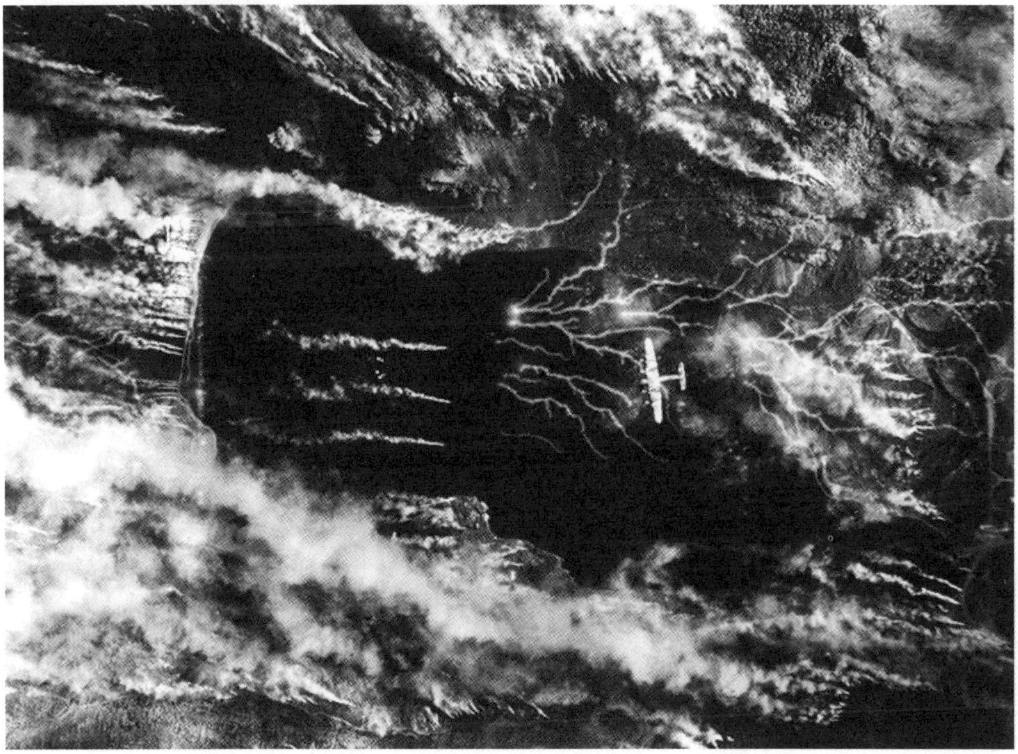

■“扫雷器”行动期间，一架“兰开斯特”轰炸机飞越科峡湾上空，可见锚地周围有大量发烟器正在制造烟幕

命的一击！一枚“高脚柜”落在舰首后方约15米的前甲板上，其巨大动能贯穿了整个舰首，从右舷水线下方穿出舰体，在水中爆炸，“提尔皮茨”号前部舰体在异常猛烈的震荡下严重受损，进水约1000吨，大幅前倾，动力装置和火控系统也蒙受重创，落在峡湾内的其他炸弹的冲击波造成了额外的伤害。在对损伤情况进行评估后，邓尼茨及其参谋人员在9月23日得出一个痛苦的结论：除非返回德国本土修理，否则“提尔皮茨”号无法再次修复，但是经过紧急抢修，该舰的航速最多只能达到10节，在这种情况下从挪威前往德国的航程无异于自杀，为今之计只能将它作为浮动炮台发挥余热了。10月15日，在修补了舰体漏洞后，“提尔皮茨”号终于告别了盘踞两年多的阿尔塔峡湾，踏上生命中最后一段航程，依靠自身动力向南航行约200海里，在特罗姆瑟附近的浅滩抛锚，作为浮动炮台，该舰的大部分油舱被抽空，仅保留供涡轮发电机使用的燃料，舰员数量也削减至1600人。

特罗姆瑟已经处在由洛西茅斯起飞的“兰开斯特”轰炸机的航程内，在得知“提尔皮茨”号转移到此处后，科克伦中将立即策划第二次空袭行动，代号“消除”，为此对轰炸机做了进一步改装，装载更多的燃料，使携带

■ 1944年10月停泊在特罗姆瑟海岸附近的“提尔皮茨”号，只能作为浮动防空炮台使用

"高脚柜"时的作战半径延伸至特罗姆瑟，同时增加了"高脚柜"的装药量，以提高威力。泰特还从第5大队的其他中队中征调最新型号的"兰开斯特"，充实第9、第617中队的力量。10月18日，37架轰炸机从林肯郡转场至洛西茅斯，其中第9、第617中队各18架，每架都携带一枚"高脚柜"，另有1架第463中队的照相侦察机。次日1时，攻击机群依旧由泰特带队飞往特罗姆瑟，它们故意选择内陆航线接近目标，利用群山躲避德军雷达，不走运的是就在即将抵达特罗姆瑟之际，风向突变，从海上吹来大片云团，它们比"兰开斯特"早30秒飘到"提尔皮茨"号上空，阻挡了视线，英军飞机只好盲目投弹，32枚炸弹中仅有一枚近失弹炸坏了左舵，令左推进轴弯曲，造成少量进水。1架轰炸机被地面炮火击伤，迫降在瑞典境内。借助于天然障碍，"提尔皮茨"号得以苟延残喘，舰体因进水出现1°～2°的右倾，但没有通过对舷注水扶正，以保存更多的储备浮力。这次空袭后锚地的防御得到加强，在泊位附近修建了沙堤，布置了防鱼雷网，还部署了两艘防空船和一处海岸高炮阵地，但是没有安装最为关键的发烟装置。此外，德国空军还向距特罗姆瑟约48千米的巴尔杜福斯机场调去了20～30架战斗机，为锚地提供空中掩护，这增加了后续空袭的危险性，但英国人格杀"提尔皮茨"号的决心坚如磐石、无可动摇！

1944年11月12日凌晨，第9、第617中队的32架"兰开斯特"第三次踏上毁灭"提尔皮茨"号的征程，执行"问答集"行动，在长达6个半小时的远航后抵达特罗姆瑟东南约160千米的集结点，机群爬升到4200米的高度，以赋予"高脚柜"更快的下坠速率，锚地上空没有战斗机拦截，没有烦人的烟幕，甚至上天都不再眷顾这艘多灾多难的战列舰，天晴云疏，非常理想的轰炸条件！只有从海上和地面袭来的防空炮火破坏了海天间的宁静，但是对高空飞行的"兰开斯特"威胁并不大，380毫米爆破弹曾使机群分散，但未能阻止进攻。

9时35分，机群飞临锚地，如同平时演习一般投下29枚"高脚柜"，直接命中两枚，近失一枚。第一枚炸弹穿透了A炮塔和B炮塔之间的甲板，但未能爆炸，第二枚炸弹击中舰体中部，在飞机弹射器和烟囱之间穿入舰体，剧烈的爆炸在舷侧和舰底撕开了可怕的大洞，彻底摧毁了周围的舰体结构，第三枚炸弹在C炮塔左舷附近爆炸。此外，还有多枚炸弹深入泊位周边的海床爆炸，震毁了防止舰船倾覆的沙堤。"提尔皮茨"号在中弹后迅速左倾，到9时50分已达60°，刚刚到任的末代舰长罗伯特·韦伯(Robert Weber)海军上校下令弃舰，但是在9时58分，C炮塔突然发生大爆炸，炮塔顶盖被炸飞到25米的空中，大量下落的残骸砸死了很多跳海逃生的水兵。这次爆炸彻底断送了"提尔皮茨"号的性命，舰体立即倾覆，以舰底朝天的状态俯卧在浅滩上，将大批未及撤离的舰员困在舰壳内。尽管营救人员将舰底切开实施救援，但仅有87人脱困，最后的幸存者约680人，而阵亡人数在950人至1200人。英军方面损

■ 遭到英军重磅炸弹攻击后在特罗姆瑟海岸附近倾覆的"提尔皮茨"号战列舰

失1架轰炸机，在被地面炮火击伤后飞往瑞典迫降，无人伤亡。

尽管"提尔皮茨"号的命运是注定的，德国人还是要为它的沉没追究责任，德国空军因在最后的防御战斗中未能提供支援而受到指责，第5战斗机联队长海因里希·艾勒（Heinrich Ehrler）空军少校因此被解职逮捕，押赴奥斯陆接受军事法庭的审判，罪名是未能对英军轰炸机实施拦截，导致军舰沉没，他被威胁将处于死刑，最终被判处三年徒刑，不过一个月后这位有着超过200架战绩、获得过橡叶饰的超级王牌就被释放，发配到新的Me262飞行部队担任普通飞行员。事实上，在11月12日当天，驻巴尔杜福斯的12架Fw190确实升空了，但他们得到了错误的敌情通报，搞错了英军空袭的目标，这只能归咎于德国海空军之间糟糕的通信联络。对于英国人来说，击沉"提尔皮茨"号的胜利可以用夙愿得偿、如释重负来形容，这个自1942年以来就萦绕在北极海的梦魇终于烟消云散了，现在皇家海军可以放心地将部署在欧洲战区的主力舰陆续调往远东太平洋战区。"提尔皮茨"号残躯以倾覆状态停留在特罗瑟姆，直到1948年至1957年由一家德国-挪威联合拆船公司拆解，来自其舰体残骸的钢材至今仍由一家挪威公司对外出售。挪威人还在科峡湾北岸距离昔日"提尔皮茨"号泊位不远的山坡上修建了一座博物馆，以纪念这艘著名战舰。

结语

在"二战"海战的历史上，没有任何一艘战舰像"提尔皮茨"号这样，受到敌方海空力量持久、频繁和形式多样的连续攻击。从1942年1月"提尔皮茨"号移防挪威至1944年11月在特罗姆瑟殒命，在这34个月中，英国皇家海空军及其他盟国部队围绕寻找和消灭该舰先后发动了至少18次海空作战行动（含中途取消），其中水面舰队交战1次、水下攻击行动3次、海军航母舰载机空袭6次、英国皇家空军轰炸机空袭7次、苏联空军空袭1次，而为此展开的侦察行动、情报收集与分析、作战物资储备等就更加难以计数了。尤其值得一提的是，英国陆海军突击队在1942年3月奇袭法国圣纳泽尔港，破坏诺曼底船坞，其最终目的也是阻止"提尔皮茨"号进入大西洋为祸，因为这座船坞是欧洲大西洋沿岸唯一能够容纳这艘战列舰的船坞。或许有人会质疑英国海空军花费大量时间和资源用于消灭这艘孤立的敌舰是否得不偿失，但是只要想想在丹麦海峡悲壮沉没的"胡德"号，想想在北极冰海中苦苦挣扎的PQ-17船队，就不难理解英国人执着的抉择。

面对英国海空军意志坚定、招数多变的

■ 战后被原地拆解的"提尔皮茨"号残骸，该舰从未参与过一场真正的海战，但作为"存在舰队"牵制了盟军大量兵力

进攻，处于弱势的德国海军为保存这艘宝贵的战列舰也是殚精竭虑，全力以赴，巧妙地利用挪威峡湾的地形、气候特点，结合雷达、高炮、发烟装置、水下障碍、岸基飞机等手段，建立了全面完善的锚地防御体系。虽然百密一疏，令英军两次奇袭得手，但是“提尔皮茨”号两度遭遇重创又被两度修复，创造了海军工程史上的奇迹。这些努力都使“提尔皮茨”号最大限度地发挥出“存在舰队”的功效，有力牵制了盟国的海军兵力，消耗了对手的资源和时间。从这一点上说，这艘战舰也并非毫无作为。不过，由于整体力量对比的劣势、战争形势的发展及德国海空军之间的矛盾，注定“提尔皮茨”号只能终日龟缩在峡湾锚地中，难以创造更辉煌的战绩，最终也不能避免被对手直捣黄龙式的攻击所摧毁。